Knaur.

Über den Autor:

Thilo Mischke, geboren 1981, arbeitet als freier Journalist für *Neon, GQ* und andere Zeitschriften. Er hat Kulturwissenschaften und Japanisch studiert und verschiedene Magazine entwickelt. Darüber hinaus hatte er vier feste Freundinnen und einige Affären. Er lebt in Berlin.

THILO MISCHKE

IN 80 FRAUEN UM DIE WELT

Von einem, der auszog, die Liebe zu finden

Knaur Taschenbuch Verlag

Besuchen Sie uns im Internet:
www.knaur.de

FSC
www.fsc.org
MIX
Papier aus verantwortungsvollen Quellen
FSC® C083411

Vollständige Taschenbuchausgabe Januar 2012
Knaur Taschenbuch
Ein Unternehmen der Droemerschen Verlagsanstalt
Th. Knaur Nachf. GmbH & Co. KG, München

Redaktion: Matthias Teiting
Umschlaggestaltung: ZERO Werbeagentur, München
Umschlagabbildung: © FinePic®, München
Satz: Adobe InDesign im Verlag
Druck und Bindung: CPI – Clausen & Bosse, Leck
Printed in Germany
ISBN 978-3-426-78379-5

2 4 5 3 1

BERLIN

Ich erkenne ihren Hintern überall. Auch zwischen den zahlreichen anderen, die in dieser Nacht wieder im Magnet Club sind. Da steht sie, an der Bar. Hat mich noch nicht erkannt, aber ich sie.

Ich drehe mich unsicher zu meinen Freunden und forme mit meinen Lippen lautlos ihren Namen. Sie ist tatsächlich in meinen Club gekommen, dabei hatten wir nach der Trennung festgelegt, wer wo hingeht. Um genau solche Situationen zu vermeiden. Was mache ich nur, was mache ich nur. Sehe, wie sie ihre Hand einem anderen in den Nacken legt und sich an ihm festhält. Es sticht tief, aber ich lasse mir nichts anmerken.

Das hat sie lange bei mir gemacht. Diese Hand war eigentlich in meinem Nacken. Gehört dorthin.

Ich gebe mir Mühe, ein Mir-ist-es-egal-Gesicht aufzusetzen. Puste Luft durch meine Lippen, um souverän zu wirken.

Meine Freunde – hinter mir, mit Schnaps. Zum Glück. Ich stürze billigen Wodka hinunter und richte meinen Blick auf etwas anderes. Neue Ärsche, zum Beispiel.

Im Magnet Club, in Berlin, ist das immer so. Wir gehen dorthin, weil wir wissen, es ist unser Zuhause. Es ist nicht schön oder aufregend, es ist einfach gewohnt. Man könnte meinen, wir gehen ins Magnet aus demselben Grund, warum viele Menschen noch Beziehungen führen. Aus Gewohnheit, aus Bequemlichkeit.

Ich führe keine Beziehung mehr. Ich habe mich getrennt, zumindest erzähle ich das meinen Freunden, denn es kommt immer besser, wenn der Mann sich getrennt hat. Eigentlich hat sie sich von mir getrennt. Aber andersherum ist es eben besser für das Ego. Besser zum Erzählen.

Wir gehen in einen anderen Raum und beobachten andere Menschen, fremde Menschen. Richtig wohl fühle ich mich dabei nicht, denn ich weiß, sie ist da. Irgendwo. In meinem Kopf die schlimmsten Fantasien, wie sie ihn auf der Clubtoilette …

Und wieder Schnaps. Meine Freunde wissen, was ich denke, sie kümmern sich rührend um mich. Ich bin froh. Als der Alkohol anfängt zu wirken, verschwindet die blonde große Frau im Hintergrund, und im Vordergrund ist der Club, ich. Meine Freunde.

Ich wanke mit einem Wodka Red Bull in der Hand, eine Zigarette zwischen den Fingern, von der Tanzfläche zum Klo. Nur, um sie vielleicht zu sehen. Ich will wissen, wie sie aussieht, will wissen, ob es mir noch sehr weh tut. Aber ich sehe sie nicht, muss eigentlich auch nicht auf Toilette. Stehe vor dem Spiegel, beobachte mich.

Normal sehe ich aus. Kein sonderliches Interesse an Kleidung, kein gepflegter Bart. Schwarzer Hoodie, blaue Hose, weiße Schuhe, ein Schal, der wie ein Möbiusband funktioniert. Kurze Haare. Meine Nase ist schief, wegen eines Verkehrsunfalls, als ich noch kleiner war.

Unachtsam war ich, wieder wegen einer Frau, obwohl ich erst in der dritten Klasse war. Es war der Beginn der Sommerferien, und wir sprangen aus dem Bus.

»Ich geh schnell mein Schwimmzeug holen«, sagte ich.

»Ja, mach das, wir treffen uns dann in Lichtenberg und fahren ins Freibad Pankow«, sagte sie. Ich glaube, sie hieß Manuela.

»Ja, okay.«

Peng.

Nase, Bein, Arm, Gesicht gebrochen, Eltern besorgt und der Grundstein für ein seltsames Selbstbewusstsein gelegt.

Ich stehe immer noch vor dem Spiegel, fasse mir ans Kinn. Früher wurde ich wegen meiner Nase gehänselt, ich war dicklich und untersetzt. Das ist jetzt weg, aber ich musste mich im harten Klassenkampf beweisen, also wurde ich Zyniker. Ich redete schnell, ohne Scham und viel. Erzählte über mich, damit niemand etwas herausbekommen konnte, sondern jeder schon alles wusste. Ich wurde verletzend, bevor mich jemand verletzen konnte. Das klingt jetzt alles sehr gemein und schlimm, ist es aber nicht. Es ist so, wie ich bin, und damit fuhr ich bei den Frauen immer ganz gut. Irgendwie. Auch bei ihr. Die da jetzt draußen steht, mit einem fremden Mann. Der ganz anders aussieht als ich. So glatt, so perfekt. Ich glaube, das ist so, Frauen suchen sich danach, nach einer Trennung, immer das Gegenteil. Das nervt mich.

Vermutlich studiert er VWL, ich studiere gar nichts. Wie sagen meine Freunde immer: »Du hast doch nur fünf Minuten Kulturwissenschaften studiert.« Und ich nicke. Aber es stört mich nicht, ich mache das, was ich am meisten mag. Geschichten erzählen, laut sein, andere verletzen, bevor sie mich verletzen. Aber ich muss ehrlich sein. Ganz ehrlich. Nehme meine Hand wieder vom Kinn, schäme mich für meinen inneren Monolog, als ich realisiere, dass sich jemand die Hände waschen will.

Ich glaube, ich habe auf das alles hier keine Lust mehr. Ich glaube, ich will los, gehe zu meinen Freunden, die seltsame Tänze aufführen und mit ihren Rucksäcken Mädchen anschubsen, ohne dass sie es merken. Wir haben diese Eigenschaft, immer mit Rucksäcken tanzen zu gehen. Ich habe schon öfter gehört, das macht man nicht, aber mir ist es egal. Rucksäcke gehören auf den Rücken, nicht in die Garderobe.

Da standen wir, waren tanzen mit Zwanzigjährigen, obwohl wir eigentlich schon viel zu alt dafür sind. Man sagt, wir sind Ende zwanzig. Manchmal fühle ich mich wie Anfang zwanzig, heute fühle ich mich wie Mitte vierzig.

Wir haben Mädchen auf den Po gestarrt, haben getanzt, haben noch mehr Schnäpse getrunken. Wir sind fröhlich, aber jetzt müssen wir uns verabschieden. Keiner geht zu einer Freundin, niemand zu einer Affäre. Jeder wollte nach Hause gehen, als Stein, der mit seinem Nachnamen genannt wird, weil er eigentlich Christian heißt, aber sich immer hundert Leute umdrehen, wenn man Christian ruft, plötzlich eine Idee hat. Einfach so. Eine Idee, die alles verändern würde.

Wir wünschen uns, dass alles anders wird. Das Ego am Boden, die Beziehungsfähigkeit ist nicht zu erkennen. Ich bin müde geworden, von all den Nächten. So viele Frauen. Aber nichts ist übrig geblieben, außer verängstigten Besuchen beim Dermatologen. Das klingt nach Jammern, aber eigentlich ist es doch nur Langeweile.

»Warum sehen wir uns eigentlich immer nur Berliner Hintern an? Ich meine, es gibt doch noch viel mehr Frauen auf dieser Welt! Wie geil wäre es eigentlich, wenn man eine Weltreise macht, also sich einmal um den Globus vögelt, bis man Ruhe findet, bis man nicht mehr nachts wie bescheuert im Magnet herumsteht, um viel zu jungen Frauen auf den Arsch zu stieren?«

Für einen Moment war unsere Fröhlichkeit gebrochen, nicht aber unsere Betrunkenheit.

»Och nee, nicht jetzt, bloß nicht wieder so einen Einsamkeitsscheiß. Lasst uns lieber noch einen Erdbeersaft trinken gehen«, sagt Jirka, der immer zu den unmöglichsten Zeiten die unmöglichsten Säfte trinken will. Aber Jirka trägt auch rosa Hemden.

»Das wäre schon witzig«, sage ich und vergrabe meine Hände in den Taschen, es ist bald Herbst, spüre ich. Es ist auch Dampf, der aus meinem Mund kommt, nicht nur Zigarettenrauch.

»Los, kommt, wir gehen einen Saft mit Jirka trinken«, sagt Adri, der Adri heißt, weil sein Vorname Christoph ist und sich immer hundert Leute umdrehen, wenn wir ihn mit seinem echten Namen rufen. »Und dann besprechen wir das mal, ich finde, das ist eine gar nicht so dumme Idee.«

»Also, ich würde in Osteuropa anfangen und mich durch Asien nach Nordamerika schlagen«, sagt Jirka mit einem Erdbeersaftbart, morgens um halb drei.

»Ich weiß nicht«, antworte ich. »Vielleicht wäre es besser, über London zu fahren. Mit London anzufangen, dort gehst du am frühen Abend in den Pub und hast zwei Stunden später mit einer Engländerin Sex, auch wenn sie keine Ahnung hat, wer du bist.« Ich bin häufig etwas abgeklärt, aber oft einfach nur realistisch.

»Nein, ich würde mit Italien anfangen und mich dann über Nordafrika nach Osten schlagen. Jemen oder so, das fänd ich interessant«, erstaunt uns Stein mit seiner Reiseroute. Er erstaunt uns, weil Stein es nicht mal schafft, ohne wochenlange Vorbereitung an die Ostsee zu fahren.

Adri ist immer noch still, wir kennen uns schon so lange, ich weiß, dass er grübelt.

»Ich glaube, gen Osten ist gut, vielleicht Polen, Russland, Israel und so weiter. Dunkle Haare und Locken.« Adri mag dunkle Haare und Locken.

Wir sitzen still an einem Vierertisch, Jirka hat keinen Saft mehr, wir haben noch Schnäpse. Als ich mein Telefon mit eingebauter Weltkarte aus der Tasche holen will, legt Adri seine Hand auf meinen Arm und setzt sein »Wichtige Mitteilung«-Gesicht auf.

»Wisst ihr was?«, fragt Adri.

»Nein«, antworten wir unisono.

»Lasst uns wetten. Einer von uns vieren reist einmal um die Welt, schläft mit so vielen Frauen wie möglich, sagen wir achtzig, und kommt dann wieder. Wenn er es schafft, dann bezahlen die anderen drei die Reisekosten. Wenn er es allerdings nicht schafft, hat er eine tolle Reise gemacht. Zwar ist er danach völlig abgebrannt, aber alles in allem scheint es wie eine Win-win-Situation. Und endlich haben wir dann neue Geschichten, die wir uns erzählen können.«

»Warum achtzig?«, fragt Jirka.

»Wegen Jules Verne«, falle ich Adri ins Wort. »Schon mal was von dem Buch gehört? Reise um die Erde in 80 Tagen?«

»Ist das nicht ein Film mit Jackie Chan?«, fragt Jirka extra dämlich.

»Jirka hat nicht unrecht«, sage ich in meinem Klugscheißerton. »Der Film heißt *In 80 Tagen um die Welt*, das Buch aber *Reise um die Erde in 80 Tagen*.«

Ich lasse mein Telefon in der Tasche und hebe meinen Arm, bestelle noch eine Runde.

»Das wäre großartig«, sage ich.

Es ist eine Wette von riesiger Tragweite, das spüre ich, weil einer von uns alleine fahren muss. Wir haben sonst immer alles gemeinsam gemacht.

Aber es wundert mich nicht, dass wir so eine Idee an so einem Abend haben. Nur spüre ich diesmal, dass wir es wahr machen werden. Wir vier sind euphorisiert, aber alles scheint richtig. Es ist eine richtige Nacht, eine richtige Entscheidung. Ich sehe meine Freunde glücklich an und bin froh, solche Freunde zu haben.

»Und wie entscheiden wir, wer fährt?«, will ich wissen.

»Du fährst«, sagt Jirka.

»Du fährst«, sagt Adri.

»Du fährst«, sagt Stein.

»Warum?«, frage ich.

»Ist doch ganz klar: Stein kackt sich schon in die Hose, wenn er nach Dresden muss, Jirka würde zehn Monate lang seine Tasche ein- und wieder auspacken, und ich habe einfach keine Zeit, ich muss arbeiten«, erklärt uns Adri einleuchtend.

»Aber ich muss auch arbeiten«, wende ich ein.

»Ja, aber du bist Journalist, du kannst das aufschreiben, was passiert. Außerdem hast du gerade Kohle übrig. Du musst natürlich die Reise kreditieren, das Geld bekommst du, wenn du wieder da bist«, erklärt er weiter. »Außerdem kannst du dann vielleicht endlich mit deinen alten Geschichten abschließen«, schaltet sich Jirka ein. Ich weiß, was er meint, gehe aber nicht darauf ein.

Es ist jetzt früher Morgen, wir sitzen in einem Café in Friedrichshain, eine Kellnerin, die uns seit zwölf Jahren schon Getränke an den Tisch serviert, die wunderbar grantig ist, die wir alle kennen, aber von der keiner den Nachnamen weiß, stellt sich an unseren Tisch und keift: »Wollt ihr noch was? Ich will Schluss machen.«

»Wir nehmen noch vier doppelte Moskovskaya«, sagt Adri.

Als sie uns die Getränke an den Tisch bringt, richtet Adri sich auf.

»Aufstehen!« Wir vier stehen auf. Das ist doch etwas albern, denke ich. Aber wir machen alle brav mit.

»Hiermit wetten wir, dass Thilo einmal um den Globus fährt, mit mindestens achtzig Frauen schläft, dabei vielleicht sogar endlich mal eine Frau findet, die er länger als drei Monate toll findet. Dass er uns Geschichten mitbringt. Und wenn er es nicht schafft, muss er die Reise selbst bezahlen. Wenn er es allerdings schafft, bezahlen wir sie ihm.«

»Okay«, sage ich.

»Okay«, sagt Stein.

»Okay«, sagt Jirka.

Viermal ein Kling voller Gläser, die aneinanderschlagen. Sekunden später vier vor Ekel verzogene Gesichter, die lachen.

»Was habt ihr jetzt schon wieder für einen Blödsinn gemacht?«, will die Kellnerin wissen.

»Ach, das wird Thilo dir schon erzählen«, erklärt ihr Stein lächelnd. Alle lächeln, und ich glaube, wir ziehen es wirklich durch. Natürlich wissen wir alle, dass es praktisch unmöglich ist, innerhalb von so kurzer Zeit in so vielen verschiedenen Ländern mit noch viel mehr, noch viel verschiedeneren Frauen zu schlafen – aber vielleicht ist es genau das, was den Reiz dieser absurden Wette ausmacht.

Wir rauchen alle noch eine Zigarette, auch Jirka, der eigentlich nicht raucht und uns immer dafür verflucht, dass wir sein Auto vollqualmen.

»Wisst ihr eigentlich, wie lieb ich euch habe?«, sage ich.

»Ja«, antworten alle drei warm. So warm, wie es nur echte Freunde zueinander sein können. Wir umarmen uns betrunken herzlich und wünschen uns betrunken herzlich ewige Freundschaft, als wir uns verabschieden.

Bis jetzt hat es ja gut funktioniert, denke ich, als ich die Straße der Pariser Kommune einbiege, meine Wohnung sehe und mich aufs baldige Einschlafen freue. Ich bin erschöpft.

Als ich die Decke bis unter meine Nase ziehe, finde ich kein blondes Haar. Von ihr. Betrunken wie ich bin, denke ich wieder über sie nach. Keine Idee, was sie gerade macht, ich habe Angst, es mir vorzustellen, ihr Bein, das über seinem Bauch liegt. Sie ist nicht alleine, ich bin nicht einsam, seit sie weg ist. Aber unruhig. Und diese Unruhe ist es, die mir die Angst nimmt vor dieser Reise. Vor der Wette. Die Situation, in der ich mich jetzt befinde, ist richtig. Ich will weg, weil es hier nichts mehr gibt, nichts zu finden, nichts zu halten. Es sticht wieder in meiner Brust, weil ich mir einbilde, dass sie bestimmt nicht nur ihr Bein über seinen Bauch legen wird. Ich bin mir ziemlich sicher, dass sie jetzt Sex haben werden. Richtig guten Kennenlernsex. Nicht mal das bekomme ich hin, denke ich, als ich mich zur Seite drehe. Ich überlege, ob ich mich in den Schlaf onanieren soll. Bin aber zu faul und habe zu viele Bilder im Kopf, mit denen niemand onanieren will. Die Ex mit dem Neuen? Nee, dann lieber YouPorn. Mein Laptop liegt im Wohnzimmer. Ich bleibe zu faul. Und schließe angestrengt die Augen. Ich muss weg hier. Alles nervt. Sie, die Frauen, die entweder zu jung oder zu bekloppt sind. Die einen Freund haben, den sie betrügen, die sich die Arme zerritzen und das dann schön finden. Frauen, die Sex nur im Stehen wollen oder die nicht Händchen halten.

Frauen kennenzulernen ist mir nie schwergefallen. Aber das Interesse zu behalten, sie länger als drei Monate attraktiv, aufregend, anziehend zu finden. Das fällt mir schwer. Ich glaube, das liegt an Berlin. Oder nein, ich glaube, das sind Großstädte. Scheiß Großstädte.

»Ja, ich mache das«, sage ich zu mir selbst. Klemme eine Decke zwischen meine Beine, drehe mich auf die andere Seite, zähle die Lichter der vorbeifahrenden Autos, so wie ich es immer mache, wenn mein Kopf unruhig ist. »Ja, ich mache das. Morgen kaufe ich das Ticket.« Und ich habe immer noch keine Ahnung, was das bedeutet. Ich kaufe einfach ein Ticket und was dann? Dann reise ich los – wie wichtig ist die Wette, werde ich das schaffen, ist das überhaupt realistisch?

Es bringt mich zum Lächeln, weil ich das Gefühl habe, dass diese wunderbar bescheuerte Wette mehr als nur ein Streich betrunkener Jungs ist. Wenn ich es schon nicht schaffe, sie zu vergessen, mich zu binden, mich neu zu verlieben. Wenn ich zu blöd bin, Menschen zu halten, dann finde ich eine neue Aufgabe in dieser Wette. Ich bin aufgeregt, noch ist es eine Schnapsidee, wenn ich morgen tatsächlich die Tickets kaufe, ist es Realität.

Es fährt wieder ein Auto vorbei, wieder Licht in meinem Zimmer. Ich stehe auf, hole doch noch den Laptop aus dem Wohnzimmer.

Auf dem Weg zum Reisebüro denke ich darüber nach, welche Länder interessant sein könnten. Wo ist es eine Herausforderung, Frauen kennenzulernen. Wo ist es leicht. Nur zwei Reiseziele in meinem Kopf. Leicht: in Thailand. Schwierig, zumindest glaube ich das: in Indien. Ich bin ahnungslos, und die Idee, so zu reisen, wird immer absurder, umso näher ich der Tür des Reisebüros komme. Ich fühle mich unvorbereitet. Ich öffne, es klingelt eine Glocke, eine Frau sieht mich über ihre Brille hinweg an. Sie grüßt mich freundlich, ich setze mich auf einen Korbstuhl, neben eine

Palme. Urlaub, denke ich. Ob es wirklich Urlaub wird, frage ich mich.

»Ich würde gern einmal um die Welt reisen«, sage ich etwas vage der Reisekauffrau, die auf Weltreisen spezialisiert ist. Ein Ticket zu kaufen ist einfach, die Schwierigkeit besteht immer noch in der Wahl der Länder.

»Aha«, sagt die freundliche Frau hinter ihrem Computerbildschirm.

»Ein Around the World Ticket oder freie Tickets?«, fragt sie.

»Freie Tickets«, antworte ich, weil ich vermute, dass ein festes Ticket meinem Reiseablauf die Spontaneität nehmen würde.

Sie fasst sich ans Kinn, schiebt ihren Stuhl vom Schreibtisch und geht zu einem Bücherregal hinter sich. Sie nimmt verschiedene Kataloge heraus und legt sie mir auf den Tisch.

»Polen, Ukraine, Israel, Dubai, Indien, Thailand, Japan, Australien, Fidschi, Neuseeland, Argentinien, Brasilien, USA und Island?«, überlegt sie laut, als hätte sie die Route meiner Reise schon seit Tagen im Kopf.

»Ja«, sage ich baff. Überdenke jedes Land, in fünf Sekunden. Vierzehn Länder, je fünf Sekunden Überlegung. Ich brauche siebzig Sekunden, um zu entscheiden, dass sie schon recht haben wird, dass ihre Auswahl auch meine Auswahl sein könnte.

»Gut, ich mache das alles fertig und buche die Reisekosten von Ihrem Konto ab. Brauchen Sie noch irgendwelche Hotels?«, will sie wissen.

»Nein«, antworte ich. Das ging schnell.

Es ist alles absurd einfach. Es ist ja nicht so, dass ich wie im Original bei Jules Verne mit 20 000 Pfund in der Tasche um die Welt reisen muss. Dass mir ein verrückter Detektiv auf den Fersen ist.

In drei Monaten geht es los. Ich habe noch drei Monate, meine Tasche zu packen, mir darüber Gedanken zu machen, wie ich meinen Freunden nachweise, dass ich mit den Frauen auch wirklich geschlafen habe, muss mir noch Medikamente kaufen. Es fühlt sich an, als hätte ich etwas irrsinnig Dummes getan. Aber es fühlt sich gut an.

Als ich den Laden verlasse, weiß, dass gerade Geld von meinem Konto abgehoben wird, damit ich reisen kann, bekomme ich es mit der Angst zu tun. Noch nie bin ich alleine gereist. Ich fürchte mich etwas. Aber es sind ja noch drei Monate.

Ich habe keine Angst vor fremden Ländern, aber ich habe das Gefühl, ich habe Angst vor Frauen. Und ich reise wegen fremder Frauen. Schwierig.

Doch ernsthaft, denke ich, wie beweise ich, dass ich mit den Frauen geschlafen habe, die ich treffen werde?

Männer sind gute Lügner, wenn es um Sexgeschichten geht. Ich kann mich erinnern, dass fast jede Entjungferung, mit der nach den großen Sommerferien geprahlt wurde, sich während des Gesprächs in der Sportumkleide als Hirngespinst herausgestellt hat.

Die meisten von uns dachten, wir hätten alle schon längst Sex gehabt, dabei waren wir alle noch sehr unentjungfert. Und weil wir das damals alle dachten, muss ich heute einen guten Beweis liefern, dass ich Sex hatte. Dass ich eine Frau verführt habe.

Es gibt da dieses Spiel. Männer sortieren ihre Sexualpartner nicht nur auf einer Skala der Attraktivität, sondern auch nach Nationalitäten. Ich könnte Fotos machen mit einer kleinen Flagge, die ich den Frauen auf den Bauch lege. Ich meine diese Flaggen, die Wanderer in Souvenirläden kaufen und später, im Hostel, auf ihren Rucksack sticken.

Ich könnte Schlüpfer stehlen, könnte sie aber auch gekauft haben.

Ich könnte die Frauen, mit denen ich geschlafen habe, bei Facebook hinzufügen. Nur diese Frauen und niemand anderes mehr, so könnten meine Freunde gleich sehen, was mir passiert ist. Hm, auch dumm, denke ich.

Wie beweise ich, dass ich Sex hatte? Noch nie musste ich das beweisen, ich habe es einfach erzählt und ja, ich habe auch ausgeschmückt. Aber das wissen meine Freunde, sie sagen immer:

»Zieh ein Drittel ab, dann hast du die Wahrheit.« Ich finde das gemein, aber irgendwie stimmt es auch. Münchhausen bin ich deswegen nicht, aber ich erzähle eben gern ausschweifend und angemessen geschmückt.

Es geht Mitte Dezember los. Noch drei Monate Zeit, mich vorzubereiten. Wie bereitet man sich auf eine Weltreise vor? Ich habe von so vielem keine Ahnung, weiß nur, was ich mitnehmen will, aber ich habe keine Vorstellung davon, was ich brauche, denke ich, als ich mich in ein Café setze, um mich und meine Gedanken zu beruhigen.

»Wie willst du uns eigentlich beweisen, dass du mit den Frauen geschlafen hast?«, fragt mich Adri am selben Abend. Aber ich bin in den Gedanken woanders. Ich denke über mich nach, mal wieder. Wie wir das alle so oft machen.

Seit Jahren geistere ich schon durch Berlin, unruhig betrachte ich die Frauen, mittlerweile sogar mit einem gewissen Zynismus. Das macht mich bitter, ich spüre das. Schon bevor ich Begeisterung entwickle, verabschiede ich mich von ihr. Von irgendwem. Alles nur Namen und großer Busen, kleiner Busen, lange Beine, sehr lange Beine, dunkle Haare, schöne Haare, fisseliges Haar. Frauen sind in den letzten Jahren omnipräsent in meinem Leben, ich wünschte mir allerdings, dass ich bei diesem Gedanken den Singular verwenden könnte.

Manchmal fühle ich mich schlecht dabei, es geht nicht ums Betrügen, nein, es geht um das fehlende Gefühl.

»Ich glaube, ich liebe dich«, sagte die letzte Frau zu mir.

»Echt?«, habe ich geantwortet.

»Hm«, hat sie dann gesagt und wollte weinen, aber wir saßen in der U-Bahn. Geweint hat sie später, ich saß ihr regungslos gegenüber.

Und jetzt flüchte ich aus dieser Stadt, mache eine Weltreise, lerne neue Frauen kennen, keine Frauen, die irgendwen kennen, den man auch kennt, sondern neue Frauen. Richtig neue. Aus anderen Ländern, mit anderen Sprachen und anderen Träumen. Ich werde endlich etwas Neues sehen. Neue Gesichter.

Die Reise erscheint mir wie eine Weinverkostung, später kaufe ich dann eine Kiste, wenn der Wein mir geschmeckt hat. In Bezug auf Frauen und Länder. Vielleicht gefällt es mir in Neuseeland, vielleicht fahre ich dort noch einmal hin. Vielleicht verliebe ich mich in Tokio, vielleicht ist mir dann auch die Wette egal.

Nein.

Die Wette ist mir nicht egal.

Das wird mir sonst zu teuer.

Adri wartet noch immer auf eine Antwort, er sitzt vor mir, trinkt einen Kakao, er hat seine Mütze noch nicht abgenommen. »Wie willst du es denn nun beweisen?«

»Ich habe keine Ahnung.«

»Vielleicht 'ne Haarsträhne?«

»Find' ich ziemlich psycho, stell dir vor, du schneidest jemandem nach dem Sex Haare ab, gruselig«, antworte ich.

»Und ein bisschen Schamhaar?«

»Adri!« Wir finden keine Lösung für das Problem.

»Glaubst du, es wird nur Bumsen oder vielleicht auch mehr?«, fragt er mich. »Glaubst du, du kannst endlich mal ein wenig in deinem Kopf aufräumen?«

»Ich hoffe«, sage ich.

»Ich beneide dich um diese Reise.«

»Ich weiß, aber weißt du was, wenn ich ehrlich bin, habe ich Angst. Ich war noch nie allein so lange weg.«

Die letzten drei Monate sind vergangen, mehr kann ich dazu nicht sagen. Drei Monate sind nichts.

Es ist nicht viel passiert, was sollte auch. Ich habe diese Reise gespürt, in meinem Nacken, erst bedrohlich, dann aufregend, und irgendwann war sie da. Stand vor meiner Tür und wartete darauf, dass wir losgehen. Die Reise und ich.

Ich bin immer noch nicht gut vorbereitet. Ich weiß immer noch nicht, wie ich mich von meinen Freunden verabschieden soll. Ich weiß immer noch nicht, wie ich ihnen beweisen soll, dass ich mit all den Frauen geschlafen habe. Die letzte Woche vor der Abreise ging dafür drauf, dass ich Medikamente gekauft habe. Gegen alles. Durchfall, Brüche, Schlaflosigkeit, Malaria. Ziemlich teuer, das alles. Ich habe nützliche Kleidung gekauft. Und Kondome. Ich vertraue den Kondomen nicht, die es außerhalb Deutschlands gibt. Ich habe eine Party organisiert, eine Auf-Wiedersehen-Party. Ich habe ein witziges Testament geschrieben, in dem steht, dass meine Freunde meine Videospielkonsolen und meinen Fernseher bekommen. Und die paar Euro auf meinem Konto. Aber vermutlich würde die Rückführung meines Körpers diese paar Euro aufbrauchen. Also bleiben nur noch die Konsolen und der Fernseher. Meine Bücher wollte niemand. Schade, eigentlich.

Wenn ich meinen Eltern von dieser Reise erzählt habe, haben sie immer ein bisschen geweint und mit feuchten Augen meinen Kopf getätschelt. Für sie ist das mehr als eine Reise um die Welt, in Frauen. Für sie ist das zugleich auch ein Abnabeln. Der große Junge reist. Ja, ja.

Ich habe auch mit ihr gesprochen. Mit meiner Ex, die mich ruhelos entlassen hat. Auch sie hat geweint, das hat mich verblüfft, hat mir ein seltsames Gefühl gegeben. Nicht ohne Schadenfreude habe ich ihr zugehört und mir sagen lassen, dass sie mit ihrem neuen Freund, dem Nackengrabscher, nicht glücklich ist. Im Kopf habe ich gelacht, in der Realität habe ich mein Bedauern geäußert. Wir sind ja alle schon erwachsen, da ist man nicht mehr gehässig.

Ich habe sie und ihn zu meiner Abschiedsparty eingeladen. Ich glaube, das war ein Fehler, weiß es aber noch nicht. Es fühlt sich nicht gut an.

Noch eine Nacht. Ich liege unruhig in meinem Bett. Ich bin aufgeregt. Alle waren sie da, meine Freunde, wir haben gefeiert. Ich habe mich nicht getraut, Alkohol zu trinken. Morgen geht es nach Polen, ich will dabei keinen Kater haben. Deswegen. Außerdem ist eine Fahne während des Reisens ekelig, hinderlich sogar. Niemand will mit jemandem reden, der nach Schnaps stinkt. Auch nicht, wenn er nicht aussieht wie ein Alkoholiker.

Wir haben auch nicht wirklich gefeiert. Meine Eltern sind seit Wochen besorgt, haben mir aber höflich eine Packung Kondome in die Hand gedrückt.

»Immer verhüten«, hat meine Mutter gesagt. »Ich will nicht, dass du an Aids stirbst.«

»Ja, ja«, habe ich meiner Mutter geantwortet. Im gleichen Ton, in dem ich antworte, wenn sie mich fragt, ob ich endlich einen Termin beim Zahnarzt gemacht habe.

Es ist laut, sie ist auch da. Ohne ihren Freund, das beruhigt mich.

»Ich bin nur kurz vorbeigekommen, um dir etwas zu geben«, sagt sie, greift in ihre Tasche. Ich merke, dass sie gleich zu weinen beginnen wird. Ich versuche, ernst zu bleiben und nicht traurig zu werden.

»Hier«, sagt sie leise und gibt mir ein Foto von uns beiden. Sie ist nackt darauf, ich auch, ein schweinisches Bild. Es ist nicht romantisch. Allerdings finde ich es süß, dass sie mir so ein Bild mitgibt. Ich stehe ruhig vor ihr, drehe das Foto um. »Vergiss mich nicht«, hat sie auf die Rückseite geschrieben.

»Vergiss mich nicht«, sagt sie, als hätte sie das Gefühl, ich würde den Text auf der Rückseite des Bildes nicht lesen. Schwere Trauer überkommt mich. Wenn ich reise, die Welt entdecke, die mal uns beiden gehört hat, wird sie genug Zeit haben, sich an den Nackengrabscher zu gewöhnen. Sie wird mich vergessen, denke ich traurig.

»Ich geh wieder«, sagt sie.

»Ja, ist vielleicht besser«, sage ich erschöpft und starre auf meine Schuhspitzen.

»Bis gleich«, sagt sie, das hat sie immer gesagt, egal wie lange es dauerte, bis wir uns wiedergesehen haben.

Bis gleich, denke ich und sehe, wie sie meine Wohnung verlässt.

Ich gehe in die Küche, rauche, während ich aus dem Fenster ins winterliche Berlin blicke, trinke einen kleinen Schnaps, um mich wieder zu beruhigen. Und atme tief ein.

Ich nicke meinen Freunden zu. Denn plötzlich habe ich eine Idee. Endlich. Eine Idee, wie ich ihnen beweisen kann, dass ich mit einer Frau geschlafen habe. Sie basiert auf Vertrauen, keinem komplizierten Prüfungsverfahren.

Was hatte ich nicht für abstruse Ideen, wie ich untermauern könnte, dass ich Sex hatte. Von Lackmusstreifen, die ich in ein Buch einklebe, mit verschiedenen PH-Werten und Namen daneben, bis zu Excel-Tabellen, die einen Körper so genau beschreiben, dass ich es mir nicht hätte ausdenken können. Ich wollte Fingerabdrücke nehmen, heimlich Nacktfotos machen, Tonbandaufnahmen vom jeweiligen Sex. Alles unpraktisch, alles viel zu grob, dachte ich immer. Aber jetzt, hier in meiner Wohnung, am letzten Abend, habe ich eine Idee, die auf schlichtem Vertrauen basiert. Und da ich weiß, dass wir uns vertrauen, kann ich es vorschlagen.

»Was haltet ihr davon, wenn ihr mir durchnumerierte Marken mitgebt? Wie diese Dinger, die man im Arbeitsamt bekommt. Von eins bis achtzig. Ich lasse diese Marken dann zurück. Ich stecke sie der Frau zu. Einfach so. Lege sie auf das Kopfkissen. Packe sie in ihre Hosentasche, irgendwie.«

Dreimal »Hm …« als Antwort.

»Die Idee ist nicht schlecht«, sagt Adri.

»Finde ich auch«, sagt Jirka.

»Ich find's doof, du kannst ja voll bescheißen«, murrt Stein.

»Ihr müsst mir einfach vertrauen. Doch wo kriegen wir so schnell eine durchnumerierte Rolle her?«

»Ich kümmere mich darum, bis morgen«, sagt Jirka, der Numerierungen und Ordnersysteme sehr mag. Wir wissen in diesem Moment, dass Jirka sogar in die Metro fahren würde um sechs Uhr früh. Um genau so etwas irgendwo hervorzukramen.

»Ich gehe mit, die Marken besorgen«, sagt Stein. »Sonst kauft Jirka gleich wieder ein Leitz-Ordner-System und Papierschredder, die kein Schwein braucht.«

»Okay.«

»Machen wir das also so: Jede Frau ist eine Nummer.«

»Ganz schön frauenfeindlich«, gibt sich Adri als Hobbyidealist.

»Ähh, ja. Aber mal im Ernst, ich fahre um die Erde, um zu vögeln. Das dürfte jeder Feministin Zornesfalten ins Gesicht knallen«, sage ich.

»Stimmt.«

»Außerdem ist es ja nur für uns. Unser System.«

»Ich finde immer noch, dass es ein Scheißsystem ist«, sagt Stein.

»Egal«, wende ich ein, »wir machen das jetzt so. Ich will ja nicht die Welt in Mösen neu vermessen. Sondern einfach nur eine Marke hinterlassen, als unser Zählsystem. Schluss jetzt. Das ist beschlossen.« Ich beende die Diskussion. Sehe, wie Jirka sein Telefon aus der Hosentasche zieht.

»Wen willst du denn jetzt anrufen?«, will ich wissen.

»Ich checke nur mal schnell die Öffnungszeiten der Metro.«

Als alle anderen gegangen sind, stehen Jirka, Adri, Stein und ich um meinen Rucksack herum. Meine Wohnung für die nächsten Monate. Wir sind leise, hören uns atmen. Ich sehe, dass Jirka feuchte Augen hat. Adri kaut auf seiner Unterlippe, und Stein macht ein Gesicht, das seinem Namen entspricht.

»Seid ihr etwa traurig?«, frage ich traurig.

»Ja, ein wenig«, antwortet Stein.

»Wir werden dich vermissen«, sagt Jirka.

»Du wirst uns fehlen«, stimmt Adri mit ein.

»Ihr mir auch.«

POLEN

Ich nehme den Zug. Das ist eine schöne Form des Reisens, sehr beruhigend. Natürlich ist die Wahrscheinlichkeit, in einem Zug tödlich zu verunglücken, ungleich höher als die, mit einem Flugzeug abzustürzen, aber bis heute ist es so, dass mir das Reisen mit dem Zug mehr behagt.

»Wer keine Angst vorm Fliegen hat, hat keine Fantasie«, sage ich immer zu meinen Freunden, wenn sie von ihren turbulenten Erlebnissen erzählen.

Jirka hat mir, kurz bevor sich die Zugtüren schlossen, die durchnumerierte Rolle in die Hand gedrückt.

»Es gab nur 200er-Nummernrollen«, sagte er.

»Ich habe sie abgerollt und gebe dir nur Nummer eins bis achtzig mit«, erklärte er mir. Er zwinkerte. Ich lächelte. Ich halte die Rolle mit den Zahlen fest. Sehe, dass sie mit der höchsten Nummer beginnt. Achtzig. Jirka hat sie verkehrt aufgerollt, oder er wollte, dass es wie ein Countdown wirkt. Ich habe keine Ahnung und hatte auch keine Zeit, ihn zu fragen.

Auf meinem Schoß, in diesem polnischen Zug auf noch deutschem Boden, liegt ein Paket voller selbstgeschmierter Stullen. Meine Oma hat sie mir hastig durch das Fenster gereicht – anscheinend in dem Glauben, dass ich nur kurz weg bin. Drei Monate werde ich unterwegs sein, einmal um den ganzen Globus. Und ich beginne mit Polen, reise ostwärts. Dabei fühle ich mich seltsam heimisch, ja, freue mich fast darauf, in Warschau aus dem Zug zu steigen und mir ein Hostel zu suchen. Ich freue mich darauf, endlich diese Stadt Berlin mit ihren Geschichten und Frauen und Erinnerungen hinter mir zu lassen. Sie hinter mir zu lassen, die Exfreundin, die Erinnerungen an unangenehme Versuche, sie zu vergessen. Ein Gefühl wird deutlich: die mögliche Freiheit, endlich, auf dieser Reise, in der Lage zu sein, sie zu vergessen. Es muss klappen, und ich habe keinen Zweifel. Oder ich erlaube mir keinen Zweifel, das weiß ich nicht so genau.

Ich lege mein Gepäck ins Netz und stelle gleichzeitig fest, dass dieser Zug noch den Charme des guten, gewissenhaften Reisens versprüht. Polnische Züge sind ein Relikt vergangener Reisezeiten – allein der Speisewagen ist atemberaubend. Durchgesessene Sitze, Bauhauslampen und kleine Vorhänge vor den Fenstern. Eine echte Küche an Bord, keine Mikrowelle wie bei der Deutschen Bahn.

Mit speckiger Schürze steht dort ein Mann, er brät Würste. Ich bestelle einen Kaffee und blicke ruhig aus dem Fenster.

Die Landschaft ist noch brandenburgisch, aber sie verändert sich, die Bahnübergänge werden immer ländlicher. Schließlich gibt es nur noch vereinzelte Feldwege, die vor rostigen Schranken münden und darauf warten, von den selten vorbeifahrenden Autos benutzt zu werden.

Ich schwelge in Gedanken, male mir aus, was ich alles erleben werde, was mir passieren wird, welche Menschen ich kennenlerne. Dabei habe ich überhaupt keine Ahnung, was mich erwartet, außer vagen Vorstellungen von Ländern, die ich aus Reisereportagen kenne. Länder und ihre Gefahren, von denen ich kurz vorher auf der Website des Außenministeriums erfahren habe.

Und dann die Frauen, wie soll ich das nur schaffen, wie soll ich bitte in jedem Land dieser Welt Frauen herumbekommen. Ich stelle mich ja sogar in Berlin zu blöd an, mit meinem unsicheren Blick, der offensichtlich jedem sagt: »Achtung, ich habe Liebeskummer.« Selbstmitleidige Typen sind nicht beliebt, das weiß ich. Und nun habe ich eine Wette, Freunde, die Geschichten wollen, und eine Aufgabe. Ein Gefühl von Angst macht sich breit. Nicht, dass ich ein totaler Vollpfosten bin, nicht, dass ich nicht in der Lage wäre, mit Frauen zu sprechen. Aber sie alle ins Bett quatschen? Mit ihnen schlafen, in kürzester Zeit? Es ist ja nicht so, dass ich wochenlang in jedem Land sein werde. Immer nur ein paar Tage, ich habe also keine Zeit, in Freundeskreise vorzudringen, mich zu positionieren, Frauen aufzufallen. Ich muss forsch nach vorne treten und sie ansprechen. Keine leichte Übung, denke ich. »Aber irgendwie werde ich das schon schaffen«, flüstere ich mir beruhigend zu. Irgendwie. So schwierig kann es auch nicht werden. Hoffentlich.

Und während ich meinen dünnen polnischen Kaffee trinke und darüber nachdenke, was mir passieren wird, wie viele Geschlechtskrankheiten ich mit nach Hause schleppen werde, überquere ich die polnische Grenze. Einfach so. Ade, Deutschland, hallo, Welt.

Der speckige Koch läuft an mir vorbei und stellt nun Aschenbecher auf die Tische, als wären es kleine polnische Fähnchen. Er grinst mich an und erklärt mir, dass in Polen das Rauchen im Zug genauso verboten ist wie in Deutschland, nur dass sich hier niemand daran hält.

Ich rauche. Und ich träume weiter. Der Speisewagen füllt sich mit paffenden und Polnisch sprechenden Menschen, und schon bald habe ich das Gefühl, mich in der Garage eines Selbstmörders zu befinden. Ich stelle fest, dass ich den Geruch von Hunderten von Zigaretten nicht schön, leidenschaftlich rauchende Menschen dagegen aber auf eine gewisse Art anziehend finde. Nicht sexuell, eher kommunikativ.

»Fährst du auch nach Warschau?«, kommt es plötzlich von rechts. Ich sehe eine junge Frau und stottere erschrocken »Ja«. Das war einfach, ist das Erste, was ich denke. Ich freue mich kurz, nicht forsch sein zu müssen, nicht auf fremde Frauen zugehen zu müssen. Sie gehen auf mich zu. Spitze, denke ich übertrieben vergnügt.

»Wohin solltest du auch sonst fahren, dieser Zug hat als Endstation Warschau, und du siehst nicht unbedingt aus wie ein Pole, der vom Spargelstechen zurück in die Heimat fährt«, sagt sie mutiger, als ich es je sein kann.

»Wie sehe ich denn aus?«, antworte ich, auch wenn es eigentlich eine Frage ist.

»Wie ein Deutscher, der nach Warschau fährt«, erwidert sie.

»Aha«, gebe ich wenig kommunikationsfreudig, weil verunsichert von ihrer Direktheit, zurück.

»Hast du eine Zigarette für mich?«, fragt sie nun freundlicher. Ich gebe ihr eine, sie nimmt mir gegenüber Platz, zündet sich die Zigarette mit meinem Feuerzeug an, zieht, als hätte sie seit Stunden nicht mehr geraucht. Wir starren beide in die gähnende Leere der endlosen Felder.

Irgendwann tausche ich das »starr in die Felder Glotzen« aus und beginne, sie zu mustern. Rotblonde Haare, ein Tattoo im Nacken – das konnte ich sehen, als sie sich, zugegeben etwas umständlich, hinsetzte. Ich glaube, eine Freimaurerlilie erkannt zu haben.

Sie hat die Haare hochgebunden, ein strenger Pony begrenzt ihre Stirn. An ihren Ohren hängen entsetzliche Ohrringe. Sommersprossen bedecken ihre Nase, ihre Stirn und sogar ihre kräftige Oberlippe. Sie trägt einen grauen Pullover mit V-Ausschnitt, der zeigt, dass sie keinen Busen hat – oder nur einen sehr kleinen.

Ich gebe acht, dass sie nicht merkt, dass ich sie mustere, indem ich ihre Augenbewegung kontrolliere. Zur Sicherheit blicke ich in unregelmäßigen Abständen nach links oder rechts. Einfach nur, um nicht als gaffender Deutscher aufzufallen. Sie hat schöne Hände, lange Finger, gepflegte Fingernägel.

»Wie heißt du?«, fragt sie mich plötzlich und unvermittelt.

»Thilo«, sage ich ertappt, »und du?«

»Cannelle«, sagt sie in einem Ton, der gleich eine Diskussion zu ihrem ungewöhnlichen Namen herauszufordern scheint.

Ich erspare mir und ihr ein Gespräch über ungewöhnliche Namen, das sie vermutlich schon hundertfach geführt hat. Ich weiß, dass Cannelle Zimt auf Französisch bedeutet, aber ich sage es ihr nicht. Ich finde es schön. Manchmal reicht schon der Name einer Frau, um eine gewisse Spannung zu entwickeln. Mara ist so ein Name. Madeleine nicht.

Wir führen das übliche Gespräch – wohin, woher und wer man so ist. Ich weiß jetzt: Sie ist Studentin in Berlin, Biotechnologie, und sie hat eine polnische Freundin, die sie in Warschau besuchen will. Außerdem erfahre ich, und das ist nicht unwesentlich, dass sie ihren Exfreund vergessen will. Wow, denke ich. Ich bin nicht alleine, reisen, um zu vergessen, das scheint noch mehr Menschen zu bewegen.

Sie erzählt mir von ihrem Exfreund, und ich frage mich dann doch, ob ich das alles wissen will. Zu sehr erinnert es mich daran, wie ich verheult irgendwelchen fremden Frauen von meiner Ex erzählt habe, zu sehr erinnert es mich daran, dass ich diese Frauen mit meinen Geschichten verjagt habe.

Die wesentliche Information habe ich irgendwo zwischen Orten, die nach Neschnie oder Poneschnie klangen, erfahren. Sie ist Single, und sie ist wütend. Ich höre mir still ihre Hasstiraden an. Über den Mann, der sie verlassen hat, für seine nicht verarbeitete große Liebe. Dass er sie verletzt hat, dass er sie sitzenlassen hat, ihr was vorgespielt hat. Aufmerksam, aber verunsichert, weil mich ihre Geschichte so sehr an meine erinnert, überlege ich, ob ich die leeren Landschaften diesem Gespräch vorziehen soll. Letztlich entscheide ich mich aber für ihre Geschichte und gegen die Stoppelfelder.

Weint sie etwa, denke ich. Tatsächlich, sie weint. Ihr Kinn zittert herzerweichend.

Ihre Unterlippe beginnt gefährlich zu wackeln, und dann rollen ihr die Tränen über die sommersprossige Haut.

»Weißt du, Thilo, das Beste an ihm war, dass er meinen Humor verstand«, sagt sie wimmernd.

»Was ist an deinem Humor nicht zu verstehen?«, frage ich.

»Na ja, ich bin sehr zynisch.«

»Du sagst das, als wäre es eine Krankheit.«

»Ich bin erst 22.«

»Oh.« Dann sind wir beide still, ich bestelle einen Kakao für sie, den sie lächelnd trinkt. Sie hat einen rotblonden Oberlippenbart, der nun, gefärbt von brauner Milch, sehr offensichtlich ist.

»Du hast einen Bart«, sage ich.

»Ich weiß, eigentlich rasiere ich ihn mir regelmäßig ab, aber seit mein Freund weg ist, hat das eh keinen Sinn mehr.«

»Ich meinte eigentlich deinen Milchbart.«

Ich muss lachen und reiche ihr ein Taschentuch. Sie wischt sich damit die letzten Tränen und den Bart aus dem Gesicht.

»Und was machst du hier?«, fragt sie.

»Ich reise einmal um die Welt, um meine Exfreundin zu vergessen, ich habe eine Wette mit meinen Freunden, dass, wenn ich die eine finde, sie die Reisekosten übernehmen«, schwäche ich die Wette sicherheitshalber ab.

Sie lächelt still und nicht anerkennend über diese Gemeinsamkeit. Ich würde sehr gern wissen, was sie jetzt denkt. Sie trinkt weiter ihren Kakao und raucht meine Zigaretten, mittlerweile ohne zu fragen. Ich lasse sie, weil ich festgestellt habe, dass ich ihre spröde Art anziehend finde.

»Ich lade dich ein«, sage ich schüchtern und denke im selben Moment: Wir haben die gleiche Geschichte. Vielleicht werden wir deswegen miteinander schlafen? Gemeinsam Trost spenden als Sexgrund.

»Danke«, sagt sie selbstbewusst, während sie ungelenk aufsteht und mich fragt, was ich denn abends so vorhabe.

»Noch nichts«, gebe ich zu.

»Gut, dann komm doch mit, wir gehen aus, mit den polnischen Freunden meiner Freundin.« Während sie das sagt, beugt sie sich über den Tisch, eine rotblonde Strähne rutscht hinter ihrem Ohr hervor. Mit ihrer drahtigen Hand schreibt sie ihre Telefonnummer auf ein Blatt Papier, nicht ohne zu vergessen, die deutsche Vorwahl dazuzuschreiben. Für einen kurzen Moment ertappe ich mich dabei, dass ich diese Ordnung bezaubernd finde. Und im selben Moment denke ich, dass sie mit hoher Wahrscheinlichkeit einen Ordnungsfimmel hat. Der generell alles andere als bezaubernd ist.

»Tschüss!«

»Bis heute Abend!«, rufe ich ihr hinterher und sehe, dass sie für ihren dünnen, fast dürren Oberkörper einen ziemlich kräftigen Po hat, der in einer dieser unsäglichen Röhrenhosen kaum Platz findet.

»Trotzdem sympathisch«, denke ich und packe meine Sachen. Ich schwinge den Rucksack auf meinen Rücken und verlasse den Zug.

Ich atme tief ein, und für einen kurzen Moment ist mir schwindlig. Die erste Station meiner Reise. Ich bin da. Es geht wirklich los. Es passiert. Ein Gefühl von Freiheit überkommt mich. Hätte ich Muskeln, würde ich jetzt in einem Ozean stehen, flankiert von brechenden Wellen, ich wäre das perfekte Davidoff-Cool-Water-Model. Aber ich stehe nicht im Meer, habe keine Muskeln, ich stehe am Hauptbahnhof in Warschau, eingepackt in Winterfunktionskleidung und mit einem vorschriftsmäßig gepackten Rucksack (alles Schwere unten, alles Leichte oben) auf den Schultern.

Los geht's, sage ich zu mir selbst und betrete aufgeregt die Stufen der Treppe zur Warschauer Innenstadt. Ich freue mich auf heute Abend, pfeife ich in meinen Gedanken.

Warschaus Innenstadt wirkt wie ein Vergnügungspark, obwohl die Geschichte dieser Stadt alles andere als vergnüglich ist. Erst durch die Deutschen zerstört, dann durch die Sowjetunion – das prägt architektonisch. Viele neue Bauten sind auf alt gemacht, viele der alten Gebäude wirken so verzweifelt modern. Der Kulturpalast etwa, mitten im Zentrum der Stadt, ragt wie ein sozialistischer Zuckerbaupenis in den Winterhimmel. Nicht unbeeindruckt möchte ich in dieses Gebäude gehen und wissen, warum es so verlassen wirkt. Immerhin behauptet auch Warschau, mit dem Kulturpalast das größte zusammenhängende Gebäude Europas zu besitzen. So wie Berlin das gern mit Tempelhof behauptet oder Paris mit seinem Louvre. Städte mögen diese Vergleiche, weshalb auch London, Hamburg oder Warnemünde die Venedigs des irgendwas sind.

Drinnen ist der Kulturpalast so leer wie die Gesichter der meisten Warschauer, die mir an diesem Morgen entgegengekommen sind. Ich habe ein wenig das Gefühl, die Menschen fühlen sich in ihrer rekonstruierten Wunderlandstadt nicht wohl. Es überträgt sich auf mich, und so laufe ich durch die Straßen und blicke missmutig auf die schönen Fassaden und die hässlichen Häuser dahinter.

Die Polen sind katholisch. Mehr als alle anderen Länder. Vermutlich weil der Sozialismus damals keine Religion neben sich erlaubt hat, sind die Polen jetzt noch katholischer als der Rest Europas. Touristisch pflichtbewusst besuche ich ein paar der zahlreichen Kirchen. Es ist immer dasselbe Bild. In Demut gebeugte Menschen murmeln polnische Gebete zu erschreckend leidenden Holzjesussen und Marienbildern hinauf. Die Kirchen sind riesig, und nicht nur einmal habe ich das Bedürfnis zu pfeifen, um mir den Hall meines Pfiffs anzuhören. Vermutlich liegt dieses etwas blasphemische Verhalten an meiner atheistischen Erziehung, denke ich und verlasse gelangweilt schnaubend die Kirche. Und dann wird mir bewusst, dass mir die Religion unseres Nachbarlandes einen Strich durch meine Rechnung machen könnte. Ich meine, wer glaubt ernsthaft, man könnte in Polen so wie in Berlin einfach in einen Club gehen, ein bisschen mit den Blicken und Händen herumbalzen und die Lippen anderer Frauen auf sich ziehen?

Ich kann mir das kaum vorstellen in einem Land, in dem gegen Abtreibung, aber für Anti-Ausländer-Gesetze demonstriert wird und zwei unheimliche Zwillingszwerge demokratisch gewählte Despoten sind.

Ich setze mich schließlich in ein Café. Es ist später Nachmittag, der trübe Wintertag wird allmählich durch eine eisige Nacht ersetzt. Es schneit. Kleine gläserne Flocken ziehen am Fenster des Cafés vorbei, die Bewohner Warschaus, die ihre Köpfe in dicke Fuchsmäntel ziehen, ebenso. Ich mag Fuchsmäntel, denke ich, und erinnere mich an die rotblonde Frau aus dem Zug. Ich krame den Zettel mit der ordentlichen Vorwahl heraus und schreibe eine Nachricht.

»Was passiert heute Abend? T.«, schreibe ich und habe das Gefühl, dass diese SMS wie eine Aufforderung klingt. Wie eine Einladung zum hemmungslosen Sex zwischen zwei Deutschen auf einer katholischen Matratze.

Zwanzig Minuten später hat sie noch immer nicht geantwortet, und ich werde tatsächlich nervös, bestelle mir fälschlicherweise einen weiteren entsetzlichen Kaffee und trinke die bittere Brühe. Mein Handy piept.

»Wir treffen uns heute Abend um zehn am Zamkowy-Platz, kommst du mit? Wir sind Julia, ihr polnischer Freund, den ich nicht leiden kann, und ein paar Polen, die weder Englisch noch Deutsch sprechen.« Ich lächle ein wenig, während ich die SMS lese, und freue mich tatsächlich, sie später zu sehen. Ich bin gespannt, welche Meinung Cannelle zu Religionen hat. Und ich glaube, ich will ihre große Ober- und Unterlippe küssen. Ich habe allerdings keine Ahnung, ob das funktionieren wird. Ich weiß nur, dass ich in mir das Bedürfnis spüre, es zu tun. Sie küssen zu wollen. Keine Pflichterfüllung gegenüber meinen Freunden treibt mich an, nun ja, vielleicht ein bisschen, immerhin liegt in meinem Rucksack die Rolle mit den achtzig Marken und wartet darauf, abgerissen zu werden – nein, ich spüre ein Bedürfnis. Ich will küssen.

Wie verabredet treffen wir uns auf dem Zamkowy-Platz. In ihrer rechten Hand hält sie eine Flasche polnischen Wodka, in der linken eine polnische Marlboro. Ihre Kleidung scheint aus einem osteuropäischen Kleiderschrank zu stammen. Ihr dünner Körper ist verpackt in eine Art Heimkehrermantel mit riesigen Knöpfen aus Holz. Ihre schönen Hände versteckt sie in klobigen Handschuhen, ihre kräftigen Schenkel stecken noch immer in der Röhrenhose. Ich wette, sie trägt darunter Thermounterwäsche, denke ich. Sie begrüßt mich überschwenglich. Ihre Freundin aus Berlin, aber eigentlich aus Warschau, mustert mich, beobachtet mich argwöhnisch. Das kann nur bedeuten, dass sie ihr von mir erzählt hat – was sie erzählt haben mag, kann ich nicht erahnen. Ich bin verunsichert.

»Nimm einen Schluck«, sagt sie und reicht mir die Flasche herüber. Es ist polnischer Wodka, der mit dem Grashalm drin.

»Den trinke ich in Berlin auch immer«, sage ich, »und muss davon kotzen.« Dieser Bisongraswodka schmeckt schon nach Kotze, bevor man ihn getrunken hat, finde ich. Aber was soll's. Langsam setzt sich die Gruppe in Bewegung, den Gesprächen der Polen kann ich nicht folgen, ich kann aus den ganzen Zisch- und Raschellauten nicht mal erahnen, worum es geht. Ich widme mich Cannelle, die schon so betrunken ist, dass es mir die Furcht nimmt, anzüglich zu sein. Ich gucke direkt in ihr Gesicht, während wir an einer verschneiten Kreuzung auf grünes Licht warten. Ein kleiner Wasserpopel ist unter ihrem rechten Nasenloch eingefroren, sie versucht ihn mit ihrer Zungenspitze wegzulecken, ist aber schon zu betrunken, um zu realisieren, dass sie trotz ihrer großen Zunge nicht herankommen wird. In diesem Moment, in dem sie versucht, den Popel mit der Zunge und nicht mit dem Ärmel zu entfernen, finde ich sie sehr niedlich. Ich würde gern ein Taschentuch aus meinem Rucksack nehmen und ihren Hinterkopf in meine Hand legen und ihr die Nase putzen, wie Mütter das immer mit ihren Kindern machen. Hand am Hinterkopf, andere Hand mit Tuch vor der Nase: »Und jetzt schnauben«, würde ich sagen.

Ich erwache aus meinem nächtlichen Tagtraum, als sie meine Hand nimmt und sagt: »Los, schnell, hier in Polen haben sie menschenverachtende Grünphasen.« Durch die grobe Wolle ihrer Handschuhe spüre ich ihre Finger. Sie lässt mich nicht los. Läuft hastig vor, zieht mich hinter sich her. Im dunklen Schneegestöber vor uns verschwinden die Gruppe Polen und ihre Freundin.

»Schnell, komm«, lallt sie mir entgegen. Sie lacht dabei, ich sehe ihre Zähne, das erste Mal. Schöne Zähne, weiß, ich stelle fest, dass ich sie attraktiv finde, obwohl sie durch ihren dicken Hintern und dürren Oberkörper auch Nachteile hat. Sie ist keine klassische Schönheit. Ihre Haare hat sie unter einer beknackten peruanischen Strickmütze mit schrillem Muster versteckt. Sie hat Sommersprossen, die durchscheinende Haut einer Rothaarigen, fleischige Lippen. Im Sommer würden sich nicht die Bauarbeiter nach ihr umdrehen, eher die Bibliothekare, die Studenten.

Vermutlich liegen die meisten ihrer Kommilitonen abends nackt im Bett und träumen davon, nach einer anstrengenden C++-Programmierung sich mit ihr den intellektuellen Schweiß vom Körper zu duschen. Vermutlich. Aber keiner wird sie ansprechen, weil sie alle zu nerdig sind.

Während ich das alles denke, hält sie noch immer meine Hand, und ich bemerke, wie ich meine Finger fester um ihre schließe. Nur einen einzigen Tag bin ich auf meiner Reise, denke ich, und schon vertraue ich einer anderen Frau.

Das hätte ich nicht denken dürfen.

Sofort löse ich mich aus ihrem Griff und muss an sie denken. An die in Berlin Gebliebene, an ihre bestechende Schönheit, an ihren scharfsinnigen Geist, der mich sieben Jahre unterhalten hat, wie ein nie endender Film. Stop, schreie ich in mich hinein und versuche die Gedanken zu verscheuchen. Nicht jetzt!

Cannelle bleibt stehen, nachdem ich mich aus ihrer Wollhand gewunden habe.

»Was ist?«, fragt sie.

»Nichts, nichts«, lüge ich und strecke meine Hand aus, um wieder ihre zu nehmen. Sie lächelt zufrieden, schraubt die Wodkaflasche auf, nimmt etwas Schnee und steckt ihn sich in den Mund, sie gießt einen großen Schluck hinterher.

»Ich habe kein Glas, also ist mein Mund ein Glas«, sagt sie grinsend. Ich finde es etwas eklig, Großstadtschnee in den Mund zu nehmen. Das wäre ungefähr so, als würde ich den braunen Matsch unter parkenden Autos essen. Cannelle ist es egal, das imponiert mir, und schon grabscht sie mit ihren Handschuhen in den nächsten Haufen Schnee und reicht ihn mir, als wäre es eine polnische Spezialität. Ich esse den Schnee aus ihrer Hand und trinke einen großen Schluck Wodka hinterher, ich spüre sofort einen unangenehmen Brechreiz und ziehe Luft durch meine Zähne. Dabei verzieht sich mein Gesicht zu einer Fratze. Sie lacht.

»Es war eine gute Idee, nach Warschau zu fahren, um ihn wenigstens kurz zu vergessen.« Als sie das sagt, blickt sie mich zufrieden an und weint diesmal nicht.

Ich nehme noch einen weiteren Schluck aus der Wodkaflasche, ziehe wieder ein Gesicht, als würde mir jemand ein Brandzeichen auf den Hintern setzen, und wische mir mit dem Handrücken den Mund ab. Erst jetzt bemerke ich, dass wir vor einem Club stehen. Ein typischer polnischer Club, schmaler Eingang mit einer schmalen Treppe, die in ein Kellergewölbe führt. Als die polnische Freundin uns handhaltend sieht, löst Cannelle ihren festen Griff. Das stört mich. Ich bezahle. Und steige die Treppen hinab.

Mein erster polnischer Club, denke ich. Dann bin ich mal gespannt, was die Katholiken so alles zu bieten haben.

Mit halb offenen Mündern stehen Cannelle und ich an der Bar, bestellen einen Wodka Red Bull nach dem anderen. Kurz nachdem wir die Treppe zum Club betreten haben, sind wir uns mit einem stummen, vielsagenden Blick darüber einig geworden, dass dieser Abend nur mit viel Alkohol zu ertragen sein wird. Dieser Club wirkt auf uns beide, als wäre er direkt aus der Proletenhölle. Trotz eisiger Temperaturen tragen die Männer Unterhemden, dazu Hosen, an denen unzählige Taschen angebracht sind. Ich frage mich, was sie wohl in diesen Taschen verstecken. Die Gesichter der Tanzenden sind verschwitzt und besoffen. Ein aggressiver Grundton liegt in der Luft, was aber auch an der Musik liegen kann, die gewissenhaft zwischen grausamem Neunziger-Jahre-Eurotrash, also Snap und Dr. Alban, und polnischen Popschnulzen hin- und herwechselt. Der DJ, ein Mann, der seine Brille keck im Nacken trägt und eine Kangaroo-Mütze offensichtlich für den letzten Schrei hält, wechselt die Lieder dabei so harmonisch wie ein Radiomoderator aus den Sechzigern. Es fehlt nur noch, dass er die Lieder ansagt.

Moment, er sagt die Lieder an. In gebrochenem Englisch erfahren wir alle, was der nächste Song sein wird. »And the nächst Seuong will be: Salt ’n’ Pepper!«

Das ist ’ne Band, du Idiot, denke ich und drehe mich zu Cannelle, bestelle uns beiden weitere Schnäpse. Die Musik ist dröhnend laut. Ich sehe, wie sich ihre Lippen bewegen, kann aber nicht ausmachen, was sie mir sagen will. Daher beschließe ich, höflich zu nicken, wenn ihre Lippen sich nicht mehr öffnen und schließen.

Ich merke, dass es ihr zunehmend schwerer fällt, ihren Blick gerade zu halten. Mir allerdings auch. Mutig vom Alkohol nehme ich wieder ihre Hand, diesmal ohne Wolle drum herum, und ziehe sie auf die Tanzfläche. Wir wanken – unsere beiden Hände fest verknotet, in der freien Hand ein Getränk – in die Mitte des Raumes. Und während wir uns beide dort gegenüberstehen, sehen wir uns an, bewegen unsicher unsere Köpfe und lassen unsere Blicke über unsere Köpfe hinweg durch den Raum schweifen. Sie kommt meinem Gesicht nahe, legt ihren Mund auf mein Ohr. Ich bekomme eine Gänsehaut.

»Findest du auch, dass die hier komisch tanzen?«, fragt sie. Ich blicke mich um und stelle fest, dass die Bewegungen um uns herum auf einen platzorientierten Mitteleuropäer tatsächlich befremdlich wirken müssen. Die Menschen tanzen hier eng. Sehr eng. Die polnische Freundin von Cannelle reckt ihre Arme in die Luft und lässt ihren Arsch kreisen, als wäre sie die weibliche Po-Protagonistin in einem Hip-Hop-Musikvideo. Dieses Pokreisen scheint ein Signal zu sein. Sofort kommen aus dem Halbdunkel des Clubs zahlreiche Männer angestürmt, die sich hinter sie stellen und ihre Gürtelschnallen an ihrer Rückseite reiben. Es sieht aus, als würden sie Sex haben, auf der Tanzfläche. Ich finde, dass das Ganze wenig sexy und ziemlich bescheuert aussieht. Da beugen sich die Frauen nach vorn, stecken sich einen Finger in den Mund, lecken sich am Finger und verreiben die Spucke auf den Lippen.

Ich drehe mich um, will neuen Schnaps holen und bemerke, dass Cannelle sich dem Spiel hingegeben hat. Sie steht in der Mitte der Tanzfläche, und von hinten reibt sich ein Mann an ihrem Po. Er hält sich dabei an ihren schmalen, fast jungenhaften Hüften fest. Sie hat den Pullover ausgezogen und ein Tanktop gibt nun den Blick auf ihre flache Brust frei. Es ist ein kleiner Busen, aber kein winziger. Sie scheint selbstbewusst, sie hat keinen BH an, und ihr kleiner Busen ergibt zwar kein Dekolleté, aber wenn sie sich nach vorn beugt, während der fremde Mann auf ihren Hintern haut, kann man erkennen, dass sie einen zarten, mädchenhaften Brustkorb hat. Es erregt mich. Ich gehe schnell zur Bar, bestelle auf Russisch einen weiteren Schnaps und werde schief angeguckt.

Russisch in einer Warschauer Disko zu sprechen ist ungefähr so, als würde man als Schwarzer in eine Diskothek am Rande von Berlin gehen.

Ich wanke zurück. Und erkenne, dass Cannelles freudiger, besoffener, lüsterner Blick in Angst umgeschlagen ist. Um sie herum stehen mittlerweile fünf oder sechs Männer, und alle wollen sich reiben, sie wechseln sich ab, wie in einem schlechten Gangbang-Porno. Immer, wenn sie sich lösen will, erscheint von vorn ein neuer Mann. Eingezwängt zwischen Taschenhosen und Muskelshirts kann sie nicht flüchten.

Ich entscheide mich für das einzig Sinnvolle. Ich gehe, sehr mutig mittlerweile, hinüber und lege meinen Mund an ihr Ohr: »Wenn du willst, küsse ich dich jetzt, dann wissen die anderen, du bist meine Freundin!« Die Aufforderung zum ersten Kuss auf dieser Reise brülle ich passenderweise in den Refrain von MC Hammers »U can't touch this«.

Sie sagt nichts. Sie blickt mich an. Nicht nett. Nicht so, wie ich es mir erhofft hatte, aber dann nimmt sie meinen Kopf in ihre schmalen Hände, zieht mein Gesicht zwischen sich und die schwitzenden Jungs und setzt einen Kuss auf meine Lippen. Nur einen, ganz zart. Ihre Lippen sind feucht, ich ziehe meinen Kopf zurück, sie hält mich an den Ohren fest und zieht mich wieder zu sich.

Es funktioniert. Die Männer lassen missmutig von ihr ab und suchen sich das nächste Opfer. Zumindest glaube ich das, ich achte nicht mehr auf die jungen Typen mit ihren platten Frisuren und ihrer blassen Haut. Wir stehen auf der Tanzfläche, sie hält mich immer noch an den Ohren und berührt mich. Sehr zärtlich. Sie blickt, obwohl nur unwesentlich kleiner als ich, zu mir auf und küsst mich noch einmal. Ihre Oberlippe und ihr Rücken sind nass vom Schweiß. Sie riecht schön, denke ich, während ich ihre warme Zungenspitze berühre. Sie legt ihre Hände auf meinen Hinterkopf, ich lasse eine Hand hängen und die andere lege ich auf ihren Bauch.

Wir küssen uns. Wir reden nicht. Ich öffne kurz meine Augen. Ihre sind geschlossen, ich bin nah dran an ihren Sommersprossen. Es sieht von Nahem aus wie eine Sternkarte – was wohl passiert, wenn man die Punkte miteinander verbindet? Ob man einen kleinen Elefanten zeichnen könnte?

Während wir uns küssen, reisen unsere Ohren durch die Musikgeschichte der späten Neunziger. Bei Cypress Hill setzen wir ab.

»Du küsst gut«, sage ich.

»Du auch«, sagt sie.

Ich nehme wieder ihre Hand, wir haben kein Interesse mehr am Club. Wir wollen nur noch küssen. Ich frage sie, was wir jetzt machen. Sie zuckt ihre schmalen Schultern und sieht mich verlegen aus ihren braunen Augen an. Ich küsse sie wieder und stelle fest, ich finde sie sehr süß. Sie stellt sich in mich, dreht sich um, zieht meinen Arm über ihre Schulter, so dass meine Hand auf ihrem Busen ruht. Sie legt den Kopf in den Nacken und flüstert mir ins Ohr: »Wir werden nicht miteinander schlafen, aber ich will mit dir rummachen. Komm mit zu meiner polnischen Freundin, ich will nicht in eine Jugendherberge.« Für einen kurzen Moment bin ich beleidigt, weil sie tatsächlich glaubt, ich würde in einer Jugendherberge schlafen.

Zumal man in einem Gemeinschaftsschlafsaal wohl eher schlecht rummachen kann.

Während ich unsere Kleidung von der Garderobe hole, besorgt sie den Schlüssel zur Wohnung ihrer Freundin. Wir treffen uns vor der Tür des Clubs. Es ist schon spät, wäre Sommer, würde jetzt die Sonne aufgehen. Aber es ist Winter, und die Nacht wird uns noch mindestens vier Stunden erhalten bleiben.

Ich halte ein Taxi an, wir steigen ein und sehen beide still aus dem Fenster. Unsere Hände berühren sich auf der Mittelkonsole der Rückbank. Sie rollt ihre Hand zu einer kleinen Faust und legt sie in meine Finger. Wir fahren lange durch polnische Straßen, hässliche Fassaden und leere Plätze wechseln sich ab. Wir erreichen die Trabantenstadt von Warschau. Nichtsanierte Plattenbauten, die meisten Fenster unbeleuchtet und schlafend, ziehen an mir vorbei. Die wenigen beleuchteten Fenster werden in der Scheibe des Taxis reflektiert.

»Wir schlafen bei der Oma von meiner Freundin, sie ist reich.«

Das Taxi hält vor einer Anlage, die wie eine Ferienapartmentsiedlung auf Teneriffa aussieht. Sie wird von einem hohen Zaun umgeben. Es scheint, als müssten sich die Bewohner hier schützen. Ihren Reichtum beschützen. Ich bin verblüfft, wie elitär es doch im relativ armen Polen zugehen kann.

Draußen ist es so kalt, dass unsere Lippen aneinanderfrieren. Sie zieht mich, wir bleiben stehen, küssen uns, sie zieht mich weiter, bis wir endlich vor der Wohnungstür stehen. Dann schließt sie auf, ich folge ihr in das Zimmer und schalte das Licht an. Sofort ziehen wir beide die Augen zusammen, müssen lachen.

»Kein Sex!«, betont sie noch mal.

»Ja, ja«, sage ich und sehe, wie sie sich auszieht. Schnell und unelegant. »Kommst du aus der DDR?«, frage ich.

»Ja, warum?«

»Weil du dich hastig ausziehst.« Kurze Zeit später stehen wir nackt voreinander.

»Los, komm, Zähne putzen, du kannst meine Zahnbürste haben«, sagt sie, was ich befremdlich und bezaubernd finde.

Wir schlafen schnell nebeneinander ein, nackt. Ihre Hand ruht auf meinem Bauch, meine Hand zwischen ihren Beinen. Zärtlich. Nicht dominant. Ich ziehe die Bettdecke ein Stück weg, um sie mir anzusehen: Sie hat blondes Schamhaar, und ich sehe, dass sie Sommersprossen auf Armen und Beinen hat, sogar auf dem Rücken. Ich stelle außerdem fest, dass sie die seltsamste Schamhaarfrisur hat, die ich je bei einer Frau gesehen habe. Es sieht aus wie ein Bärtchen. Allerdings kann ich sie zu diesem Bärtchen nicht mehr befragen, mit geschlossenen Augen und offenem Gesicht liegt sie bereits regungslos auf meinem rechten Arm. Schnarcht etwas betrunken, aber leise genug, dass ich sie nicht anschubsen muss, leise genug, dass ich mich dazulegen kann.

Am nächsten Morgen wache ich mit leichten Kopfschmerzen auf. Cannelle ist schon vor mir wach, sie hat auf meiner Brust übernachtet. Ich finde das seltsam zutraulich. Sie blickt mich an und sagt, dass sie trotzdem noch rummachen will. Während sie das ausspricht, reicht sie mir eine Zahnbürste.

»Los, putz dir die Zähne.«

Ich schleiche ins Bad und gehe exakt zwei Minuten später wieder zurück in ihr Schlafzimmer – nicht ohne mich vorher umzusehen. Gefliester Boden, eine moderne Wohnung, eher geschmacklos als geschmackvoll eingerichtet. Möbel, die ich noch aus meiner Kindheit in der DDR kenne. Es ist seltsam. Diese Wohnung steht genau für das, was Polen heute ist. Im Geiste noch etwas schrumpelig, das Trauma des Kommunismus noch nicht abgeschüttelt, aber trotzdem bei Carrefour Leberpaté kaufen. Cannelle streckt ihren Rücken durch, hat zarte Bauchmuskeln, ihr kleiner Busen glänzt in der trüben Morgensonne dieses polnischen Vororts. Sie nimmt meine Hand, zieht sie zu sich. Ich lege mich zwischen sie. Ihre Augen fest geschlossen, küsst sie mich. Legt ihre Hand auf meinen Hintern. Wir halten uns nicht an die Abmachung, wir schlafen miteinander.

Sie schläft, ich gehe zu meiner Tasche, leise, aber aufgeregt. Die erste Marke, ich nehme die Rolle aus meiner Tasche, reiße die Nummer achtzig ab und lege sie in ihren Rucksack. Nicht, dass sie sie findet, solange ich noch da bin. Das wäre mir unangenehm.

Sie begleitet mich am selben Abend noch zum Bahnhof, ich fahre weiter, mit dem Nachtzug nach Krakau. Ich will mir die Stadt ansehen, die dafür bekannt ist, dass im kleinen Nachbarort Oświęcim Millionen von Menschen von den Deutschen umgebracht wurden und im Stadtzentrum die besten Partys Osteuropas stattfinden. Diese Mischung finde ich gewagt, aber reizvoll zu erkunden.

Wir trinken beide still einen letzten Kaffee, ich sehe, dass sie ein wenig traurig ist, ich merke, dass auch ich noch Lust hätte zu bleiben. Aber ich reise ja nicht um die Welt, um wieder deutsche Frauen kennenzulernen. Ich reise ja nicht um die Welt, um gleich bei der ersten Frau hängen zu bleiben. Ich würde es mir zu einfach machen, wenn ich schon hier sagen würde: »Ich bleib bei ihr, das ist das Einfachste.« Vielleicht will ich mich auch nur selbst täuschen, weil ich Angst habe vor dem, was kommt. Ich will neue Menschen. Neue Frauen. Ich gebe ihr eine meiner Zigaretten. Wir stehen frierend und zitternd auf dem Bahnsteig. Sie beugt sich nach vorn, ein letztes Mal sehe ich ihre Sommersprossen, sie küsst mich auf meinen Kaffee-Zigaretten-Mund, ich küsse zurück, steige ein, drehe mich um.

»Es war seltsam schön mit dir, auch wenn es nur kurz war«, sage ich.

»Ich weiß, was du meinst«, flüstert sie.

Die Türen des Zuges schließen sich. Der Schaffner singt etwas durch die Lautsprecheranlage des Bahnhofs. Ich verlasse die Stadt.

Krakau.

Ich weiß nicht, wie diese Stadt es geschafft hat, aber irgendwie hat sie die polnische Düsternis, die mich in Warschau befallen hat, sofort verscheucht. Vielleicht erscheint mir das auch nur so, weil das Erste, was ich von Krakau sehe, ein riesiges Einkaufszentrum ist. Glitzernd bunt. Voller Geschäfte, die ich aus Deutschland kenne. Esprit, H&M, Peek & Cloppenburg. Als ich hindurchlaufe, bin ich verblüfft, wie voll es ist. Davon können die unzähligen Arkaden, Passagen und Center in Deutschland nur träumen. Hier sind die Pseudoitaliener zwischen den Geschäften brechend voll, die Einkaufstüten sind zum Bersten gefüllt, und ohne Zweifel: Die Menschen hier lächeln viel mehr, sie freuen sich, im Vergleich zu Deutschland, noch über das Konzept »Mall«.

Ganz in der Nähe des Bahnhofs finde ich ein nettes Hostel. Greg & Tom heißt es, wie auch immer so ein Name zustande gekommen ist. Ich checke ein und erhalte ein erstaunlich großes

Zimmer in einem Gründerzeithaus. Ich fühle mich wohl und frage die Rezeptionistin, was man denn hier abends so unternehmen könne.

»Möchtest du einen Pubcrawl?«, fragt sie mich.

»Nein«, antworte ich resolut.

»Gut, dann geh doch in diese Clubs: …« Sie nennt mir zahllose Namen, die mich allesamt an Werbung aus den Neunzigern erinnern. Es wirkt ein bisschen so, als würde sie mir diesen Loriot-Sketch mit dem Waschmittel wiederholen – nur dass sie kein bisschen lacht, während sie mir die Clubs aufzählt.

Midgard, Frantic, Fusion und Goraczka schreibe ich mir auf einen Zettel und gehe los. Draußen vor der Tür: minus 20 Grad und eisiger Winter mit weißen Schneeflocken. Ich vergrabe mich tief in meiner Kleidung und freue mich über meine unattraktiven, aber sinnvollen Thermounterhosen.

Auf dem Weg zum ersten Club in dieser Nacht, dem Frantic, begegne ich unzähligen Frauen in kurzen Röcken, viel zu kurzen Jacken mit pelzbesetzten Kapuzen und wirklich bunt geschminkten Gesichtern. Ich registriere eine gewisse Uniformität in ihrer Aufmachung und bin gespannt, wie es in den Bars aussieht. Noch viel mehr verblüfft mich, dass die Frauen schon betrunken wirken, obwohl es erst 22 Uhr ist. Die Frauen scheinen zu diskutieren, in welchen Club sie gehen wollen, und dabei essen sie Würstchen und trinken abwechselnd giftig aussehenden Sekt aus einer Flasche.

Die Gruppe Frauen setzt sich in Bewegung, sie gehen tatsächlich ins Frantic – und zum ersten Mal beobachte ich, dass Krakau eine rigorose Türpolitik hat. Vor mir in der Schlange stehen zwei Araber, die für diese Nacht ihren muslimischen Glauben abgelegt haben. Anders erklärt sich mir nicht, wie sie so besoffen sein könnten. Als die beiden an der Reihe sind, mustert der Türsteher sie, murmelt irgendetwas Böses und blickt über sie hinweg, direkt auf mich. Das scheint eine Absage gewesen zu sein.

Clubs in Polen wollen unbedingt edel sein. Sie versuchen vermutlich, dem großen Vorbild Moskau nachzueifern. Rote Kordeln vor dem Eingang, ein Türsteher im Anzug, der mindestens fünf Sprachen spricht und dem ein Bündel Złoty aus der Hosentasche lugt. Marmorstufen und zahllose dürre, bibbernde Frauen, die im Eingangsbereich stehen und an ihren schmalen Zigaretten Lippenstiftflecken hinterlassen. Für Außenstehende wirkt das wie eine Parodie, für polnische Nachtmenschen ist das mit großer Wahrscheinlichkeit das Höchstmaß an todernstem Partyspaß.

Ich bezahle den Eintritt und gehe die marmornen Stufen hinauf. Ich bin im Frantic. Dem angesagtesten Club in Krakau. Der, nachdem ich die Tür geöffnet habe, nicht größer ist als ein mickriger Tanzschuppen in einer Kleinstadt. Es ist voll. Alle sind entsetzlich betrunken. Es ist kein Vergleich zu Warschau. Während in der Hauptstadt das modische Prekariat dominiert, habe ich hier das Gefühl, in einer anderen Welt zu sein. Ich fühle mich, als wäre ich modisch im New York der achtziger Jahre gelandet.

Natürlich besitze ich keinen Anzug und keine schwarzen Halbschuhe, zumindest nicht auf einer Weltreise. Alle Männer in diesem Club haben sich einem modischen Diktat unterworfen: Sie sehen aus, als wollten sie eine Kinderversion von American Psycho Patrick Bateman abgeben. Das Durchschnittsalter ist 22, ich fühle mich schrecklich alt mit meinen 28 Jahren. Die weißen Kragen der Männer sind alle kunstvoll nach oben geklappt. Und wer das Haar dazu hat, gelt es nach hinten.

In diesem Club gibt es eine winzige Tanzfläche, drum herum unzählige Tische und Möbel zum Fläzen. Ich kann mir das Lachen nicht verkneifen, denn es ist wirklich wie in einem Film. Auf der Tanzfläche tanzen seltsame Go-go-Frauen, nein, Mädchen. Wieder in dieser pornösen Art, drum herum sitzen Jungs, die aussehen wollen wie Männer, und trinken Champagner, wirklich, Champagner aus großen Kübeln, die in der Mitte ihrer Tische stehen.

Die Musik verändert sich von stampfendem Techno zu einem polnischen Popsong. Plötzlich stehen alle auf und tanzen eng umschlungen in der winzigen Mitte des Raumes. Es ist, als hätte die polnische Version des Eliteinternats Salem Klassenfahrt. Die Jungs mit ihren gerade mal zwanzig Jahren Lebenserfahrung besitzen schon die Großkotzigkeit ihrer Väter, und die Frauen richten sich offensichtlich schon mal auf ein gemütliches Leben als Schmuck ein. Wer hier nicht schön ist als Frau, hat verloren, wer hier kein Geld hat als Mann, ist raus.

Ich gehe zur Bar, bestelle mir einen Wodka Red Bull und pople aus meiner rechten Hosentasche eine goldene Visakarte hervor. Ich finde es praktisch, dass man hier in Clubs mit Karte bezahlen kann, zu Hause in Berlin geht so etwas nicht. Und ich betone, dass es eine goldene Visakarte ist, weil ich sie vor meiner Reise wegen der inkludierten Reisekrankenversicherung abgeschlossen habe. Sie ist mir etwas peinlich, die goldene Karte. Auch wenn sie hierher passt.

Eine junge Frau beobachtet mich, sie ist umstellt von wild gestikulierenden Männern, die alle gleichzeitig um ihre Aufmerksamkeit buhlen. Sie blickt mich aus der Gruppe streng an, dann meine Karte, dann wieder mich.

»Soll ich dir was bestellen?«, forme ich tonlos mit meinen Lippen. Sie nickt. Ich bestelle ihr einen Wodka Cranberry.

Ich habe früher, mit ihr, mit der zu vergessenden Frau, in Berlin immer *Sex and the City* geguckt und gelernt: Frauen mögen Wodka Cranberry. Frauen mögen es auch, wenn man ihnen eine Serviette unter das Glas legt, wenn man ihnen ein Getränk hinstellt.

Sie bedankt sich, die Männer um sie herum verstummen augenblicklich. Die Situation wird mir zu heikel, und ich ziehe mich schnell wieder auf die Tanzfläche zurück. Der Liebessong ist vorbei, maschinenraumartiger Stampftechno hat die Disko wieder vollständig in der akustischen Hand. Ich werde mittlerweile von jeder Frau gemustert. Ich kann mir nicht richtig erklären, warum das so ist, vermute aber, es ist, weil ich eben nicht aussehe wie ein Banker, auch das ist erstaunlich und anders als in Berliner Clubs. Dort wird eher darauf geachtet, sich nicht anzusehen. Hier wird schamlos geglotzt. Irgendwie finde ich das sympathisch.

Plötzlich tritt eine Frau aus der Mitte der Menschen heraus und tanzt mich an. Sie, mich. Und sie tanzt!

Das ist mir das letzte Mal passiert, als 1995 der Klassenfahrt-DJ Michael Jackson gespielt hat und das russische Immigrantenmädchen, mit dem in unserer Klasse niemand tanzen wollte, auf mich zukam und mich gefragt hat, ob ich mit ihr eng tanzen wolle. »Nee«, habe ich damals gesagt. Heute ist das anders.

Die polnische Frau dreht sich um, zeigt mir ihren Hals. Sie duftet wie eine Douglasparfümerie. Und dann geht es los. Sie vollzieht an meinem Becken eine seltsame Tanzperformance, sie reibt und bewegt sich, wirft sich lasziv nach vornüber. Sie nimmt meine Hände und legt sie um ihre Hüfte. Sie kreiselt, dreht und reibt sich, als wäre sie eine Schlange. Ich bin überfordert. Sie lässt sich davon nicht beirren, aber ich glaube, wir beide geben für Dritte ein eigenartiges Bild ab. Vor mir eine Frau, die tanzt, als würde sie um eine Auszeichnung kämpfen, dahinter ein Mann, der sich gar nicht bewegt, weil er nicht weiß, wie er reagieren soll.

»Tanz mit mir«, sagt sie in gebrochenem Englisch.

»Okay, okay«, sage ich unsicher.

Und dann bewege ich mich an ihrer Hüfte. Sie erwartet vermutlich, dass ich sie sexy, polnisch-possessiv an mich reiße. Aber ich kann das nicht. Ich tanze so nicht. Nicht so nah. Ich bewege mich wie ein Stöckchen, absolut alles andere als rhythmisch. Ich halte mich wie ein junger Cowboy an einem wilden Pferd fest und schaffe es weder, sie zu bändigen, noch, mich ihrem seltsamen Tanz zu fügen. Ich frage mich, ob es sich hier um eine Anmache handelt, ob man hier so flirtet. Ich probiere es aus.

»Ich will dich küssen«, sage ich gespielt selbstbewusst. Schlagartig bleibt die Frau stehen, hält in ihrem seltsamen Verführungsrumba inne und blickt mir streng in die Augen. Dann sagt sie etwas auf Polnisch, vermutlich eine Beschimpfung, dreht sich um und geht. Ich bin verblüfft. Es scheint doch nur alles ein Spiel gewesen zu sein.

Um mich herum machen alle das Gleiche. Schon wieder, wie in Warschau, so eine Gangbang-Party, denke ich. In Polen ist das offensichtlich die Tanz- und Ausgehkultur.

Ich gehe zurück zur Bar, bestelle einen neuen Schnaps. Die anderen Männer hier sind ja auch entsetzlich betrunken und sammeln Schweißperlen auf ihren Oberlippen und Stirnen. Ich trinke hastig drei Schnäpse, bevor ich bemerke, dass sich die Frau, der ich anfänglich einen Wodka Cranberry ausgegeben habe, neben mich gestellt hat.

»Hallo, ich bin Patrycia«, stellt sie sich vor.

»Ich bin Thilo, hallo«, lalle ich, vom Schocktrinken benebelt.

Patrycia ist sehr klein. Ich glaube, sie wiegt nur dreißig Kilo und ist 1,50 Meter groß. Sie hat ein schwarzes Kostüm an, das mich spontan an eine Mischung aus Jugendweihe und Abi-Ball erinnert. Ob sie meine Nummer neunundsiebzig wird? Sie trägt seltsam deplaziert wirkende, enorm hohe High Heels. Wenn sie die auszieht, wie groß ist sie dann?, frage ich mich. Ihre dauergewellten Haare umgeben ein breites Gesicht, das von einer kleinen, spitzen Nase etwas durcheinandergebracht wird. Ihre Hände sind perfekt manikürt, ihr Gesicht ist erstaunlich erwachsen geschminkt. Sie sieht im Gegensatz zu den meisten anderen Frauen hier nicht so aus, als wäre sie in die Schminkkommode gefallen.

»Was machst du hier?«, fragt sie. Und ich erzähle ihr kurz meine Geschichte und frage sie unverblümt, wie man den Polen, die polnische Frau kennenlernt. Sie lacht und zeigt mir dabei ihre künstlich geweißten Zähne.

Ich erfahre, dass diese Art zu tanzen keineswegs ein Herumbalzen ist. Sie bestätigt meine Vermutung, dass in Polen einfach so getanzt wird. Das hat nichts Sexuelles, nichts Versautes. Einzig die Touristen würden dieses Verhalten missinterpretieren, diesen Tanz. Sie erklärt mir, dass in Polen die meisten Menschen katholisch seien. Und daher laufe hier nicht viel mit Sex in einer Nacht, wenn, dann küssen. Aber kein Sex, sagt sie und lächelt.

Nachdem die Lektion »Polnische Clubkultur« beendet ist, frage ich sie, ob sie nicht Lust habe, mit mir in zwei Tagen etwas zu trinken. Sie nickt vorsichtig, verrät mir aber sicherheitshalber ihr Alter. Siebzehn ist sie. Für einen kurzen Moment bin ich schockiert und realisiere, dass sie geboren wurde, als *MacGyver* schon wieder abgesetzt war. Doch ich zucke innerlich mit den Schultern, egal, denke ich.

Wir verabreden uns für den übernächsten Tag, und ich habe nun also ein Date. Da ich allerdings am selben Abend weiterreise, wird nicht viel passieren – denke ich.

Wir treffen uns an meinem Abreisetag in einem Café im zauberhaften Krakau. Ich bin nach zwei Tagen tatsächlich sehr begeistert von dieser Stadt. Mein Plan, im 60 Kilometer nahe gelegenen Auschwitz eine der attraktiven Freiwilliges-soziales-Jahr-Frauen zu verführen, die wegen ihres Gewissens amerikanische Touristen durch Auschwitz I und II begleiten, ist von mir selbst vereitelt worden. Ich empfand es einfach als zu zynisch, zwischen Bergen aus Schuhen und Haaren zu fragen, wann die Museumsmitarbeiter denn Arbeitsschluss hätten. So blieb es bei einer Führung durch die jüngere Geschichte meines Heimatlandes.

Ich erreiche mit flauem Gefühl im Magen abends wieder Krakau, eigentlich war mir nicht nach Ausgehen. Jedoch fiel mir auf, vielleicht ist diese Stadt gerade deswegen so schön, mit ihren Jugendstilhäusern und klassizistisch verzierten Fassaden, mit dem großen Marktplatz. Eine Stadt, die erhalten ist, nicht zerstört wurde durch den Krieg, auch wenn sie unweit eines der grausamsten Schauplätze kriegerischen Irrsinns gelegen ist. Es ist ein Kontrast, der sich bildet. Im Vorort von Krakau das Grauen, im Zentrum die Schönheit einer mittelalterlichen Stadt. Winterlicher, blätterloser Wald, der einen natürlichen Sichtschutz zum Konzentrationslager hin bildet, und dagegen die erhaltene Stadtmauer, kleine Läden daneben, die kandierte Äpfel verkaufen. Es ist nicht leicht, diese Kontraste zu verinnerlichen. Es ist sogar etwas schmerzhaft.

Krakau atmet die Schönheit einer zufriedenen Stadt aus. Es ist eine Stadt, in der ich mich wohl fühlen könnte, denke ich, während ich am letzten Tag meines Aufenthalts, meinem letzten Tag in Polen, in einem Café am Marktplatz auf Patrycia warte.

Sie hat es empfohlen, um mich herum sitzen viele polnische Omas, die Kaffee aus Kännchen trinken und ihre Kekse sparsam knabbern, während sie Taschentücher aus den Ärmeln ziehen, um sich ihre alten Nasen zu putzen. Schwere Vorhänge, runde Tischchen und Spitzenunterleger aus Papier. Die Scheibe nach draußen ist mit Eissternen bedeckt, heute sind es in Krakau minus 25 Grad, das ist bitterkalt. Wirklich.

Nur kurz verspätet betritt Patrycia das Café. Sie sieht mit ihrer Pelzmütze und dem dicken Mantel aus wie eine winzige russische Prinzessin, sie hat die Strumpfhosen und High Heels gegen Stiefel und Skihose getauscht. Sie lächelt und setzt sich zu mir.

»Entschuldige, dass ich etwas zu spät bin«, sagt sie, »aber die Straßenbahn ist festgefroren.« Ich muss lachen.

Und wir reden. Wie bei einem richtigen Date. Sie lächelt mit ihren schönen Zähnen, blickt mich verlegen an. Vermutlich, weil sie so jung ist, vermutlich weil wir uns mögen. Sie ist nicht unsicher oder kindlich, nicht dumm, sie hat einen angenehmen Sinn für Humor, und das, obwohl sie noch nicht viel von der Welt mitbekommen haben kann.

Ich bin verblüfft, sie studiert Jura in Krakau, möchte später einfach viel Geld haben. Gegen meinen Einwand, dass man mit siebzehn doch nicht studieren könne, erklärt sie mir, dass das in Polen möglich sei, weil man früher aus der Schule komme. Vermutlich ist das der Grund, warum ich sie nicht als Siebzehnjährige einschätze.

Wir verlassen das Café und spazieren durch das eisige Krakau. Ich ziehe mir den Schal über das Gesicht, und sie klappt die Fellohren ihrer Mütze herunter, Dampfwolken sind vor unseren Mündern. Sie zeigt mir ihre Stadt, wie eine Fremdenführerin, obwohl ich nicht mehr fremd bin. Ich lade sie auf ein Würstchen ein, das nur Sekunden später durch den eisig schneidenden Wind abgekühlt ist.

Ich bringe sie zur Straßenbahn, damit sie nach Hause fahren kann. Es schneit, und wir stehen nah beieinander. Sie ist so klein, denke ich und stelle fest, dass ihr Kopf mir nur bis zur Brust reicht. Sie guckt nach oben, ich nach unten. Und dann küsst sie mich. Mutig, ungewöhnlich für eine Katholikin, finde ich, sie wartet nicht darauf, dass ich sie küsse. Sie hat zarte, schmale osteuropäische Lippen, die behutsam küssen, ich ziehe sie näher heran, merke, dass sie vor Kälte zittert. Dick verpackt stehen wir an der Haltestelle und küssen uns. Nicht leidenschaftlich, dafür ist es einfach zu kalt, wir haben viel zu viele Kleidungsstücke an.

»Wann fährt dein Zug?«, fragt sie mich.

»In vier Stunden«, sage ich.

»Komm noch mit zu mir.« Wir steigen beide in die Straßenbahn, sind still, sagen nichts. Ich glaube, wir sind beide zu aufgeregt. Um uns herum sitzen Krakauer, sind ebenso still. Die Scheiben sind beschlagen, und nur zehn Minuten später macht Patrycia mir deutlich, dass wir aussteigen müssen.

Während wir zu ihrer Wohnung laufen, sprechen wir weiterhin kein Wort. Wir wissen beide, dass wir in den kommenden vier Stunden nicht Karten spielen werden, und so sind wir, in der Gewissheit, dass wir gleich nackt sein werden, respektvoll still.

Ruhig schließt sie die Tür auf, bittet mich hinein. Ich sehe eine kleine Wohnung, die, wenn man ehrlich ist, aus nichts weiter als einem kleinen Zimmer besteht, das zur Hälfte von einem Bett und zur anderen Hälfte von einem imposanten Berg an Kleidungsstücken eingenommen wird. Eine Kochnische, in der nie gekocht wird, und ein Bücherregal, in dem achtlos juristische Fachtexte gestapelt worden sind. Sie stellt sich auf das Bett, ist jetzt so groß wie ich und küsst meinen Hals.

»Ich habe so etwas noch nie gemacht«, sagt sie, und ich bin auch verblüfft, dass wir so schnell im Bett landen. Wie schnell ich zum zweiten Mal auf dieser Reise mit einer Frau schlafe. Eher dachte ich, dass wir uns dramatisch küssen und uns dann verabschieden. Ich dachte auch eher, dass ich es vielleicht gar nicht schaffen würde, mit einer Frau zu schlafen.

»Aber ich mochte, dass du so zurückhaltend warst. Weißt du, die polnischen Jungs sind immer sehr stürmisch. Wenn du sie zu einem Date einlädst, rasieren sie sich schon am Abend vorher die Eier, weil sie denken, wir haben sowieso Sex«, erklärt sie.

»Ich habe kein rasiertes Schamhaar«, gebe ich zu.

»Macht nichts, ich blas' dir eh keinen«, sagt sie, zieht den Pullover über ihre Schultern, legt sich zurück und wartet darauf, dass ich eine beliebige Stelle ihres Oberkörpers küsse.

»Nicht, dass du denkst, ich sei eine Schlampe. Ich bin katholisch erzogen und werde auch heiraten, aber solange ich nicht den Richtigen gefunden habe, nehme ich mir die, die mir gefallen.« Und das ist das Letzte, was sie sagt, bevor wir miteinander schlafen.

Postkoital und vor Kälte zitternd stehe ich auf dem Bahnhof, wieder bringt mich eine Frau zum Zug. Sie lächelt mir zu, selbstbewusster als Cannelle in Warschau. Sie weiß, wir werden uns nie wiedersehen, ich war mir nicht so sicher, ob Cannelle sich dessen durchgängig bewusst war, ob sie nicht vielleicht doch gern Adressen getauscht hätte, bloß sich nicht zu fragen getraut hat.

Patrycia gibt mir einen Apfel in die Hand und wünscht mir eine schöne Reise. Ich habe ihr Minuten vorher die Neunundsiebzig in die Jackentasche gesteckt. Sie hat es nicht gemerkt und nimmt nun unbewusst ein Stück von mir mit zu sich nach Hause.

Ich fahre nach Odessa. Kurz bevor ich einsteige, warnt sie mich vor den Frauen aus Odessa, sie seien nur auf mein Geld aus.

»Ich bin nicht reich«, sage ich.

»Für ukrainische Verhältnisse schon, du hast einen deutschen Pass.«

Ich nicke.

»Ach so«, sagt sie dann, »ich bin im Übrigen zweiundzwanzig. Ich sage immer, ich bin siebzehn, damit das zu meiner kleinen Körpergröße passt.« Ich ziehe eine Augenbraue hoch, und erst jetzt kommt mir der Gedanke, dass es möglicherweise illegal gewesen wäre, mit einer Siebzehnjährigen zu schlafen. Aber nun bin ich beruhigt. Wenn eine Frau mit siebzehn schon zweiundzwanzig ist, dann hat das keine rechtlichen Konsequenzen.

Ich gehe in mein Abteil und schlafe ein, noch bevor der Zug den Bahnhof verlassen hat. Ich bin erschöpft und zufrieden.

Zufrieden, weil sich im ersten Land, das ich bereist habe, meine Befürchtungen hinsichtlich des Alleinereisens nicht bewahrheitet haben.

UKRAINE

Ich bin auf dem Weg nach Odessa, dem russischen Capri oder dem Venedig des Ostens, wie der Reiseführer sagt. Ich beginne mich zu fragen, warum in Reiseführern fast ausschließlich Venedig-Vergleiche gezogen werden und nie jemand vom New York oder Berlin des Ostens redet.

Eine ukrainische Schaffnerin stellt sich mir in den Weg.

»Ticket!«, ruft sie, bevor ich überhaupt den Zug besteigen kann. Ich reiche ihr die Fahrkarte, sie begleitet mich zu einem Abteil, schlägt das Bett auf und fragt auf Russisch, ob ich das Abteil für mich allein haben möchte. Sie droht mir als Alternative eine ukrainische Familie an, mit der ich im Sechs-Mann-Abteil übernachten soll. Ich entscheide mich für die Privatkabine, bezahle den Aufpreis und bereite mich auf eine zehnstündige Zugfahrt vor – und auf die ukrainische Mentalität.

Der Zug schnauft durch die Nacht, am Fenster ziehen ärmliche Dörfer vorbei mit schneebedeckten Reisigdächern, Pferdekutschen und eingemummelten ukrainischen Bauern. Ich beschließe, mir meine mitfahrenden Gäste anzusehen. Immerhin ist der Zug ein guter Ort, um in Kontakt mit anderen Menschen zu treten. Das habe ich ja bereits mit Cannelle auf dem Weg nach Warschau feststellen können. Auch wenn ich nicht glaube, dass ich gleich zweimal das Glück haben werde, in einem Speisewagen angesprochen zu werden.

Ich öffne die Tür, argwöhnisch beobachtet von der Schaffnerin am Ende des Ganges. Sie trinkt Tee aus einem Samowar – ein bisschen habe ich das Gefühl, meine Reise ist auch eine Reise in die Vergangenheit. Vieles außerhalb von Kiew wirkt, nun ja, nicht unbedingt postsozialistisch, sondern eher gegenwartssozialistisch. Die Schaffnerin sieht aus wie eine KGB-Agentin aus einem James-Bond-Film.

»Speisewagen?«, stammle ich auf Russisch.

»Niet, nein«, antwortet die immer garstiger werdende Frau.

Ich schaue mich um, stelle fest, dass der Zug fast leer ist. Während ich die Tür zu meinem Abteil öffne, frage ich mich, warum ich zehn Euro dafür bezahlt habe, allein in einem leeren Zug schlafen zu dürfen. Allerdings bedauere ich das Fehlen eines Speisewagens mehr als den Verlust meines Geldes für ein leeres Abteil. Keine Frau, die ich kennenlernen kann und die mit mir in meinem ungemütlichen Schlafabteil übernachtet.

Relativ schnell begreife ich, Odessa ist nicht das Venedig des Ostens. Odessa ist eher das KaDeWe des Ostens. Luxusgeschäfte teilen sich die Straße mit verhutzelten Omas, die, in Fellmäntel gehüllt, Steckrüben verkaufen. Osteuropa eben.

Odessa ist Party, habe ich gehört. In Odessa gibt es viele schöne Frauen, die sich gern um reiche Männer kümmern, habe ich gehört. Und Odessa ist die Stadt mit der höchsten Aids-Quote Europas. Das habe ich nicht gehört, sondern bei Wikipedia gelesen.

Mir fällt auf: Hübsche Frauen gibt es hier wirklich viele. Sie scheinen alle 1,90 Meter groß zu sein, 60 Kilo schwer, und offensichtlich sind sie nicht älter als fünfundzwanzig. Verrückt ist, dass man sie nie allein antrifft. Die Frauen in Odessa sind immer in großen Gruppen unterwegs, sie stehen in großen Gruppen bei minus 20 Grad in Miniröcken und High Heels vor den Kaufhäusern. Sie sitzen bei Starbucks, als wäre es das Hotel Adlon. Sprich: Um elf Uhr morgens sehen die jungen Frauen aus, als wollten sie entweder zum Abi-Ball oder während eines Galaessens reiche Russen verführen – unter dem Tisch.

Ich hingegen habe meine Thermokleidung in Signalfarben an. Die ist zwar mindestens genauso teuer wie ein Boss-Anzug inklusive passender Schuhe, meine Chancen, von den jungen ukrainischen Damen wahrgenommen zu werden, sind damit trotzdem verhältnismäßig gering.

Aber ich will mein Glück versuchen und stelle mich zu einer Gruppe Katalogmodels, die frierend die Arme um ihre freien Bäuche geschlungen haben. Ich wundere mich selbst über meinen Mut, aber ich habe ja nichts zu verlieren. Die Gruppe verstummt. Mir wird klar, dass ich mir ein Gesprächsthema hätte zurechtlegen sollen. Ich hatte auf mein charmantes, sehr falsches Russisch gehofft als Einstieg ins Gespräch, und jetzt fehlt mir gänzlich der Einstieg, egal in welcher Sprache.

Stille.

Sechs Augenpaare sehen mich verächtlich an. Ich trete in meinen Goretex-Wanderstiefeln von einem Bein aufs andere und sage: »Wie ist das so mit Tschernobyl, merkt ihr davon noch was?«, und meine das total ernst. Immerhin beschäftigt mich seit Überquerung der Grenze zur Ukraine nicht nur die Erfüllung meiner Wette, sondern auch die Spätfolgen des Reaktorunglücks unweit von Kiew. Doch vielleicht hätte ich in irgendeinem Amt fragen sollen und nicht wildfremde Frauen auf der Straße. Wie dumm von mir, denke ich und blicke verschämt auf meine Schuhspitzen.

Ich glaube die Zähne der Frauen klappern zu hören. Ich atme aus. Immer noch unsägliche Stille.

Eine der Frauen tritt auf mich zu und sagt: »Wir sind keine Nutten, die du einfach auf der Straße ansprechen kannst, verpiss dich, du Esel!«

Ich drehe mich um und gehe eilig ins nächste Café. Setze mich hin, habe einen enorm hohen Puls und schäme mich. Lustig finde ich bloß, dass die Ukrainerinnen tatsächlich das einzige Schimpfwort benutzt haben, das ich im Russischen verstehe: Esel.

Ukrainerinnen werden nicht nonchalant auf der Straße angegraben, wie man das mit westeuropäischen Frauen machen kann. Zu Hause habe ich mich das nie getraut und lerne hier, vermutlich auch für den Rest meiner Reise: Das spontane Ansprechen auf der Straße ist nicht unbedingt meine Stärke. Ich weiß nun: Geflirtet wird hier offensichtlich woanders.

Wo genau, erfahre ich, als ich in ein Taxi steige. Egal wo auf der Welt, Taxifahrer geben die besten Auskünfte.

»Ukrainische Frauen spricht man nicht auf der Straße an, sondern nur ukrainische Nutten«, erklärt mir Andrei. Seine Ausführungen decken sich also mit denen der erklärten Nicht-Nutten. Andrei, der Taxifahrer, wird für den Rest meines Odessaaufenthalts ein treuer (»Ich hole dich morgen vom Hotel ab und zeige dir gute Nutten«) und teurer (»Gib mir Trinkgeld in Euro«) Freund.

»Aber wenn du Sex mit heißen Frauen willst«, sagt er jetzt, »dann kann ich dir helfen.«

Ich horche auf und erkläre ihm, warum ich in der Ukraine bin, in welchem Auftrag, er gibt mir einen wertvollen Tipp.

Er empfiehlt mir, in den Clubs, die hier noch Diskoteka heißen, Ausschau zu halten. Dort fänden sich wenige Touristen ein, sondern hauptsächlich Russen und ukrainische Frauen. Außerdem sei die Musik gut.

»Russischer Techno ist gut?«, frage ich.

»Ja«, sagt Andrei.

»Aha«, sage ich.

»Zieh dich edel an, mit deiner Wanderkluft wirst du nichts erreichen. Ukrainische Frauen wollen richtig reiche Männer, mit Rolex und so«, erklärt er weiter.

»Ich habe keine Rolex«, gebe ich zu.

»Brauchst du eine?«, fragt Andrei.

Im Hotel bereite ich mich auf meinen Abend in der Diskoteka vor. Ich ziehe meinen zerknitterten Anzug an, meine Lederschuhe, rasiere mich, benutze sehr viel des teuren russischen Aftershaves, mache mir Gel in die Haare und greife zur Geheimwaffe aller Männer, die mehr sein wollen, als sie sind: Tabac-Parfum.

Normalerweise verleiht Männern eine derartige Aufmachung viel Selbstvertrauen, bei mir setzt das Gegenteil ein. Ich stehe vor dem Spiegel und sehe einen astreinen Zuhälter, aber nicht mich selbst. Während ich im Fahrstuhl des Hotels nach unten fahre, schnürt mir der scharfe Altherrenduft des Rasierwassers die Kehle zu.

Andrei wartet schon und signalisiert mir mit zwei gehobenen Daumen, dass ich tatsächlich den ukrainischen Geschmackskonsens treffe.

Auf der Fahrt zum Club erklärt er mir noch einige Grundregeln:

Lehne nie eine Einladung ab.

Sprich Russisch.

Alle Frauen in diesem Club werden dich anlügen.

Verhüte auf jeden Fall.

Russland und Ukraine sind zwei unterschiedliche Länder.

»15 Euro Eintritt«, sagt die Kassiererin auf Englisch. Es verblüfft mich, dass sie den Eintritt in Euro verlangt. Zwei Vorhänge verhindern den Blick in den Club, einzig die tiefen Bässe finden ihren Weg nach draußen.

»Ist es denn schon voll?«, frage ich.

»Selbstverständlich«, sagt sie.

Bevor ich den Eingang passiere, werde ich kontrolliert, als würde ich nicht tanzen gehen, sondern einen Flug in die USA antreten. Der Vorhang öffnet sich, für einen kurzen Moment habe ich eine wilde Fantasie von in Zeitlupe tanzenden, halbnackten Riesenrussinnen, die alle einen brandaktuellen Aids-Test dabeihaben.

Meine Augen gewöhnen sich ans schummrige Halbdunkel. Ich bin allein und beginne sofort zu frieren. Geschätzt 15 Grad Celsius hat der Club. Es ist so kalt wie draußen, nur ohne Schneegestöber. Ich sehe einen VIP-Bereich, in dem niemand sitzt und tatsächlich eisgekühlter Kaviar in Kristallschälchen auf den Tischen steht. Ich sehe bullige Securityleute, die mit ihren dunklen Sonnenbrillen in diesem dunklen Club vermutlich nichts sehen können, aber den Eindruck erwecken, als wären sie früher beim KGB gewesen, später Personenschützer von Putin und jetzt hier in diesem Club – als Beschützer eines leeren VIP-Bereiches.

Ich gehe zur Bar, bestelle einen Wodka mit Red Bull. Trinke. Es ist ein Uhr nachts.

Ich gehe wieder zur Bar, bestelle noch einen Wodka Red Bull. Es ist zwei Uhr nachts.

Jetzt bin ich nicht mehr allein. Mit mir zusammen stehen an der Bar eine Putzfrau, die jede Fußspur von mir hinter meinem Rücken aufwischt, und zwei russische Freunde, die vermutlich auf Landgang sind. Sie reden ständig über die russische Schwarzmeerflotte. Ich habe Angst, mich dazuzusetzen, dabei würde ich gern wissen, was sie über den Krimkrieg sagen.

Der eine dreht sich zu mir und fragt: »Deutscher?«

Ich blicke verdutzt in ein vom russischen Schnaps und Meerwetter gegerbtes Gesicht.

»Ja«, sage ich.

»Ah, Hitler, Hitler, Hitler«, beginnt er zu singen. Der andere dreht sich nun ebenfalls zu mir um.

»Lothar Matthäus«, sagt er.

Manchmal finde ich es ziemlich deprimierend, dass Deutschland im Spiegel der Welt anscheinend nur aus Fußball und Faschismus besteht. Es ist halb vier. Es ist voll. Der Techno-DJ hat offensichtlich nur zwei CDs, auf denen alles wie Scooter klingt, wie Scooter-B-Seiten mit reingeweinten russischen Liebesliedern. Ich bin sehr betrunken. Das Erstaunliche ist: Ukrainischer oder russischer Wodka, das ist jetzt auch egal, schmeckt wie kaltes Wasser, bahnt sich seinen Weg durch Mund und Hals bis in den

Magen – und dann direkt ins Gehirn. Ich tanze zusammen mit den Matrosen, fühle mich von Minute zu Minute befreiter. Ich vergesse, warum ich hier bin. Ich feiere einfach. Unschuldig, wenn auch etwas einsam.

Vier Gläser ukrainischen Wodka habe ich getrunken, das sind acht doppelte Gläser Wodka in Deutschland. Hier gelten andere Regeln. Hier bestellt man 50 Gramm oder 100 Gramm Wodka. Also knapp 50 ml oder 100 ml. Meist bekommt man ein ganz normales Trinkglas, entweder halbvoll oder voll.

Die anfängliche Kälte ist einer schwülen Hitze gewichen. Genug Körper, um gegen die Klimaanlage anzukämpfen, denke ich betrunken, und mir fällt auf: Tatsächlich ist der Raum voller Frauen, die aussehen, als wären sie gerade einem 1996-Loveparade-Musikvideo entschlüpft. Lackhosen, High Heels mit 50-Zentimeter Absatz, so sehr geschminkt, dass ich mich nicht wie in einem Club, sondern wie in einem japanischen Kabukitheater fühle. Und Brüste, überall Brüste. Die Frauen hier schwitzen nicht, sondern sehen blendend aus. Sie tanzen, während sie aus Latte-macchiato-Gläsern Wasser trinken und eine Ecstasy-Pille nach der anderen schlucken. Später erfahre ich, dass in den Latte-macchiato-Gläsern natürlich kein Wasser ist, sondern Wodka.

Vielleicht liegt es daran, dass ich betrunken bin, vielleicht liegt es auch daran, dass in der Ukraine Netz- und Bauchfreioberteile noch modern sind: Ich finde die Frauen heiß.

Voll angesoffenen Selbstbewusstseins und mit verschwitztem Tanzrücken beginne ich, auf eine Frau zuzutanzen. Sie ist klein, hat einen kleinen Busen und ein rotes, aufgedunsenes Gesicht, und sie trägt schmutzige Engelsflügel aus Synthetikfedern auf ihrem Rücken.

»Irgendwie süß«, lalle ich in mich hinein. Wäre ich nüchtern, würde ich vermutlich anders denken. Sie bemerkt meine Versuche, mit ihr zu tanzen, dreht sich um und sieht mich an. Sie lacht, legt ihre Hände auf meine Hüften, und wir tanzen beide. Ich weiß nicht, wie man diesen Tanzstil nennt, ich bin mir auch nicht so sicher, wer führt und ob überhaupt jemand führen kann. Ich glaube, wir tapsen. Was wir dort tun, tanzen zu nennen, wäre eine Frechheit.

Während wir beide also auf der Tanzfläche herumtapsen und uns bescheuert anlachen, kommen wir ins Gespräch. Immer wenn sie etwas sagt, stellt sie sich auf ihre Zehenspitzen, legt ihre Arme auf meine Schultern und zieht mich zu sich. Also, eigentlich redet sie die ganze Zeit und ich nicke betrunken und versuche, meine Augen auf irgendetwas zu heften, damit ich nicht kotze.

Sie sei Studentin, einundzwanzig Jahre alt und habe schon ein Kind. Ich frage sie, ob sie keine Angst vor Aids habe.

Sie lacht. »Ach Aids«, bemerkt sie, »das ist eine Erfindung des Westens.«

Sie bestellt Wodka, die 100-ml-Variante, und Cranberrysaft, ich bezahle. »Gegen die Blasenentzündung«, lalle ich. Leider weiß ich nicht, was Blasenentzündung auf Russisch heißt, deswegen sage ich es auf Deutsch. Sie nickt, als hätte sie verstanden, was ich sage, wir trinken.

Sie bestellt die nächste Runde, ich bezahle. Wir reden über irgendetwas, sie fragt mich, welchen Beruf ich habe, »Autohändler«, lüge ich.

Sie legt ihre kleine Hand auf meine Brust und flüstert mir etwas ins Ohr, ich verstehe es nicht.

»Schto, was«, brülle ich in ihr Ohr zurück. Sie bestellt die nächste Runde, ich bezahle.

Langsam wird es ungesund, denke ich mir. Ich bin mittlerweile so betrunken, dass ich mir eine Zigarette anstecke, obwohl noch eine andere in meinem Mundwinkel glimmt. Sie erzählt mir, wie gern sie in Deutschland leben würde, um dort ihr Studium zu beenden und eine sichere Zukunft für ihr Kind zu haben. Ich finde das ein bisschen traurig, weil es vermutlich eine klassische Gesprächssituation in einem odessischen Etablissement sein muss. Der scheinreiche Deutsche, der eine arme Ukrainerin verführt.

Sie bestellt die nächste Runde, ich habe kein Geld mehr. Es ist mir etwas peinlich, als sie ihr Geld aus einem kleinen Glitzerportemonnaie kramt.

Wir stoßen an, auf den Großen Vaterländischen Krieg, auf ukrainische Frauen und deutsche Autos. Sie trinkt das halbe Glas Wodka in einem Zug, setzt sich auf den Barhocker, stützt ihren Kopf in ihre Hände und blickt mich aus wirren, betrunkenen Augen verliebt an.

Ich weiß nicht, was ich tun soll, flüchte auf die Toilette und spritze mir etwas Wasser ins Gesicht. Ich stütze mich auf dem Waschbecken ab, atme tief durch, ertaste das Kondom in meiner Tasche. Ich fühle mich sicher. Obwohl ich dazu keinen Grund habe, zu viele Faktoren könnten mir den Abend noch versauen. Ich befürchte, keinen hochzubekommen, weil ich die ganze Zeit an Aids denken werde. Es kann auch sein, dass sie mir morgen einen Verlobungsring an den Finger steckt und ich sie mit nach Deutschland nehmen muss. Außerdem macht mir die Verliebtheit in ihren Augen Angst. Was soll ich denn mit einer verliebten Frau? Ich sollte und wollte doch nur Sex haben. Während ich immer noch das Kondom in meiner Hand drehe, überlege ich, wie ich mich verhalten soll. Stumpf ficken? Oder nett sein, gehen, sie in Frieden lassen. Ich denke in diesem Moment nicht nur an Aids, sondern auch an mein Nummernband. Ich nehme die Hand aus der Tasche, atme tief ein und entscheide mich für die Nummernrolle. Egal, los geht's, denke ich und wanke zurück auf die Tanzfläche.

Ich sehe sie sitzen, diesen kleinen grauen Engel. Ich lächle kurz und lege meine Hand auf ihren Rücken.

Sie reagiert nicht.

Ich versuche, meine Hand an ihr Kinn zu legen und ihre grell geschminkten Lippen zu meinem Mund zu führen. Ihr Kopf rutscht aus ihren aufgestützten Händen und knallt auf die Theke. Ich gucke etwas verunsichert, sehe meine Matrosenfreunde auf der Tanzfläche Katalogmodels küssen.

Ich tippe sie an, mir fällt auf, dass ich ihren Namen nicht weiß. Sie schläft in einer Pfütze Schnaps. Zwischen russischem Techno, tanzenden Menschen und Zigarettenqualm liegt sie da – einfach so.

Hm, denke ich.

Ich beginne zu befürchten, dass die Ukrainer, Russen, Matrosen und wer auch immer denken könnten, ich hätte ihr etwas in den Drink getan, damit ich meine perversen deutschen Sexspiele mit ihr treiben kann. Ich meine, wie viele Deutsche schaffen es, eine Ukrainerin im Trinken zu besiegen? Ich bekomme es mit der Angst zu tun.

Ich schreibe Andrei eine SMS, er soll mich abholen. Es ist halb sieben Uhr morgens.

Im Taxi dreht er sich um, sieht, dass ich allein einsteige, sieht die Enttäuschung in meinem Gesicht.

Er fragt: »Und wie war es?«

»Ich habe eine Ukrainerin unter den Tisch gesoffen«, blubbere ich stolz. »Wenigstens ein Erfolgserlebnis.«

Andrei lacht.

»Glaubst du«, sagt er.

Ich lege Andrei die Marke Nummer achtundsiebzig ins Auto. Ich finde, der Körpereinsatz des heutigen Abends zählt als Sex.

Während ich im Zug von Odessa nach Kiew fahre, überlege ich, wie ich wohl die nächste Frau kennenlernen soll. Es ist nicht so, dass ich keine Lust mehr auf Tanzen habe, ich weiß, ich werde im weiteren Verlauf meiner Reise noch viel mehr, viel öfter tanzen müssen. Aber ich glaube, die russische Feiermentalität macht mich fertig. Ich habe keinen normalen Kater nach dem Abend in der russischen Disko mit dem grauen Engel. Ich habe seit zwei

Tagen Kater, und immer wenn ich in den Spiegel blicke, erschrecke ich.

So gern ich allmählich mal wieder einen guten Kaffee trinken würde, eine nette Schwarzbrotstulle mit Wurst und Käse essen, so gern würde ich mal wieder auf eine Privatparty gehen, denke ich, als ich wieder dieselben Landschaften am Fenster vorbeiziehen sehe.

Auf Privatpartys ist das mit dem Kennenlernen sehr einfach: Man ist förmlich gezwungen, sich zu unterhalten, und meistens, wenn es nicht eine Kindergeburtstags-, Valentinstags- oder Erste-gemeinsame-Wohnung-Party ist, sind viele Menschen da, die ungefähr die gleichen Interessen haben. Zumindest was das Körperliche betrifft. Auf einer Reise ist das anders. Ständig muss ich mich an die Konventionen eines Landes gewöhnen, an die Flirtgewohnheiten. Schon knapp 1000 Kilometer östlich von Berlin gehen die Menschen ganz anders miteinander um als zu Hause.

In Berlin ist es einfach, da ignoriert man sich. Es wird grimmig geguckt und gekonnt auf der Wange herumgebissen. Man trinkt Alkohol und blickt giftig umher, man ist meistens auch giftig und beobachtet mit ebenso böse blickenden Freunden das andere Geschlecht – man vergibt Schulnoten, dann wird beschlossen, wer wen wie anspricht. Es ist einfach. In einer Welt, in der sich alle gekonnt ignorieren, hat der gewonnen, der direkt drauflosgeht. Der direkt anspricht.

»Willst du was trinken?«, frage ich.

»Ich habe einen Freund«, sagt sie.

»Tschüss«, sage ich.

Ich fahre in den Kiewer Hauptbahnhof ein, raffe mein Gepäck und stelle fest, dass meine unlustigen Gedanken einen anderen Ursprung als nur einfachen Partyüberdruss haben. Während ich allein durch den Schnee zu einem Taxi stapfe, merke ich, dass ich tatsächlich Heimweh habe. Schon nach zwei Reisezielen greift die ach so kühle Hand der Sehnsucht nach mir und zerrt an meiner Laune. Während ich dem Taxifahrer die Adresse des Hotel Olympic nenne, denke ich darüber nach, was ich gegen das Heimweh unternehmen könnte. Meine Mutter anrufen?

Kurz bevor ich abgefahren bin, habe ich mich mit der Exfreundin getroffen.

Sie gab mir einen kleinen Brief, in dem stand: »Ich denke an dich, egal wo du bist auf dieser Welt.« Sie macht es mir auch nicht leicht, sie zu vergessen.

Und dann sagte sie: »Ruf mich an, egal wo du bist, egal was du machst.« Sie hat einen neuen Freund. Dieser neue Freund macht sie zufrieden, aber nicht glücklich.

»Ich kann es nicht ertragen, wenn du nicht rangehst, wenn er da ist«, sagte ich. »Es wird mich fertigmachen, wenn ich nicht rangehen kann«, sagte sie. Und dann legte sie ihren Kopf an meine Schulter und weinte ein bisschen. Es fühlte sich an wie die tausendste Trennung, die wir erlebten. Ich habe offensichtlich nicht genug Stolz, sie endgültig fallenzulassen. Im Hotel Olympic angekommen, packe ich meine Sachen aus, lege sie sorgfältig in den Schrank, setze mich auf mein Hotelbett und wiege mein Telefon in meiner Hand. Ich wähle ihre Nummer. Es kommt ein Freizeichen. Lange höre ich es klingeln. Sie nimmt nicht ab. Ich lege auf, lasse mich aufs Bett nach hinten fallen und starre die Zimmerdecke an.

»Was mache ich jetzt?«, denke ich. Morgen geht mein Flugzeug nach Tel Aviv. Ich muss noch diese eine Nacht durchbringen, dann gibt es neue Eindrücke und endlich etwas Wärme.

Nach Tagen des osteuropäischen Winters, dessen Kälte schärfer schneidet als ein Zwilling-Brotmesser, sehne ich mich nach Wärme und Sonne. Besonders die Sonne fehlt mir. Vielleicht ist deswegen mein Gemütszustand so gedämpft, denke ich und versuche mich zu sammeln. Ich muss etwas essen.

Das ukrainische Essen ist eine feine Sache. Es gibt den größten Luxus zu Lidl-Preisen, und so ernähre ich mich seit Tagen von Kaviar in verschiedensten Formen – rotem Lachskaviar, Störkaviar, Rogen auf Kartoffelpuffer mit Rahm in kleinen Keksschälchen. Es schmeckt, ist nicht teuer und hat den Hauch des Exotischen, obwohl ich nur drei Flugstunden von zu Hause entfernt bin.

Ich bestelle mir außerdem einen Borschtsch und muss leider einsehen, dass mir Rote-Bete-Suppe einfach nicht schmeckt. Es ist vergleichbar mit dem Geruch frisch umgegrabener Erde, es schmeckt nach Sand, denke ich, während ich die rote Suppe verschmähe und mich an den Kaviar mache.

Was mache ich heute Abend? Ich werde wieder in einen Club gehen, mir fällt einfach nichts Besseres ein, aber ich werde mich heute einfach mal nicht betrinken. Vielleicht bringe ich damit etwas Abwechslung in meine Reise. Es handelt sich um ein Experiment, das ich auch in Berlin schon häufiger ausprobiert habe: nicht betrunken tanzen gehen. In Berlin ist das etwa so unterhaltsam, wie sich ohne Betäubung einen Zahn ziehen zu lassen, aber vielleicht ist das im Land der Kartoffel und des Wodkas ja anders.

Es ist ein großer Club in Kiew, Fabergé heißt er. Hier treffen sich die Schönen und Reichen, habe ich gehört, hat zumindest der *Lonely Planet* gesagt. Und wie ich schnell feststellen musste, sind alle Geheimtipps des *Lonely Planet* keine Geheimtipps mehr, sobald sie abgedruckt wurden. Das ist allerdings kein Geheimnis. Tausende von amerikanischen Touristen lesen diese Reiseführer und gehen dann dorthin, stehen mit ihren seltsamen Sportschuhen und stupsnasigen Gesichtern an der Theke und glotzen, von der europäischen Unordnung verunsichert, in den Raum.

Es passiert nichts, ich stehe nüchtern an der Tanzfläche herum, habe Zeit nachzudenken. Über Amerikaner, zum Beispiel.

Ich mag Amerikaner, sie sind immer zu erkennen, geben sich preis, ohne dass sie mit ihrem zerlatschten Englisch die Luft zerhacken müssen. Am Flughafen erkennt man sie an ihren Jogginghosen und ihrer bequemen Umstandskleidung. Die Männer tragen alle ihre Universitätsringe und die Frauen haben feste Frisuren und Gesichter aus Beton. Mir ist auch aufgefallen, dass viele Frauen aus den USA dieses tätowierte Make-up haben. Sie schlafen kurz vor Grönland ein, perfekt geschminkt, und wachen kurz vor London, im Landeanflug auf Frankfurt, wieder auf. Und sind genauso perfekt geschminkt. Permanent-Make-up ist eine Erfindung, die ich nicht verstehe, denke ich und stelle mir vor, wie eine dieser Frauen einen schweren Unfall, im schlimmsten Fall mit fürchterlichen Verbrennungen, hat. Da liegt sie dann im Unfallkrankenhaus und sieht aus wie der Elefantenmensch, jedoch mit geschminkten Lippen.

Ein Mädchen mit Schuhen, die aussehen, als hätte sie einem Bären die Füße abgeschnitten und sie dann angezogen, geht auf mich zu. Sie lächelt, geht aber weiter. Ich bin viel zu nüchtern und deswegen schüchtern. Ich langweile mich und stelle fest, dass sich schüchtern auf nüchtern reimt. Ich finde den Zusammenhang in diesem Moment köstlich, drehe mich um und bestelle neben dem Bärenfußmädchen einen Apfelsaft.

»Willst du keinen Alkohol?«, fragt sie mich mit einem breiten amerikanischen Akzent.

»Nein«, antworte ich streng, meine damit aber eigentlich Schüchternheit. Ich habe keine Ahnung, worüber ich mit ihr sprechen soll. Mir fällt auf, wie wichtig Alkohol ist, um Gespräche zu führen. In einer Disko, mit Frauen.

Sie zieht die Oberlippe hoch und geht wieder, ich glaube, sie wollte mich auf ein Getränk einladen. Das passiert nicht oft, dass Männer auf ein Getränk eingeladen werden. Scheiße, denke ich.

»Verdammte Scheiße«, sage ich leise, während ich an meinem Apfelsaft nippe. Ich gehe von der Bar zum Sitzbereich, setze mich zu einer Gruppe Ukrainer. Sie bemerken mich nicht, sie sind viel zu betrunken. Dafür bemerke ich alles.

Wie schmutzig der Club ist, wie schmutzig die Gläser sind, aus denen ich trinke. Ich wische mit meinem Schal den Rand des Glases sauber. Und schüttle mich kurz. Noch einen Apfelsaft, ich halte mich strikt an das mir selbst auferlegte Spiel. Ich bleibe nüchtern. Und es passiert nichts.

Das Mädchen mit den Bärenfüßen kommt wieder auf mich zu, sie ist noch betrunkener als die hier anwesenden Ukrainer. »Willst du jetzt Alkohol?«, lallt sie.

»Nein«, sage ich vorsichtig.

»Warum nicht?«

»Weil ich nicht will«, gebe ich wahrheitsgemäß wieder.

»Ach so.«

»Ja.«

»Hm.«

»Ja?«

»Na gut«, sagt sie und wünscht mir noch einen schönen Abend.

Ich fluche innerlich. Ich finde sie mittlerweile ziemlich hübsch. Ich weiß nur nicht, wie ich es anstellen soll, wie ich sie kennenlernen kann. Ich beobachte sie durch den Raum, gehe ihr hinterher. Nach drei weiteren Apfelsaft fasse ich meinen ganzen Mut zusammen und spreche sie an.

»Hallo«, sage ich.

»Äh, hallo?«, antwortet sie fragend.

»Ich bin Thilo aus Deutschland«, sage ich mutig.

Sie lächelt und sagt mir ihren Namen. Joana.

Und dann lächeln wir beide. Und wieder passiert nichts.

Ich gehe zur Bar, zielstrebig, und bestelle einen Wodka mit Apfelsaft. Ich halte es nicht mehr aus. Trinke ihn schnell, trinke einen weiteren und noch einen. Ich fühle mich wie ein Alkoholiker, der sich seinen Selbstbewusstseinspegel antrinkt. Mit unsicheren Füßen wanke ich auf die Frau zu, auf Joana.

»Tanzen?«, sage ich.

»Nein«, sagt sie.

Mist, denke ich. Dabei habe ich doch jetzt Alkohol getrunken.

»Dabei habe ich doch jetzt Alkohol getrunken«, sage ich. Sie blickt mich schief an und ringt sich ein Lächeln ab. Ich spüre, die Ukraine ist nicht mein Land, und laufe langsam rückwärts zurück. In meinem Kopf spule ich dabei die Zeit zurück. Ohne Erfolg. Die Zeit läuft in gewohnten Bahnen, und ich kann genau sehen, wie sie mich mustert. Wie sie mich abschätzig mustert. Ich glaube, ich war zu forsch. Als ich mit dem Rücken an der Bar anstoße, drehe ich mich um und denke an meine Exfreundin. Denke, dass dies alles hier nicht sein müsste, dass ich nicht reisen müsste, wenn wir uns nicht getrennt hätten. Vielleicht hätten wir gemeinsam diese Reise gemacht, ich stelle mir vor, wie wir zusammen die Welt entdeckt hätten. So, wie wir das ursprünglich geplant hatten.

Und dieser Gedanke ist traurigerweise das einzig Wertvolle, was ich an diesem Abend nüchtern mit nach Hause nehme. Und den hätte ich betrunken wahrscheinlich genauso geistesgegenwärtig fassen können. Ich habe ihr eine Nummer gegeben, aber keinen Zettel, ich weiß, es ist Betrug, aber es musste sein. Ich hätte sie herumbekommen können, rede ich mir selbstbewusst zu, ich war nur nicht betrunken. Siebenundsiebzig bist du, Joana, mit deinen Bärenfüßen. Und sie wusste es nicht mal, dass sie eine Nummer war.

Morgen geht es nach Israel, ich freue mich, obwohl ich traurig bin.

ISRAEL

Der Kiewer Flughafen begrüßt mich mit osteuropäischem Charme. Ich habe ein wenig Angst, muss ich ehrlich zugeben. Grauer Marmor, Hunderte von Menschen mit diesen bunten Taschen, die ich auch aus Berlin kenne, dort aber meist vor Abschiebeheimen oder auf dem Schoß von türkischen Muttis in der U-Bahn sehe. Die trüben Gesichter überall und das unbeschreibliche Chaos geben mir nicht das Gefühl, als würde ich mich an einem Flughafen mit internationalen Sicherheitsbestimmungen befinden. Mein Flug nach Budapest und dann von dort nach Tel Aviv ist angeschlagen. Er hat schon jetzt Stunden Verspätung, deswegen entschließe ich mich, die Erschöpfung der letzten Nacht mit Schlaf zu beseitigen. Auch wenn die Frau mit den Bärenfüßen attraktiv war, sie wollte mich nicht. Ich habe es versucht, aber es ist wohl besser, betrunken zu sein. Mein Ego hat die Abweisung verkraftet, zumindest rede ich mir das ein. Ich erinnere mich einfach an Polen, wie einfach es da war, und fühle mich weniger erfolglos bei Frauen. Das funktioniert gut und zeigt mir, dass wir, ich, Männer einfach gestrickt sind. In meiner müden Erschöpfung ist mir das aber egal. Ich reise weiter.

Ohne überhaupt nach meinem Pass gefragt oder auf eine mögliche Bombe in meinem Gepäck kontrolliert worden zu sein, betrete ich etwa zwei Stunden später ein Flugzeug, das sehr alt ist. Abgeriebene Sitze, übelgelaunte Stewardessen. Ich sitze in einem der berüchtigten MD-»McDonnell Douglas«-Flugzeuge. Die Maschinen dieser Airline stürzen ständig ab, knallen gegen Berge oder setzen auf, wo noch kein Flughafen ist. Ich habe das erste Mal wirklich Angst auf meiner Reise, setze mich aber brav auf meinen Platz.

Nach zwei weiteren Stunden auf dem Rollfeld geht es los, wir starten, die Turbinen jaulen, das Flugzeug zittert und wackelt. Meine Hände krallen sich in die abgeschubberten Armlehnen. Ich sehe, dass sich schon viele Hände in diese Armlehnen gekrallt haben. Ich sehe auch, dass selbst die Stewardessen sich in ihre Lehnen verkrallen und die Augen geschlossen haben. Ich mag das nicht. Überhaupt nicht. Verdächtig lange fahren wir mit hoher Geschwindigkeit die Startbahn entlang.

Gleich fahren wir gegen den angrenzenden Wald, gleich, gleich, gleich, denke ich. Dann heben wir ab. Langsam zieht die Maschine in den ukrainischen Nachthimmel. Viel zu langsam. Wir steigen überhaupt nicht. Wir fliegen auf horizontaler Ebene mit Kiew. Ich drehe mich zu meinem Sitznachbarn und sage, diesmal auf Englisch: »Wir steigen nicht, wir steigen nicht!« Mein Sitznachbar sieht mich entsetzt an und bekommt es mit der Angst zu tun. Er beginnt auf Russisch zu beten.

Und wir steigen doch. Entsetzliche Minuten später sind wir auf Reiseflughöhe. Alles normal. Mein Sitznachbar redet nicht mehr mit mir, kein bisschen, auch nicht, nachdem ich mich für die Panikmache entschuldigt habe.

Ich warte ungeduldig auf das Essen und entscheide mich für Lachs mit Mayonnaise. Ein Fehler, wie überhaupt die Reise mit DoroDoro Air. Ich hätte das Flugzeug meiden sollen.

Das erste Mal kotze ich schwallartig in den Transitbereich des Flughafens in Budapest. Ich fühle mich hundeelend. Mein Gesicht hat jetzt die gleiche Farbe wie die Reisenden am Flughafen Kiew. Ich schleppe mich in das Flugzeug nach Tel Aviv, nicht ohne die komplette Aufmerksamkeit auf mich zu ziehen. Einen Aschenbecher, einen Mülleimer und das Wägelchen der vorbeilaufenden Reinigungskräfte kotze ich noch voll, bevor ich Platz zwischen zwei Chassiden nehme, die auf dem Weg nach Tel Aviv sind. Ich friere, habe Fieber und eine astreine Lebensmittelvergiftung.

Die Chassiden gucken mich mitleidig an. Ich gucke grün zurück. In Zeiten von SARS und Schweinegrippe (die in Israel allerdings aus religiösen Gründen Mexikanische Grippe heißt) sind Fieber und Übelkeit ein Grund, des Landes verwiesen zu werden. Es pocht im Kopf.

Glücklicherweise darf ich einreisen. Als ich vor dem riesigen Davidstern am Ben-Gurion-Flughafen stehe, habe ich das Gefühl, in den letzten zwölf Stunden 15 Kilo an Körpergewicht abgenommen zu haben. Es ist Dezember, es ist Nacht, bald beginnt Chanukka. Ein Fest, das die gleiche Stimmung verbreitet wie unser Weihnachten, aber nichts damit zu tun hat.

Ich stecke mir meine erste Zigarette an. Der heiße Rauch wühlt sich durch meinen Kreislauf. Doch 20 Grad Celsius und die Tatsache, dass ich in Israel bin, dass ich in Tel Aviv bekannte, aber nicht vertraute Gesichter treffen werde, beruhigen mich und meinen Magen.

Wer allein reist und krank wird, fühlt sich einsam. Ich vermisse meine Familie und Freunde, als ich im Taxi auf dem Weg in die Innenstadt sitze. Sie würden jetzt vorbeikommen und mich in den Arm nehmen, würden meinen Kopf tätscheln, ich könnte mich meinem Selbstmitleid hingeben. Wäre ich in Berlin.

So aber hält das Taxi im Zentrum von Tel Aviv mitten in der Nacht vor einem eisigen Bauhausgebäude. Ich hole meinen Zimmerschlüssel, schmeiße mein Gepäck in die Ecke des großzügigen Apartments und lege mich aufs Bett. Ich esse die Schokolade vom Kopfkissen und schlafe tief und fest ein.

Die Reise nach Tel Aviv, denke ich, war beschwerlicher als alles andere.

Ich wache am frühen Nachmittag auf, geweckt von den Alarmsirenen der vorbeifahrenden israelischen Polizeiautos. Sie klingen nach Gefahr, nicht nach polizeilicher Hilfsbereitschaft. Ich fühle mich daran erinnert, dass ich mich in einem Land befinde, das noch jung und zerbrechlich ist. Israel ist wie ein kleines Kind. Es ist noch nicht entschieden, wie es sich einmal entwickeln wird, aber es ist jetzt noch, als Ziehkind der USA, unbeliebt bei seinen Nachbarn. Die Religion, die Menschen, das Militär, Israel hat es nicht leicht im Nahen Osten. Ich stehe auf, merke, dass mein Magen noch immer rebelliert.

Eine halbe Stunde später stehe ich am Strand von Tel Aviv, Frishman Beach, der Strand für die Franzosen, für französische Juden, die hier leben oder Urlaub machen, wie mir meine Bekannten erklärt haben. Die wenigen jungen Juden, die ich in Berlin kenne, haben mir auf einen Zettel geschrieben, mit wem ich mich wo treffen soll, wohin ich gehen soll. Sie haben gesagt: »Geh an den Strand, guck dir das Mittelmeer an, spaziere durch die Stadt, die so jung ist wie die meisten Menschen in Israel.«

Und so stehe ich hier am Strand, mitten im Dezember, an meinen Füßen warmes Wasser, in meiner Hand Musik und Kaffee. Ich habe das erste Mal auf meiner Reise das Gefühl, weit weg zu sein. Es sind nur 3000 Kilometer von Berlin nach Tel Aviv, aber es ist eine komplett andere Welt, in der ich mich hier befinde.

In meinem Rücken stehen zum Strand hin grausam hässliche Hotels der Moderne, als hätte Le Corbusier hier seine Träume verwirklichen können. Spannbetonpavillons, riesige Häuser mit viel zu kleinen Fenstern, bombastische Speisesäle zu Füßen der unzähligen schlafenden Türme, die den gesamten Strand bis nach Jaffa flankieren. Ich spaziere mit nackten Füßen durch den Sand und spüre die Muscheln zwischen meinen Zehen. Ich bin erstaunt, wie hässlich schön eine Stadt sein kann. Denn sobald man die Hotels, die Tel Aviv wie ein Harnisch umklammern, hinter sich lässt, hat man das Gefühl, sich im Bauhaus-Museum in Weimar zu befinden.

Kunst- und Architekturstudenten dürften an Tel Aviv ihre wahre Freude haben, kein Krieg konnte diesen Häusern, die in den zwanziger Jahren als Idealarchitektur – praktisch, aber nicht menschenverachtend – empfunden wurden, etwas anhaben. Die weißen Häuser, manche grau und gelb, wie Zähne alter Leute, manche blitzend und schön, beschreiben das gesamte Stadtzentrum.

Mitten im Winter begleitet mich die Sonne und wärmt meinen Nacken, als ich losgehe, um mich mit Omri zu treffen. In Berlin sagte man mir, hier kenne sich jeder, und in Berlin habe ich auch seine Nummer bekommen. Ich solle mich mit ihm treffen, wenn ich Spaß haben will, sagte man mir. Er wird mir die Stadt zeigen und das Nachtleben.

Ich sitze in einem Café und muss feststellen, dass der Kaffee heißes Wasser und Nescafé ist. Mir schnürt es vor Bitterkeit den Mund zu, als Omri sich zu mir setzt.

»Hallo«, sagt er auf Deutsch. Ich begrüße ihn überschwenglich und freue mich auf alles, was kommt.

»Blass siehst du aus«, sagt er. Und ich erzähle ihm die Geschichte meines abenteuerlichen Fluges. Er findet sie nicht abenteuerlich und kommt ohne Umschweife zum Thema: Frauen.

Während er redet, beobachte ich ihn. Er hat kurze Haare, dunkle Haut, sieht aber nicht aus wie ein Araber. Schöne Lippen zieren sein Gesicht, er hat gerade Finger, die während des Redens wenig gestikulieren. Er flüstert fast, ich habe das Gefühl, er sei ein Agent vom Mossad. Zumindest bilde ich mir das ein. Und während er flüsternd und wenig gestenreich seine Geschichten erzählt, komme ich mir laut und grobschlächtig vor. Seine Erzählungen sind wunderbar pornographisch. Sie klingen verrückt. Von Dreiern, Vierern, von zahlreichen Abenteuern auf zahlreichen Kontinenten mit unzähligen Frauen.

»Weißt du, hier in Tel Aviv ist uns alles egal«, sagt er. »Wir trinken so viel Alkohol, wir machen hier so viel Party, es ist uns egal. Vielleicht beschießt uns morgen der Iran mit Atombomben.

Vielleicht werde ich am nächsten Tag von einer Bombe im Bus zerrissen, oder eine schmutzige Bombe aus dem Westjordanland verstrahlt Jerusalem.« Es ist der Tanz auf dem Vulkan, den er beschreibt. Selbst wenn du weißt, welchen Beruf du ergreifen wirst, selbst wenn du einen genauen Plan für dich und dein Leben hast, eine Idee, wie du glücklich sein kannst, in Israel garantiert dir niemand, dass du morgen noch lebst.

Ich muss schlucken. Das klingt drastisch, und ich frage Omri, wie man überhaupt so leben kann. »Gut«, sagt er, »du hast hier, wenn du willst, jede Nacht Sex mit irgendwem, weil allen alles egal ist.«

Ich lache. Er lächelt.

Seine Augen sind traurig. Die Sparsamkeit seiner Emotionen macht mich etwas wehmütig. Ich frage ihn, mit wie vielen Frauen er geschlafen hat.

»Zwischen fünfzig und sechzig«, sagt er.

»Mit 25 Jahren?«, frage ich verdutzt.

»Ja?!«, gibt er etwas verwirrt zurück. »Das ist hier ganz normal, die Männer ficken, die Frauen lassen sich ficken.« Er sagt es nicht ordinär. Er sagt es so normal, als würde er Hummus mit Pinienkernen bestellen. Er sagt es, ohne dabei zu lächeln oder verschmitzt zu gucken, einzig sein Blick senkt sich nach unten, als er mir die Zahl seiner Partnerinnen verrät.

»Wann hast du dich von deiner großen Liebe getrennt?«, frage ich ihn. Wie ich aus eigener Erfahrung weiß, blickt nur ein im Stolz gekränkter Mann so traurig in die Sonne. Er sieht mich verblüfft an.

»Woher weißt du …?«

»… du bist traurig«, erkläre ich ihm.

»Vier Jahre waren wir zusammen«, sagt er und erzählt mir die Geschichte seiner Trennung, die mich verdächtig an meine eigene Geschichte erinnert. Die große Liebe, der perfekte Sex, die heimlichen Treffen nach der Trennung, das Hintergehen der neuen Partner, die Schmerzen, die man sich gegenseitig zufügt. Ich stelle, mitten in Tel Aviv, im Gespräch über Muschis und Schwänze und Sexualität fest, dass mein Schicksal alles andere als ein Individualschicksal ist.

Es ist Nacht geworden in Tel Aviv. Wir verabschieden uns und treffen uns später in einem Club, der Riff Raff heißt. Ich stelle fest, dass meine Alkohol- und Musikclubunlust verschwunden ist, und ich bin mir ziemlich sicher, dass es etwas damit zu tun hat, dass man mit Begleitung ausgeht. Es ist einfach lustiger, zu zweit betrunken zu sein. Es ist einfach spannender, wenn man jemanden getroffen hat, der für ein paar Nächte ein Freund wird. Ich bin zufrieden und spüre nichts mehr von der Einsamkeit, die mich noch in der Ukraine so beschäftigt hat.

Omris großer Bruder, auch aus Berlin, legt im Riff Raff auf, es ist einer der coolen Clubs in Tel Aviv: ein ehemaliges Ladengeschäft mit zugeklebten Fensterscheiben. Viele Deutsche sind hier. Manche Männer tragen eine Kippa, sie erinnern mich daran, in welchem Land ich bin. Ich denke darüber nach, wann ich zuletzt eine Kippa in einem Berliner Club gesehen habe. Noch nie, stelle ich fest. Eine seit über 28 Jahren keimende Holocaustdebatte findet in mir statt. Ich kann mich nicht dagegen wehren, als Deutscher ein gewisses Unwohlgefühl zu empfinden. Und Scham. Mehr Scham als in Mallorca, wenn ich die rotgebrannten deutschen Schweinchen aus großen Kübeln Sangria trinken und kurze Zeit später in selbige hineinkotzen sehe. Mehr Scham als in Portugal, an der Algarve, wenn Deutsche um sechs Uhr in der Früh aufstehen, um ihre Handtücher auf die Liegestühle am Pool zu legen. Es ist eine tiefe Scham, die womöglich einem Trauma gleichkommt. Aber ich will jetzt nicht darüber nachdenken, gehe zu der kleinen Bar im Riff Raff und bestelle bei einer desorientiert wirkenden Frau einen Moskovskaya mit Red Bull. Ich bezahle so viele Schekel, wie sie möchte, und drehe mich zu Omri, der inmitten einer Gruppe von Münchnerinnen steht. Und lacht.

Es ist tatsächlich sehr befremdlich, dass die eine Frau aus der Münchner Gruppe die beiden Mitglieder der jüdischen Gemeinde in Berlin kennt. Innerhalb von Sekunden, während ich mich an meinem alkoholischen Getränk festhalte, beschließe ich, dass dieses Mädchen entsetzlich ist. Mit einer schrecklichen Arroganz lacht sie schnappend durch den immer voller werdenden Raum. Den Reichtum ihrer Eltern trägt sie an ihren Ohren und als Handtasche um ihr dünnes Handgelenk.

»Ich habe schon gehört, dass du kommst, es hat sich schnell herumgesprochen«, sagt sie, während sie so scheppernd lacht wie altes Porzellan. Ich schüttle mich und muss trotzdem zugeben, dass sie attraktiv ist, in ihrer verhungerten Art. Ihre dunklen Augen mustern mich nicht, sondern versuchen jede Person im Raum einzunehmen. Die Antipathie wächst, die Attraktivität nimmt proportional ab. Ihr dünner Körper steckt in teurer Mode. Kein H&M, keine Massenkleidung. An ihren kleinen Ohren hängen zwei schwere Perlen, die die Läppchen ein bisschen zu sehr nach unten ziehen. Und während sie zwischen Hebräisch, Englisch und Deutsch hin- und herwechselt und alle Menschen in einem Radius von fünf Metern für sich zu gewinnen versucht, stelle ich mir vor, wie ich diese arrogante Frau über einen Küchentisch werfe. Wie ich ihre winzige Hose von ihrem Hintern zupfe und den vermutlich sehr teuren Slip von Victoria's Secret zur Seite schiebe. Ich bin betrunken. Schon wieder. Der Wodka-Longdrink ist stärker als ich. Die Arroganz der Münchnerin ist so schwerwiegend, dass ich ihr gern eine scheuern würde, ich frage mich, woher meine Aggressionen kommen.

»Ich würde gern eine israelische Frau kennenlernen«, sage ich schließlich und ertappe mich dabei, dass ich beinahe »jüdische Frau« sage.

»Eine Jüdin?«, fragt sie.

»Äh, ja«, sage ich.

»Das dürfte kein Problem sein, siehst ja selbst aus wie ein Jude mit deinen kurzen Haaren, deiner schiefen Nase und deiner schimmernden Haut.«

Ich stehe verunsichert vor ihr, ich habe versucht, politisch korrekt zu sein, nichts Falsches zu sagen als Deutscher in Israel und bekomme nun von ihr, einer deutschen Jüdin aus München, antisemitische Klischees um die Ohren geschmissen.

»Geh einfach aus, frag irgendeine, ob sie was mit dir trinken will«, trillert sie. »Und wenn sie ja sagt, hast du schon gewonnen.« Sie bestätigt das, was Omri schon erzählt hat. Es ist sehr einfach. Die Regeln des Spiels sind klar. Wer was zusammen trinken will, will auch miteinander schlafen. Mit einem Blick, der offensichtlich darauf abzielt, dass ich ihr ein Getränk bestelle, sieht sie auf mich herab.

»Danke«, sage ich und gehe ohne ein weiteres Wort zum mittlerweile betrunkenen Omri.

»Ach die«, sagt er, »die habe ich auch schon mal gebumst, die ist nicht gut im Bett.« Ich kichere. Und er bestätigt, dass ihre Arroganz legendär ist. »Im Bett ist sie aber ein kleines schüchternes Mädchen, das sich nicht in den Arsch ficken lassen will«, lallt er betrunken.

Ich bin nicht entsetzt über seine Offenheit, die sexualisierte Stimmung in Tel Aviv scheint allmählich auf mich überzuspringen. Wir setzen uns beide auf einen Barhocker, auf den wir vorsorglich unsere Jacken legen. Ich bestelle uns noch mehr Alkohol, und wir beobachten, wie zwei auf Jacken sitzende Cowboys an die Bar gelehnt, die Mädchen. Die kleine Tür öffnet sich, und eine sehr angetrunkene Frau, in Begleitung eines unsicher ihr hinterherlaufenden Mannes, betritt die Bar.

Unsere Blicke treffen sich sehr schnell. Sie schließt die Augen, senkt ihren Kopf und lächelt zärtlich den Fußboden an. Ich lächle in ihr Gesicht. Der Mann, der sie begleitet, beobachtet uns beide. Ein fusseliger Bart um sein Kinn, viel zu dünn und weite Intellektuellenkleidung. Er tritt auf mich zu. Und blickt mich durch seine Drahtbrille hindurch streng an: »Bitte lass das«, sagt er mit französischem Akzent auf Englisch.

»Was?«, antworte ich ihm.

»Hör auf, die Frau anzusehen, ich bin mit ihr hier«, erwidert er.

»Hey, ich lächle sie bloß an. Sie hat mich auch angelächelt«, gebe ich zu.

»Ja, ich weiß, sie spielt gern mit Männern.«

Das gefällt mir, obwohl ich nicht unbedingt der Aufreißer bin. Ein guter Freund von mir sagt immer, ich bin »Schleimi-Thilo«, ich quatsche die Frauen ins Bett, ohne dass sie es merken.

Ich gehe auf sie zu und sage: »Hallo, ich bin Thilo.«

Sie guckt mich böse an und lacht dabei. »Ich bin Neema«, sagt sie in einem vom Hebräischen sehr stark durchsetzten Englisch. Dann sagen wir nichts weiter.

Zwischen uns beiden steht der französische Intellektuelle. Er ist nervös, bemerkt, wie ihm die Situation aus den Händen gleitet. Neema ist nicht groß, sie ist eine kleine Frau. Um ihre Augen herum tanzen winzige Falten, wenn sie spricht. Ich schätze sie auf Ende zwanzig, sie trägt etwas rustikale Kleidung, eine ausgewaschene Jeans, die sich über einen kleinen Po spannt, darüber eine Art Tischdecke und darüber wiederum einen bunten, vermutlich selbstgestrickten Pullover. Ihr Gesicht ist sehr russisch, sie hat ein eckiges Kinn, das in hohe Wangenknochen mündet, schmale Lippen und harte Augen, die trotz ihrer offensichtlichen Trunkenheit genauso traurig blicken wie die von Omri. Sie beobachtet mich, während ich sie beobachte, und trinkt dabei unruhig an ihrem Getränk.

»Was machst du heute noch?«, unterbricht mich der Franzose. »Und übrigens, mein Name ist Jeremy Chicheportiche.«

Ich weiß, was er damit vorhat – er läutet einen kleinen, männertypischen Krieg zwischen uns ein. Er hat mir seinen vollen Namen gesagt, und er hat ihn betont, als wäre es ein altes französisches Adelsgeschlecht. Aber mir sagt dieser Name nichts, und deswegen perlt seine Drohung an mir ab.

»Ich weiß nicht, ich will noch in einen anderen Club. Wollt ihr nicht mitkommen?«, frage ich ihn und seine Begleitung.

»Non«, sagt er auf Französisch.

»Yes«, sagt sie auf Englisch.

Er beißt sich auf die Unterlippe und begleitet Omri, Neema und mich zum Ausgang. Neema nimmt mich zur Seite, legt ihre kleine Hand in meinen Nacken, zieht mein Gesicht zu ihrem Mund und flüstert mir ins Ohr, was ich schon wusste: »Ich habe heute ein Date mit ihm, aber ich werde ihn niemals küssen oder mit ihm schlafen. Ich finde ihn nicht attraktiv, er ist so nervig. Aber es ist lustig, wie er um mich buhlt.«

Vielleicht hätte sie es mir nicht sagen sollen, denn damit weiß ich, dass diese Frau die Männer kennt und weiß, wie es funktioniert – das Spielen. Und das Verletzen. Der Franzose sieht, wie wir, ihre Hand in meinem Nacken und mein Gesicht an ihrem Ohr, uns unterhalten. Ich antworte und berühre dabei mit den Lippen ihre Ohrmuschel. Mit voller Absicht. »Ich habe auch nicht vor, mit dir zu schlafen, aber ich mag es, um dich zu buhlen, während er es ohne Aussicht auf Erfolg auch versucht.«

Sie küsst mein Ohr und antwortet: »Versuch's nicht.«

Ich bin in einer Diskothek in Tel Aviv. Es ist dieselbe Nacht, Neema hat meine Hand genommen, während sie mich durch den Club zieht, der nur über schmale Treppen zu erreichen ist. Seltsam bauhausig ist er eingerichtet, ein riesiger Raum, eine riesige Bar, schlichte Möbel. Vor der winzigen Tanzfläche, die voller betrunkener Menschen ist, steht ein großer weißer Tisch, der mit OP-Saal-Licht beleuchtet wird. Unschmeichelhaft, denke ich, während ich in die hellerleuchteten, betrunkenen Gesichter blicke.

Spätestens seitdem wir den Club betreten haben, hat der Franzose verloren. Omri erkennt eine schöne Frau in der tanzenden Menge, verabschiedet sich von mir, wissend, dass wir heute Abend nicht mehr viel reden werden, verschwindet in dem engstehenden Pulk aus Menschen. Der Franzose versucht es ein letztes Mal.

»Was wollt ihr trinken?«, fragt er uns.

»Wodka«, sagen Neema und ich unisono. Wir blicken uns an und lachen. Ihre Augen sind jetzt weniger traurig. Aber sie sieht fürchterlich betrunken aus. Ich fühle mich hitzig. Ich stelle fest, dass ich sie wirklich küssen will, und greife in ihre feste Hüfte, während Jeremy zwischen den Menschen an der Bar verschwindet.

Wir setzen uns vor eine Box, die Musik dröhnt so laut, dass wir nur wenig miteinander reden können. Sie ist Floristin aus Haifa. Sie spricht sehr schlechtes Englisch, aber aufgrund der lauten Musik, der Betrunkenheit von uns beiden und des offensichtlichen Willens zum Kuss spielt das keine Rolle. Ich glaube, wir fühlen uns beide so, als würden wir ein unsagbar geistreiches Gespräch führen.

Ich kann es nicht mehr erwarten. Ich beuge mich nach vorn, nehme ihren traurigen Kopf in beide Hände und küsse sie. Ohne zärtliches Tippen an ihren Lippen, ohne vorsichtiges Hin und Her. Mit Zunge, sofort, ein ordentlicher, besoffener Kuss, den sie, ebenso besoffen, erwidert. Ihre schmalen Lippen sind hart, alles andere als feminin und zärtlich. Sie küsst sehr ruppig. Ich muss mich konzentrieren, dass ich den Kuss schön finde. Versinke aber im Schwindel meiner betrunkenen Augen.

Wir unterbrechen unseren Kuss. Vor uns steht Jeremy, er blickt streng auf uns herab. Er hat zwei Gläser Schnaps in der Hand, die er wütend auf den Boden schmeißt. Der Wodka spritzt uns ins Gesicht, die Tanzenden um uns herum rücken kurz ab, lassen sich aber nicht weiter stören.

»Ich halte das nicht mehr aus!«, schreit er durch eine Wand aus Musik direkt auf uns herab, in einem wehklagenden französischen Englisch. Er dreht sich um und schubst ein paar Leute zur Seite, läuft schnell. Ich glaube, seinen fusseligen Bart im Wind der Klimaanlage zittern zu sehen, sein langer dünner Literatenschal jedenfalls weht im Wind hinter ihm her.

Ich drehe mich zu Neema, sie zuckt mit den Schultern und küsst jetzt mich. Genauso grob und unzärtlich, wie ich sie geküsst habe. Ich frage mich, ob sie denkt, sie müsse mich so küssen, weil ich sie vorher ebenso hart geküsst habe.

»Au!«, sage ich. Sie beißt auf meine Unterlippe, als würde sie versuchen, ein Stück Fleisch herauszureißen.

»Auaua!«, ich drücke ihr Gesicht weg und sehe sie verständnislos an. Sie schafft es kaum noch, meinen Blick zu treffen, so betrunken ist sie. Sie zieht meinen Kopf wieder zu sich und beißt mir wieder auf die Unterlippe. Ich versuche sie mit meiner Zunge daran zu hindern, scheitere aber. Auch aus Angst, dass sie mir meine Zunge abbeißt.

Das ist kein schöner Kuss, denke ich. Der Kuss ist zu wütend. Sie lässt von mir ab. Lacht irre und scheuert mir eine. Ich bin verwirrt. Dann steht sie auf, gibt mir ihre Handtasche und verschwindet auf die Toilette.

Wir fahren im Taxi zu ihrer Wohnung, die in einem Randbezirk von Tel Aviv gelegen ist. Ich bin aufgeregt. Ihr ist schlecht. Alle paar hundert Meter müssen wir anhalten, damit sie aus dem Auto kotzen kann. Die Fahrt dauert sehr lange. Als wir in eine kleine Seitenstraße einbiegen, die von mehrstöckigen braunen Häusern und winzigen Vorgärten gesäumt wird, sieht alles danach aus, dass ich Neema gleich ins Bett bringen werde.

Ich bezahle das Taxi, der Taxifahrer sieht mich ungläubig an. Vermutlich denkt er das Gleiche wie ich: »Schön blöd, was du dir da angelacht hast, Junge.«

Ich helfe ihr aus dem Taxi, als hätte sie gebrochene Beine. Sie stützt sich auf meine Schultern, die Sonne geht gerade auf, ich höre die Vögel zwitschern und fühle mich erschöpft und erwachsen. Wir torkeln die Treppe hinauf, tatsächlich versucht sie, mich zu küssen – ich empfinde es allerdings als schwierig, ihre Küsse zu erwidern, weil ich mich an die Kotzpausen im Taxi erinnere.

»Normalerweise mache ich so etwas ja nicht«, rülpst sie. »Ja, ja«, denke ich. Anscheinend bin ich der einzige Mann auf der Welt, mit dem Frauen machen wollen, was sie »sonst ja nicht machen«. Sie schubst mich auf ihr Bett. Ungelenk zieht sie ihren Pullover aus, ihre Tischdecke ebenso, steht dann in Jeans und BH vor mir. Ich liege auf ihrem Bett in einem kleinen Zimmer, das so lieblos und ohne Stil eingerichtet ist, wie sie sich anzieht. Eine Tiffanylampe auf dem Nachttisch, zahlreiche Blumen, sorglos im Raum verteilt, vermutlich Zeichen ihres Berufes. Und Berge an noch mehr hässlicher Wäsche.

»Leg dich in mein Bett, bleib aber angezogen«, sagt sie. Und verschwindet im Bad. Ich bin froh zu hören, dass sie sich die Zähne putzt. Als sie zurückkommt, kämpfe ich nicht etwa mit meiner Erregung, sondern mit meiner Müdigkeit. Sie setzt sich auf mich, ihr Bauch hat Dehnungsstreifen, ihr großer Busen hängt schlaff an ihrem Oberkörper. Ich finde sie nicht schön, mag aber ihr Wesen, ihre rabiate, durchschauende Art. Sie legt ihren Arm, während sie auf mir sitzt, präzise unter ihre Brust, so wie Frauen das immer machen, wenn ihr Busen zu sehr hängt. Sie glauben dann, wenn sie ihren eigenen Busen stützen, fällt das nicht mehr so auf. Sie beugt sich nach vorn. Mir wird etwas schlecht, weil ich so viel Alkohol getrunken habe. Sie küsst mich, jetzt zarter. Ich lege meine Hände um ihre Taille und ziehe sie nah an mich heran. Drehe sie auf den Rücken, ihr weicher Busen verschwindet gänzlich in ihrem Oberkörper. Ich küsse ihren Hals, sie drückt ihr Becken gegen meine Hose und zerrt ungeduldig an meinem Gürtel. Ich helfe ihr. Wir sind beide so betrunken, dass es uns vermutlich erregend vorkommt, wie wir mit unserer Lust ringen. Von außen betrachtet ist es wahrscheinlich aber ein lächerlicher Amateurringkampf mit vom Alkohol rot gefärbten Gesichtern und unschicklichen Berührungen.

Ich knie mich über ihren Bauch. Sie öffnet meine Hose, streift sie bis in meine Knie herab und nimmt meinen Penis in die Hand.

Sie hält inne.

Und fängt an zu lachen. Ich sehe sie zum ersten Mal an diesem Abend lachen. Und das nur, weil sie meinen Penis in ihrer Hand hält, der sich sofort verkrampft und ängstlich in sich zusammenrutscht.

Sie richtet sich auf, zieht sich ein T-Shirt über und küsst meinen Bauch. Ich knie noch immer über ihr, während sie mir direkt ins Gesicht blickt.

»Du bist kein Jude?«, fragt sie mich ernst.

»Ich komme doch aus Deutschland«, antworte ich und erschrecke sofort über den schweren historischen Zusammenhang zwischen Vorhaut, Juden und Deutschland.

»Ich hatte noch nie eine Vorhaut«, sagt sie.

»Ich hatte noch nie etwas mit einer Jüdin«, sage ich und erkenne den Chanukka-Leuchter auf dem Fensterbrett, zwischen Blumen und hässlichen Porzellanfiguren.

Sie schubst mich um. Dreht mich auf den Rücken und untersucht meinen Schwanz, als wäre ich Teil einer medizinischen Untersuchung. Sie spannt und dehnt meine Vorhaut, dreht und zwirbelt sie zwischen ihren Fingern. Ich schäme mich und komme mir unhygienisch vor. Ich habe das Gefühl, sobald sie meine Vorhaut zurückzieht, ist der ganze Raum beschmutzt.

Sie zieht die Vorhaut straff zurück, ich denke, sie zerreißt das kleine Bändchen zwischen Eichel und Vorhaut.

»Weißt du, dein Penis müsste so aussehen, nicht mit so einem schlabbrigen Häutchen dran«, sagt sie lachend. Ich finde das nicht lustig.

»Schließt du mich kategorisch als Sexpartner aus, nur weil ich eine Vorhaut habe?«, frage ich.

»Irgendwie schon«, sagt sie.

»Hm, Scheiße, oder?«

»Nein, gar nicht, ich habe das noch nie gesehen. Warum schneidest du sie nicht ab?«

»In Deutschland macht das keiner.«

»Aber die Amerikaner, die machen das doch auch.«

»Ja, aber in Deutschland nicht.« Und schon kochen wieder seltsame Holocaustgedanken in mir hoch. Die ich aber auf gar keinen Fall weiter vertiefen möchte, während eine Frau meinen Penis untersucht.

»Ach, ist auch egal«, sagt sie und beugt sich mit ihrem Gesicht über meinen Schoß. Ich stütze mich auf meine Ellbogen und starre die Decke an. Es fühlt sich seltsam an. Irgendetwas macht sie da mit meinem Schwanz, denke ich. Vermutlich will sie mich erregen. Aber sie berührt mich so unbeholfen. Sie traut sich nicht, meinen Penis in den Mund zu nehmen, während ihre schmale Hand, die Stunden vorher so selbstsicher meinen Nacken hielt, meinen Schwanz berührt, merke ich, dass sie von meiner Vorhaut gänzlich überfordert ist.

Ich ziehe sie zu mir und lege sie auf meinen Bauch und meinen Vorhautpenis, für den ich mich das erste Mal in meinem Leben schäme. Ich schüttle still den Kopf und sehe sie dabei an.

Sie lächelt, ihre Augen glänzen zum ersten Mal an diesem Abend fröhlich.

»Ich kann das nicht«, sagt sie. »Ich weiß einfach nicht, wie man einen Penis mit Vorhaut anfasst.«

»Ist okay«, lüge ich und drehe sie auf den Rücken. In derselben Handbewegung ziehe ich ihre Hose aus, streife den Slip von ihren Hüften, küsse ihren weichen Bauch, lege mich zu ihr und meine Hand auf sie.

Sie kommt wenig später still und schläft dann zitternd in meiner Armbeuge ein. Ich schlafe, wenn auch unruhig, neben ihr. Sie hält meinen Arm und atmet leise, während ich mir vorstelle, wie es gewesen wäre, mit ihr zu schlafen. Kurz bevor ich einnicke, denke ich, dass ich wirklich gern mit ihr geschlafen hätte. Auch wenn ich die ganze Zeit befürchtet hätte, dass sie mir Ober- und Unterlippe abbeißt. Sie ist trotzdem Nummer sechsundsiebzig.

Am frühen Vormittag, nach nur wenigen Stunden Schlaf neben ihr, wache ich auf. Mein Gehirn scheppert. Meine Beine zittern. Ich stehe vorsichtig auf, versuche, die lippenbeißende Neema nicht zu wecken, ziehe mich leise an und verlasse, nicht ohne von einem mir bis zu diesem Zeitpunkt unbekannten Mitbewohner böse Blicke zu ernten, die Wohnung. Ich fühle mich für einen kurzen Moment, als hätte ich Neema in der vergangenen Nacht sediert und vergewaltigt. Zumindest lässt mich der fremde Mann in der Küche, vermutlich ein Mann ohne Vorhaut, das spüren.

Ich spaziere durch den Außenbezirk von Tel Aviv. Geschäftigkeit, es ist Sonntag, ein Tag ohne größere Bedeutung in der jüdischen Welt. Ich empfinde das als eine angenehme Abwechslung zur trauerhaften Sonntagsstimmung in Deutschland. Und es kommt mir in den Sinn, dass ich an einem Sonntag nicht ausgehen kann, weil in Israel allerdings wie überall sonst auf der Welt am Ende des Wochenendes wenig los ist. Mir ist das eigentlich ganz recht, da ich ja ohnehin von meinen ständigen Ausflügen ins internationale Nachtleben schon gelangweilt bin.

Ich bestelle mit meinen letzten Schekel einen Milchkaffee in einem Straßencafé und entscheide mich, Omri anzurufen, um ihm von meinen Erlebnissen zu erzählen.

Kurz Zeit später sitzt er im Straßencafé neben mir, mit einer großen Sonnenbrille auf der Nase, mit der er seine verkaterten Augen vor der hellen und warmen Wintersonne schützt. Wir sitzen beide lange Zeit still nebeneinander und beobachten den unaufgeregten Straßenverkehr. Kinder spielen sorglos auf den Spielplätzen, die von blühendem Hibiskus umwachsen sind. Orthodoxe Juden spazieren unbekümmert, lachen und diskutieren, während dicke amerikanische Touristen mit ihren Kameras die Architektur fotografieren.

»Und, hast du gestern noch gebumst?«, fragt mich Omri.

»Na ja, nicht richtig«, gebe ich zu.

»Wieso, was ist passiert?«

»Ich habe eine Vorhaut, das hat sie etwas verwirrt.« Omri lacht in sein Getränk, er lacht, als würde es gleich aus einem seiner Nasenlöcher sprudeln.

»Vorhäute sind hier nicht so gebräuchlich, weißt du?«

»Ja, weiß ich jetzt«, sage ich zerknittert. Er fragt mich, ob ich Lust hätte, mit ihm und der Münchnerin nach Jerusalem zu fahren, er würde mir gern die Stadt zeigen. Ich stimme ihm zu, wir trinken unsere Getränke aus und verabreden uns für wenige Stunden später vor meinem Hotel.

Jerusalem bietet nicht so viel Abwechslung wie Tokio oder so viel Gefühl wie New York oder so viel Chaos wie Bangkok, nein, es fühlt sich vor allem religiös an. Das können nicht viele Städte von sich behaupten. Während wir durch Jerusalem spazieren, passieren meinen Weg katholische Nonnen, erhaben durch die Straßen blickende Rabbiner und laut redende Muslime.

An jeder Straßenecke, zumindest habe ich das Gefühl, ist hier mit Jesus irgendetwas angestellt worden. Hier wurde er ausgepeitscht, da ist er gestolpert, hier wurde er gesteinigt, überall hängen mehrsprachige Schilder über die Innenstadt verteilt. An der Stelle, an der er gesteinigt wurde, entscheiden die Münchnerin, Omri und ich uns dafür, etwas zu essen. Wir sitzen still beieinander. Offensichtlich hatten die Frau aus Süddeutschland und Omri letzte Nacht doch noch einmal Sex, sie fühlen sich beide nicht sehr wohl dabei. Ich muss innerlich lachen, denn das postkoitale, peinliche Frühstück besteht auch in Berlin aus nichts anderem als sich gegenseitig ausweichenden Blicken, einer trockenen Scheibe Brot und wiederholtem Auf-die-Armbanduhr-Schauen.

»Also, ich mag den Kontrast zwischen Tel Aviv und Jerusalem«, bricht die Münchnerin das Schweigen. Niemand reagiert. Omri nicht, weil es ihm vielleicht peinlich ist, dass sie eine derart triviale Aussage von sich gibt, ich nicht, weil ich mich wenig auskenne und keine Ahnung habe, was ich sagen soll.

»Lass uns lieber ein bisschen über deine Reise reden«, sagt Omri und schneidet damit ein mir angenehmeres Thema an. »Ich bin auch schon viel rumgekommen und hatte überall eine Freundin«, sagt er in einem großkotzigen Ton, der aber nicht unsympathisch ist. »Wo geht's als Nächstes hin?«, will er wissen.

»Erst nach Dubai, dann Indien und danach Thailand und so weiter«, zähle ich auf.

»Cool, ich hatte mal eine Freundin in Thailand«, sagt er und erzählt mir waghalsige Geschichten über thailändische Frauen.

»Woher weißt du, dass es keine Nutte war?«, frage ich.

»Ich habe keine Ahnung, ob es eine Nutte war«, sagt er. »Aber es war geil mit ihr, sie wollte sogar irgendwann, dass wir das Kondom weglassen, aber das war mir dann zu viel. Nach zwei Wochen haben wir uns getrennt und ich bin wieder nach Hause.«

»Und dann?«

»Na ja, manchmal schreibt sie mir noch, aber es war halt ein Urlaubsflirt, mehr nicht.«

Die Münchnerin starrt pikiert in Omris glattes Gesicht. Er merkt es nicht. Es erinnert mich daran, dass sie, so wie ich, auf der Suche nach etwas Ernsthaftem ist. Vielleicht ist Omri nicht der Richtige dafür. Vielleicht bin ich es.

»In Indien hat ein Freund von mir eine Frau, es gibt in Mumbai eine jüdische Gemeinde.« Er schreibt mir die Telefonnummer seines Freundes in Mumbai auf.

»So, ich lass' euch jetzt mal allein«, sagt Omri, während er aufsteht, das Geld passend auf den Tisch legt und geht. »Ich muss hier noch ein bisschen was erledigen.«

Während er das sagt, verzieht die Münchnerin ihr Gesicht, ich frage mich, was man in Jerusalem erledigen kann. Drogen kaufen wohl kaum, vielleicht möchte er kleine Jesusse kaufen?

Wir sitzen beide sehr lange, sehr still am selben Tisch. Irgendwann atmet sie schwer ein, ihr kleiner Busen hebt und senkt sich. Mit ihren manikürten Fingernägeln fährt sie sich kunstvoll, wie mit einer Harke, durch ihre dunklen Haare.

»Ich bin Rosa«, sagt sie. Und für einen kurzen Moment bin ich verwirrt, ertappe mich dabei, sagen zu wollen »Ich bin noch ein bisschen blau«, weiß aber, dass Witze mit Namen immer bescheuert sind und nach hinten losgehen. Ich stelle mich vor, und wir schütteln uns hölzern die Hand.

»Zeig mir die Stadt, wenn du magst, dann müssen wir uns nicht unterhalten«, sage ich.

»Okay«, antwortet sie mir.

Selbstverständlich gehört zu einer Jerusalembesichtigung auch der Besuch der Klagemauer. Als Atheist war ich von religiösen Pilgerstätten nie sonderlich begeistert – weder Riesenbuddhas mit Hakenkreuzen auf dem Bauch noch irgendwelche beknackten Marienabbildungen im Putz irgendwelcher französischer Bauernhäuser haben mich wirklich vom Hocker gerissen. Meistens waren Pilgerstätten immer nur Orte mit einer hohen Konzentration bekloppter Menschen, die paralysiert irgendetwas gestreichelt, angebetet oder angeglotzt haben.

Die Klagemauer ist anders. Ich stehe mit Rosa hinter einer Absperrung und blicke auf eine pockennarbige Mauer, vor der Hunderte von Menschen in mir nicht nachvollziehbaren Riten seltsame Dinge tun. Auf der linken Seite die Männer, auf der rechten Seite die Frauen.

Einige der Männer schnüren sich gefährlich eng ihre Gebetsbänder um den Arm, andere lachen und feixen, wieder andere sind zu alt und sitzen auf einem Stuhl. Ein paar kleine Jungen schmeißen sich Süßigkeiten an den Kopf.

»Die feiern gerade Bar-Mizwa«, erklärt mir Rosa, während ich mit offenem Mund das Treiben beobachte.

Hinter mir findet eine Prozession mit Shofar, das sind diese Trompeten aus Widderhorn, statt, es fühlt sich so an, als wäre ich für einen kurzen Moment Teil einer äußerst eingeschworenen Gemeinde. Ich stehe mittendrin, als Deutscher, und beobachte eine Kultur, die es vor achtzig Jahren so noch in Berlin, München und Köln gegeben hat, die heute jedoch nicht mal mehr rudimentär vorhanden ist.

Es schaudert mich. Die Großeltern der anderen haben sie alle verraten. Ich fühle mich seltsam, ich weiß nicht, was ich sagen soll. Alle hier, jeder Einzelne, trägt irgendein Trauma in sich, für das Deutschland verantwortlich ist. Und trotzdem ist es so, dass die meisten Menschen in Deutschland sagen: »Ooch, diese Judendiskussion, ich kann's nicht mehr hören!«

Vielleicht liegt es daran, dass wir es nicht sehen, diese Kultur, diese Religion, dass wir keine Berührungspunkte haben. Für die meisten von uns ist ein Gespräch über das Judentum genauso naheliegend wie das Wormser Konkordat. Es ist Geschichte, es ist Vergangenheit, aber hier, an der Klagemauer, wird einem bewusst, dass diese Geschichte nicht abgeschlossen ist. Dort an der Mauer sitzen die achtzigjährigen Überlebenden mit tätowiertem Stigma auf dem Arm, mit ihrer schwarzen Kippa, und daneben toben Kinder mit einer Star-Wars-Kippa und einem Stigma im Kopf, weil ihr Großvater entweder ständig über seine Vergangenheit spricht oder eben gerade nicht. Geschichten, die wir nur von Guido Knopp kennen, so schlimm das auch ist, werden hier körperlich. Mir bleibt die Spucke weg. Ich drehe mich zu Rosa und sage ihr mit zerdrückter Stimme, dass ich traurig bin.

»Warum?«, fragt sie mich.

»Weil es das nur hier gibt«, sage ich.

»Klar, was soll denn die Klagemauer auch woanders?«

Ich bin von ihrer flapsigen Antwort etwas enttäuscht.

»War'n Witz, ich weiß, was du meinst«, sagt sie, »aber komm nicht auf die Idee, so zu werden wie viele Deutsche, die entwickeln so eine Semitophilie, weil sie sich schuldig fühlen.« Viel zu spät, denke ich.

»Lass uns gehen«, sage ich.

Ich habe noch zwei Tage in Israel. An den letzten beiden Tagen treffen Rosa und ich uns sehr oft, eigentlich verbringen wir die gesamte Zeit miteinander. Sie zeigt mir Tel Aviv, wir sparen uns das Nachtleben. Ich würde fast behaupten, wir absolvieren ein Kulturprogramm, wie ich das so nur auf Städtereisen mit meinen Eltern früher gemacht habe. Und ich finde das sehr schön, es ist eine Abwechslung zum Trinken-schlafen-trinken-Programm der vorherigen Reiseziele. Es fühlt sich sehr nah an, unser Verhältnis. Näher als zu Cannelle, näher als zu Patrycia. Und das, obwohl ich sie eigentlich als arrogantes Miststück abgehakt hatte. Es ist ruhig, vielleicht hat mir das gefehlt, bis jetzt. Ruhe.

Chanukka hat begonnen, wie in einem Louis-de-Funès-Film tanzen Juden auf offener Straße vor den in ganz Tel Aviv aufgestellten Kerzenständern. Ich bin beeindruckt von der Fröhlichkeit und kann mich nicht erinnern, dass im Katholizismus so viel Spaß herrscht. Zu Weihnachten sitzt der Papst in sich eingesunken in Rom herum und brabbelt irgendwelche Wünsche für die Welt auf Latein vor sich hin. Chanukka in Israel ist erheblich lustiger, mit Schnaps und Tanz und Freundlichkeit.

Rosa und ich passieren eine Gruppe im Kreis tanzender Juden, sie hält mittlerweile meine Hand. Wie eine Freundin. Der Groll, den ich zu Beginn für sie empfunden habe, ist verschwunden. Ihre Arroganz hat sie abgelegt und durch Anschmiegsamkeit ersetzt. Sie lacht auch nicht mehr ständig übertrieben laut, sondern hört im Gespräch aufmerksam zu. Oft, sie merkt nicht, dass ich es merke, sieht sie mich an, beobachtet mich. Ich glaube, sie will mich küssen. Ich verspüre ein warmes Bedürfnis danach, ihren kleinen Körper endlich in meine Arme zu nehmen und ihr einen fast schon väterlichen Kuss auf die Stirn zu pressen.

»Fröhliches Chanukka«, sagt der tanzende Jude auf Hebräisch zu mir.

»Oh, danke«, sage ich auf Englisch.

»Ui, wo kommst du her?«, fragt er mich.

»Aus Deutschland.«

»Hm«, murmelt er weniger fröhlich. Die Geschichte meines Landes ist hier erheblich aktueller als bei uns.

»Hm«, sagt er ein zweites Mal und gießt mir etwas Wodka in einen Plastikbecher. Ich trinke ihn hastig aus und gehe mit Rosa auf die andere Straßenseite.

Es ist warm, die Sonne geht schon schlafen, während wir plaudernd durch die Straßen von Tel Aviv gehen. Wir trinken beide Kaffee aus Pappbechern. Sobald meine Hand die ihre loslässt, sei es, weil ich Geld aus meiner Hose hole oder mir eine Zigarette anstecke, wartet sie kurz und greift sofort wieder danach.

»Ich suche Nähe«, sagt sie. »Hier in Israel ist Nähe ein seltenes Gut. In meiner Generation dreht sich alles um Schnelligkeit. Die Männer müssen bald zum Wehrdienst, die Frauen auch. Wir haben Angst zu sterben, aber leben in keinem richtigen Kriegsgebiet. Es gibt keine Toten auf offener Straße, keine verrottenden Kinderberge. Nichts dergleichen. Die Angst vor dem Krieg, der Krieg selbst lebt in unseren Köpfen«, sagt sie traurig. »Deswegen ist unser Leben hier so anders. Es ist westlich geprägt, wir verhalten uns auch westlich. Also Drogen, Sex, Alkohol. Aber eigentlich wollen wir nur unsere Ruhe. Niemand möchte das hier zugeben.

Was nützt eine Beziehung, wenn man eh nächste Woche zur Armee muss?«, fragt sie mich.

Ich weiß keine Antwort. Wir stehen an einer Kreuzung, ich drehe mich zu ihr, sehe in ihre Augen. Ich will jetzt keine kitschige Szene, ich will sie einfach nur küssen, denke ich.

Ich beuge mich vorsichtig nach unten, und während mein Kopf ihrem Kopf näher kommt, sehe ich, wie sie ihre Augen schließt und ihre Lippen leicht öffnet. Wir küssen uns, an einer

Ampel, ohne zu beißen, sehr zärtlich und mit vom vielen Reden trockenen Mündern. Sie greift in meine Hüfte und atmet schwer aus. Es ist, als würde ich in diesem Moment eine Sehnsucht befriedigen, die schon lange in ihr vibriert.

Wir hören nicht auf, uns zu küssen, es ist kein sexuelles Küssen, sondern liebevoll. Mit Lippen, die absetzen und sich erneut finden, und Mündern, die miteinander reden, ohne Worte zu verwenden. Ich bin verunsichert, weil ich weiß, ich kann ihr nicht das geben, was sie braucht. Ich werde in weniger als 24 Stunden zum Flughafen Ben Gurion fahren, mein Gepäck akribisch durchsuchen lassen und das Land verlassen. Sie wird noch bleiben, irgendwann wieder nach München fahren und dort ihr Leben als laut lachendes, arrogantes Mädchen mit Perlenohrringen leben.

Sie setzt ab, sieht mich an und fragt: »Werden wir uns treffen, wenn wir beide wieder in Deutschland sind?«

Ich sehe sie an, überlege einen Moment und versuche möglichst ehrlich zu antworten: »Nein, ich glaube nicht. Wir mögen uns hier, weil wir isoliert sind. Von allem. In Deutschland würden wir uns nicht mögen.«

»Schlaf heute bei mir«, sagt sie.

»Ja, das kann ich machen«, sage ich.

DUBAI

Manchmal frage ich mich, in welcher Welt ich lebe. Ahnungslos habe ich in Israel meinen Pass stempeln lassen. Einfach so, ich habe mich sogar ein wenig darüber gefreut, einen weiteren Visavermerk in meinen Ausweis zu bekommen, weil es der untrügliche Beweis ist, dass ich unterwegs bin, dass ich unterwegs war.

Israelische Sicherheitsbeamte haben jeden Schlüpfer in meinem Gepäck nach möglichen Sprengstoffspuren untersucht, jedes meiner Gepäckstücke ist aus- und wieder eingepackt worden, bevor ich endlich das Flugzeug nach Dubai besteigen durfte. Und das alles nur, um in Dubai dann wie ein israelischer Selbstmordattentäter behandelt zu werden.

Mein Stempel im Pass wird mir zum Verhängnis, obwohl ich in Dubai nur vier Tage hätte bleiben wollen, auf Transit bis zu meiner Weiterreise nach Indien.

Ich habe gegen muslimische Länder gewisse Ressentiments. In muslimischen Ländern trinkt niemand Alkohol, außer heimlich. Die Frauen verstecken ihre wahre Identität hinter fließenden Gewändern, jeder, der kein Muslim ist, ist ein Sünder. Und ich weiß inzwischen gar nicht mehr so genau, ob das meine eigene Meinung ist oder die Meinung der Nachrichten seit dem Attentat auf das World Trade Center.

»Warum haben Sie einen israelischen Stempel in Ihrem Pass?«, fragt mich der Mann bei der Einreise.

»Weil ich dort im Urlaub war«, sage ich wahrheitsgemäß.

»Warum fahren Sie nach Israel in den Urlaub?«

Ich habe das Gefühl, dass es auf diese Frage nur eine einzige richtige Antwort gibt. Wenn ich sage: »Weil ich Juden mag«, bin ich raus, wenn ich sage, dass ich die Geschichte des Landes schätze, bin ich vermutlich Teil der zionistischen Weltverschwörung, wenn ich sage, dass ich gern mal mit einer israelischen Frau schlafen wollte, werde ich gesteinigt. Leider weiß ich die eine, die richtige Antwort nicht.

»Ich studiere Nahoststudien in Berlin«, lüge ich den Grenzbeamten an.

»Aha. Zeigen Sie mir doch bitte mal ihren Studentenausweis.«

Ich schlucke.

»Den habe ich nicht dabei.«

Der Beamte sieht mich misstrauisch an und nimmt den Stempel in die Hand. Ich bin erleichtert, bis ich merke, dass der Stempel nicht sagt: »Einreise erlaubt«, sondern: »Einreise bis auf weiteres verweigert«.

Mir steht der Schweiß auf der Stirn. Und was dann kommt, fühlt sich an wie ein schlechter Agentenfilm.

Zwei weitere Beamte nehmen mich in Beschlag und führen mich in einen Raum, der besetzt ist mit schwerbewaffneten Soldaten, unsicher blickenden Touristen und ein paar gefährlich aussehenden Typen aus vermutlich einem mir unbekannten afrikanischen Land. Die Touristen blicken mich mitleidig an. Ein Pärchen aus Dänemark, beide genauso unsicher blickend wie ich, stellt mir eine Unheil verkündende Frage: »Auch einen Stempel aus Israel im Pass?«

»Ja«, gebe ich zähneknirschend zu. Klar, ich hätte wissen können, dass Israel kein beliebtes Nachbarland ist. Selbst in Indonesien wird einem die Einreise mit dem sogenannten hebräischen Tattoo verweigert. Aber ich dachte, ein Emirat wie Dubai, weltoffen, wirtschaftlich führend, bewohnt von halbseidenen Europäern, sei unproblematisch in Bezug auf seine Einreisebestimmungen. Ich habe mich geirrt.

Ein Sicherheitsbeamter nimmt mich förmlich am Arm und führt mich in einen Raum, in dem ich vermutlich befragt werden soll. Nichts an diesem Raum ist schön, reich oder luxuriös, nichts ist hier so, wie man das von Dubai erwartet. Stattdessen: ein grauer PC, eine Sprelakatholzplatte und zwei Stühle. Wenigstens ist der Raum zu klein, um mich zu foltern, denke ich, während ich auf dem unbequemeren der beiden Stühle Platz nehme.

Der Sicherheitsbeamte sieht mir ins Gesicht und mustert mich, dann blickt er auf einen Stapel Papiere und sieht mich wieder an.

»Warum haben Sie gelogen?«, fragt er mich direkt.

»Ich, wie, was meinen Sie?«, antworte ich, als wäre ich während eines Diebstahls erwischt worden.

»Sie haben gesagt, Sie seien Student der Nahoststudien, ich habe Ihren Namen gegoogelt, so wie es aussieht, sind Sie Journalist.« Ich bekomme es mit der Angst zu tun und wähne mich schon mit einem Bein in einem arabischen Terrorknast.

»Ich arbeite nebenbei als Journalist«, sage ich.

»Und worüber schreiben Sie? Über den Nahen Osten?«

»Nein, über Videospiele.« Glücklicherweise schreibe ich tatsächlich sehr oft über Videospiele, und die ersten paar hundert Einträge bei Google sind lieblose Rezensionen zu Spielen wie Tetris oder den Sims.

»Ich mag Videospiele«, sagt der Beamte, und sein Gesicht bekommt plötzlich nette Züge. »Am liebsten mag ich Geschicklichkeitsspiele, können Sie mir da eins empfehlen?«

Ich glaube ihm nicht. Ich glaube, die Frage ist ein Test. Ich sage: »Also, als Klassiker ist Tetris ungeschlagen, aber ein aktuelles Geschicklichkeitsspiel?« Für einen kurzen Moment vergesse ich meine Sorgen, ziehe mein iPhone aus der Hosentasche und zeige ihm ein Knobelspiel, bei dem es darum geht, kleine Murmeln geschickt in einem Labyrinth zu bewegen. Er lacht.

»Und warum waren Sie jetzt in Israel?«, fragt er plötzlich und unerwartet streng.

»Ich habe Urlaub gemacht.«

»Wie stehen Sie zum Israel- und Palästinakonflikt.«

»Ich bin da völlig unpolitisch.«

»Als Nahost-Student?«

»Ich interessiere mich für die Geschichte Syriens.« Ich bin mir bewusst, dass ich mich mit dieser Aussage auf absolutem Glatteis bewege. Aber ich bin verzweifelt und hoffe darauf, dass wir gleich wieder über Videospiele reden werden.

»Ach was, ich bin Syrer.«

Scheiße.

Und dann sprudelt es aus mir heraus. Ich erzähle ihm die Wahrheit. Ich erzähle ihm von meiner großen Liebe und meiner Reise und dass ich Frauen kennenlernen möchte und dass ich diese eine Frau vergessen möchte. Ich erzähle ihm von der Wette mit meinen Freunden und erkläre ihm, dass ich in Israel war, weil ich gehört habe, die Frauen seien da so schön, weil sie aus allen Teilen der Welt dorthin gekommen sind. Wegen Diaspora und Verfolgung und so.

Der Sicherheitsbeamte hört mir aufmerksam zu, unterbricht mich nicht, ich rede so schnell Englisch, wie ich kann, damit die expliziten Details meiner Reise im Genuschel untergehen. Als ich fertig bin, sacke ich dramaturgisch wirkungsvoll in mich zusammen.

»Aber mit unseren Frauen können Sie nicht einfach so schlafen. Das wissen Sie, oder?«

»Ja, das weiß ich, eigentlich wollte ich hier auch nur einen Zwischenstopp machen.«

Er lächelt wieder und sagt: »Das ist die beste Ausrede, die ich je in meinem Leben gehört habe, und sie ist so wirr, dass ich Ihnen einfach mal glauben will.« Er holt aus einer Schublade einen Stempel und fügt meinem Pass die Einreiseerlaubnis hinzu.

Ich bin wirklich sehr erleichtert. Und ich frage mich etwas verwirrt, ob die Geschichte, die ja tatsächlich der Wahrheit entspricht, tatsächlich so befremdlich ist. Vielleicht schon. Während ich aufstehen will, greift er nach meiner linken Hand und schüttelt sie. Er wünscht mir viel Glück und entlässt mich.

Ich verlasse den Flughafen und nehme ein Taxi zu meinem Transferhotel. Es ist tief in der Nacht, ich habe das Gefühl, ich fahre auf einer endlosen Straße durch die Wüste. Je näher ich der Stadt komme, desto mehr verwandelt sich der Wüstensand erst in kleine, irgendwie arabisch wirkende Wohnhäuser und später in die berühmten Hochhäuser von Dubai. Sie glitzern tatsächlich, so wie man es aus den zahlreichen Dubaireportagen kennt.

Selbst nachts wirkt hier allerdings nichts schön, sondern alles scheint protzig und angeberisch. Die Innenstadt von Dubai besteht auf den ersten Blick ausschließlich aus Shoppingcentern und mächtigen Hochhäusern. Ich habe das Gefühl, als hätten die Architekten aus Europa hier ihren guten Geschmack vergessen. Riesige Betongebäude, die meist an der Spitze mit seltsamen maurischen und arabischen Elementen geschmückt sind, also mit Bögen und gefliesten Winkeln. Jedoch nicht in einer angenehm filigranen Größe, sondern immer megaloman. Einer dieser Bögen würde sich wunderbar als Brücke über die breiteste Stelle der Spree eignen, denke ich, während mein Taxi vor einem erstaunlich luxuriösen Hotel stehen bleibt.

Es ist das Jumeirah in Dubai. Ein absolutes Luxushotel. Ich sehe zum Taxifahrer und frage, ob wir hier richtig sind. Er dreht sich zu mir um und sagt, dass hier die Transittouristen von den Fluggesellschaften untergebracht würden. Die Arabischen Emirate wollen sich schließlich nicht lumpen lassen und bringen die Touristen eben in den teuersten und edelsten Hotels unter – als Leistung, die im Flugticket inbegriffen sei.

Ich nicke zufrieden und freue mich, nach so vielen Jugendherbergen und seltsam lieblos eingerichteten Apartments heute im stillen Luxus eines teuren Hotels zu übernachten.

Nachdem die Einreise so unglücklich begann, scheint jetzt alles perfekt. Nicht nur, dass ich in einem mit schwarzem Marmor und riesiger Lobby ausgestatteten Superhotel bin, nein, mein Zimmer wird sogar noch hochgestuft. Ich bekomme eine Suite mit drei Zimmern. Ich bin baff.

Im 36. Stockwerk beziehe ich ein Apartment, das ich so noch nie in meinem Leben gesehen habe. Arbeitszimmer mit Schreibtisch, Fax und Blick über Dubai, Schlafzimmer mit Bodenfenstern und angeschlossenem Bad und einer Badewanne, die direkt am Fenster steht.

Ich lasse mich fallen, lege mich auf die Couch und schlafe sofort ein.

Das dänische Pärchen vom Flughafen sitzt mir während des Frühstücks gegenüber. Ich winke ihnen kauend zu und fühle mich etwas seltsam, wie ich so allein in Dubai und mit vollem Mund und butterverschmiertem Messer zu diesen Menschen hinübergrüße, die ich nur kenne, weil uns gemeinsam die Einreise verwehrt werden sollte.

Sie winken mich zu sich. Ich setze mich an ihren Tisch, aus der Nähe erkenne ich, dass der junge Mann tatsächlich eine sehr hübsche dänische Freundin hat. Sie ist groß, schlank und trägt ihr blondes Haar gepflegt geglättet. Grüne Augen, zarte Lippen, weiße Zähne. Sie hat ein Lippenbandpiercing, das ihrem Lächeln eine seltsame Note gibt und ihr gesundes Zahnfleisch zur Geltung bringt. Sie grüßt mich überschwenglich und stellt sich als Laura vor, seinen Namen kann ich nicht verstehen, ich stutze aber etwas, als er meine Hand ergreift und sie schlaff schüttelt.

Ich stelle mich vor und erzähle eine alberne Geschichte, dass ich mein Studium abgeschlossen hätte und mir jetzt die Welt anschauen möchte. Sie sehen mich beide interessiert an und erklären, dass sie auf dem Weg nach Thailand seien und hier in Dubai lediglich einen Zwischenstopp hätten machen wollen. Vor zwei Jahren hätten sie einen Ausflug nach Israel gemacht und die Reise längst wieder vergessen, bis sie der unhöfliche Grenzbeamte daran erinnert habe.

Was für ein glücklicher Kerl, denke ich. Offenbar sind die beiden schon sehr lange zusammen, so vertraut, wie sie miteinander umgehen. Ohne zu fragen, bringt er immer die richtigen Sachen vom Frühstücksbuffet mit, und jedes Mal, wenn er einen vollen Teller vor ihr abstellt, tätschelt er ihre Schulter. Irgendwie vertraut, aber eigentlich auch fremd. Es verunsichert mich, weil ich es vermisse. Vertraut sein, zarte Gesten austauschen, die bekannt sind, aber nicht gewohnt.

Je länger wir miteinander sprechen, desto attraktiver erscheint mir Laura. Unbeholfen stolpert sie, mit in der Poritze eingeklemmten Rock, zum Buffet. Sie krümelt beim Essen den Tisch voll und stützt sich später in den Brotresten auf, so dass sie nach kurzer Zeit panierte Unterarme hat. Überhaupt habe ich das Gefühl, dass sie erstaunlich viel essen kann. Während ich zum Frühstück zwei Toasts mit Butter esse und zwei Kaffee dazu trinke, futtert sie sich einmal durch das komplette Essensangebot. Ihre Hände bewegen sich ununterbrochen, genau wie ihr Mund. Krümel, Ananasstückchen, Fleischreste sprudeln aus ihrem Mund genauso schnell wie ihre Wörter und Informationen. In Kombination mit ihrer Schönheit, ihrem symmetrischen Gesicht, den glatten blonden Haaren und ihren grünen Augen wirkt diese attraktive Grobheit insgesamt sehr anziehend.

Während sie mit mir spricht, sitzt ihr Freund still daneben und blickt sie fasziniert an. Es ist zwölf Uhr, wir sind die letzten Gäste im Speisesaal. Laura und ich können nicht aufhören zu reden. Sie will alles von mir wissen, und mir geht es nicht anders, ich stelle eine Frage nach der nächsten. Mir fällt es immer schwerer, meine Geschichte vom diplomierten Studenten aufrechtzuerhalten.

Aber wir haben keine Zeit, das wissen wir beide, auch wenn wir uns so außergewöhnlich gut verstehen, dass aus unserem Treffen vielleicht mehr werden könnte, und ich finde es auch sonderbar, dass sie mit mir spricht, als wäre ihr Freund nicht anwesend. Ich schiebe diese offene Art auf ihre liebenswürdige Dörflichkeit und damit auf eine gewisse Unschuld. Ich selbst stelle mir derweil vor, wie ich mit ihr in meiner unendlich großen Badewanne liege und ihre blonden Haare über meine Schulter fallen und wir anschließend die Weltreise probeweise zu zweit fortführen.

Wir verabreden uns nach einem scheinbar endlosen Gespräch für den nächsten Tag, wir wollen uns gemeinsam Dubai ansehen. Wir stehen vom Tisch auf, und sie nimmt mich in den Arm, als wären wir uns seit tausend Jahren bekannt. Meine Hände liegen auf ihren festen Hüften, ihre Arme um meinen Hals. Während sie ihre Umarmung lockerte, fährt meine Hand an ihrer Taille entlang. Sie blickt mich ungläubig an, lächelt aber verlegen. Ihr Freund steht daneben, beobachtet alles, verabschiedet mich aber ebenso herzlich.

Ich bin kein eifersüchtiger Mann. Nur selten misstraue ich Frauen an meiner Seite, eher reizt es mich, wenn andere Männer meine Freundin begehren, beweist es mir doch, dass ich eine Frau habe, die heiß ist. Aber das? Das geht zu weit. Würde ich sehen, wie ein Mann seine Hand um die Hüfte meiner Freundin legt, um sie mehr als zärtlich wieder abzunehmen, würde ich eingreifen und vermutlich so etwas sagen wie: »Ey. Was soll das?«

Er aber lächelt zufrieden zu mir herüber.

Ich gehe auf mein Zimmer, packe meine Sachen und nehme den Telefonhörer in die Hand. Kein Freizeichen. Sofort eine Stimme.

»Was kann ich für Sie tun?«

»Hallo?«, frage ich ins Telefon.

»Hier ist Ihr persönlicher Concierge, ich stehe Ihnen 24 Stunden am Tag zur Verfügung«, antwortet die Stimme.

»Äh. Hallo. Ich würde gern wissen, wo ich hingehen kann, um junge Dubai-äh-ianer kennenzulernen.«

»Sie möchten also Frauen kennenlernen«, sagt die Stimme wissend.

»Irgendwie schon«, gebe ich zu.

Er diktiert mir eine Adresse, und ich lege höflich auf.

Ich stehe vermutlich vor dem einzigen alten Haus in Dubai. Es ist ein flacher Bau, irgendwann in den Siebzigern hochgezogen. Verspiegelte Scheiben in der ersten Etage, und wenn ich meinen Kopf in den Nacken lege, sehe ich, dass auf dem Dach lange Tücher gespannt sind. Vermutlich kann man dort sitzen und Wasserpfeife rauchen. Der Concierge hat nicht ausgeführt, um was für Frauen es sich handelt und wie ich sie in einem arabischen Land kennenlernen könnte.

Ich betrete den unteren Raum, gehe eine schmale Treppe hinauf und befinde mich jetzt hinter den verspiegelten Scheiben, ich kann nach draußen sehen. Die Einrichtung ist so, wie ich mir die Wohnung von Nomaden vorstelle. Flache Sitzkissen, auf denen vereinzelt arabische Männer in traditionellen Gewändern sitzen, Teppiche und darauf Tische mit sehr kurzen Beinen. Ich sehe Schälchen mit Hummus, trockene Falafelbällchen und Wasserpfeifen. Niemand trinkt Alkohol. Frauen sehe ich keine. Generell ist es sehr ruhig in diesem, nun ja, Club. Die Männer saugen zufrieden an ihren Pfeifen und pusten den Rauch unter die flache Decke. Kaum jemand spricht. Erst als ich den Raum betrete, beginnt ein leises Raunen. Ich sehe zugegebenermaßen nicht sonderlich arabisch aus in meinem T-Shirt, den Jeans und den ausgelatschten Flipflops, meinen Rucksack geschultert. Ich entspreche eher dem stereotypen Bild eines Touristen, denn zu meiner Kleidung gehört natürlich auch der dichte Schweißfilm, der bei den gefühlten 50 Grad im Schatten hier im Wüstenstaat jedem Nichteinheimischen verliehen wird.

Ich setze mich auf einen der Puffs, winkele meine Beine an und beginne zu warten. Ich spreche kein Arabisch, kann nicht mal danke oder bitte sagen. Sofort bringt mir ein älterer Herr einen Tee und stellt mir eine Wasserpfeife auf den Tisch.

Ich trinke Tee und paffe. Zigaretten sind offensichtlich nicht erlaubt, ich sehe keinen Aschenbecher. Ich warte und warte und überlege, was mein nächster Schritt ist. In dem Moment, in dem ich ansetze, um meine Sitznachbarn auf Englisch zu fragen, was man hier macht, verdunkelt sich der Raum. Seltsame arabische Musik beginnt zu spielen, ein Scheinwerfer leuchtet auf eine Diskokugel, die ich noch gar nicht bemerkt habe. Ich lehne mich zurück.

Ein Kettenvorhang wird zur Seite geschoben, eine kräftige, vielleicht dreißig Jahre alte Frau schiebt sich, fast nackt, in den Raum. Sie trägt einen glitzernden Büstenhalter, einen halbdurchsichtigen Schleier, der an dem schweren Schmuck in ihrem Haar befestigt ist, eine Art Rock, der nur aus einfachen Strippen besteht, die sich um ihre kräftige Hüfte winden. In ihrem Bauchnabel befindet sich eine riesige Modeschmuckblume, warum auch immer. Auf den ersten Blick sieht sie aus wie eine dicke »bezaubernde Jeannie«, mit dunklerer Haut.

Ich bin in einem Bauchtanzklub gelandet. Während in Deutschland der Bauchtanz allerdings häufig das einzige Wochenhighlight vierzigjähriger Hausfrauen darstellt, ist die Angelegenheit in Dubai offensichtlich etwas Halbseidenes. Die Veranstaltung ist auch nicht zu vergleichen mit den Bauchtanzabenden der All-inclusive-Clubs auf Gran Canaria. Die Situation hat etwas Düsteres und tatsächlich auch etwas Obszönes. Selbstgefällige Männer fläzen sich herum, während eine Frau ihre speckigen Hüften schüttelt.

Es ist keine schöne Frau, und ich muss ehrlich zugeben: Wohl fühle ich mich hier nicht. Ich stehe vorsichtig auf, bezahle und gehe. Ich stehe wieder auf der Straße und rufe ein Taxi. Ich will ins Hotel, denn selbst wenn ich den Mut hätte, eine Frau auf offener Straße anzusprechen, wüsste ich, dass ich sie mal nicht so eben auf einen Kaffee einladen könnte. Oder auf ein Glas Wein, um ihre Stimmung zu lockern.

Während der Taxifahrer und ich an der gähnenden Leere der Stadt vorbeifahren, denke ich an Laura, an morgen. Was wir unternehmen werden, ob wir es schaffen werden, dieser Stadt eine gewisse Spannung abzuverlangen. Der Fahrer beschleunigt, drückt mich in den weichen Sitz seines Taxis. Aber noch mehr bedrückt mich meine Langeweile, die langsam beginnt, in das Gefühl von Einsamkeit umzuschlagen. Was tue ich hier, frage ich mich, als wir in eine weitere, unbelebte Straße abbiegen. Will ich das, dieses Reisen? Es drückt immer stärker auf mein Gemüt, ich atme aus, um mich zu beruhigen, versuche mir vorzustellen, was noch alles kommt, aber es jagt mir mehr Angst ein, als dass es mich beruhigt. Ich überlege, ob ich anrufen soll, sie. Der Taxifahrer blinkt, ich erkenne ein Internetcafé. Ich richte mich auf, zeige mit dem Finger, lasse mich aber wieder fallen. Nicht anrufen, denke ich. Nicht. Das hilft mir auch nichts. Wir passieren das Internetcafé und die Chance, meine Exfreundin anzurufen.

Wieder eins, wieder ein Laden mit greller Beleuchtung. Internet, steht da. Ich denke an Skype, an die Möglichkeit, ihre Stimme zu hören. Mich zu beruhigen.

»Stopp!«, sage ich zum Taxifahrer. Er bremst.

»In zehn Minuten bin ich wieder da«, sage ich und begrenze damit meine eigene Redezeit mit ihr. Ich spüre eine Aufregung, eine unbestimmte. Drücke die Tür auf, betrete das klimatisierte Geschäft und setze mich vor einen Rechner. Ich öffne meinen Skypeaccount, wähle ihre Nummer aus dem Kopf. Ein Freizeichen, mein Herz schlägt. Es ist später Abend bei mir, also früher Abend bei ihr. Es klingelt.

Eine Männerstimme sagt ihren Nachnamen.

Ich bekomme einen Schreck. Und fühle mich, als hätte mir jemand direkt ins Gesicht geschlagen.

»Äh«, stammle ich. Und höre aus dem Hintergrund ihre Stimme fragen, wer am Telefon ist.

»Bis jetzt noch niemand«, sagt er zu mir und ihr. Er fordert mich auf, zu reagieren.

»Hier ist Thilo«, sage ich leise.

»Oh«, sagt er.

»Hm«, sage ich.

»Ja?« Warum gibt er mich nicht einfach weiter? »Wer ist es?«, fragt sie wieder im Hintergrund.

»Niemand, hat sich verwählt«, sagt er und legt auf.

Es schmerzt. Ich schleppe mich wie ein Schwerverletzter zum Taxi, sage traurig »weiter« und lasse mich ins Hotel fahren.

Wie verabredet warte ich auf Laura und ihren Freund in der Hotellobby. Wir wollen heute gemeinsam durch die vermutlich langweiligste Stadt der Welt schlendern. Der Schmerz der letzten Nacht zerrt noch an mir.

Unruhig habe ich geschlafen, wollte Pornos im Internet gucken, um mich abzulenken, aber das funktionierte nicht. Das ist in Dubai verboten. Jetzt hoffe ich sogar, die Drögheit dieser Stadt lenkt mich ab. Als ich sie aus dem Fahrstuhl treten sehe, ist sie alleine, kein Freund dabei. Sie verliert kein Wort zu seiner Abwesenheit. Aber sie bestätigt meine Vermutung, dass Dubai vordergründig eine Stadt der Superlative ist, dass sie einem in echt aber wie ein verlassenes Disneyland vorkommt. Wir entscheiden uns gegen ein Taxi und wagen etwas für Dubai völlig Ungewöhnliches: Wir laufen. Niemand in Dubai läuft, am Tag verbrennt man in der gnadenlosen Sonne, und in der Nacht sind alle Menschen irgendwo, aber nicht auf den Straßen. Aber wir wagen es und treten in die heiße Vormittagssonne.

Sie riecht nach Sonnencreme, die sie ungeschickt auf ihrem Körper verteilt hat. Sie wird morgen an einigen Stellen einen Sonnenbrand haben, an anderen aber noch weiß sein. Sie wird aussehen wie eine Landkarte, denke ich, während sie still neben mir läuft. Sie ist nicht so fröhlich wie gestern.

»Hast du dich mit deinem Freund gestritten?«, frage ich.

»Ich habe keinen Freund mehr«, sagt sie.

»Habt ihr euch gestern getrennt?«, will ich verblüfft wissen.

»Wie?«

»Na, der Mann, der mit dir hier ist!«

»Das ist doch nicht mein Freund, der ist schwul, das ist mein schwuler Kumpel.«

»Ach so«, sage ich lachend.

Sie lacht nicht.

Und dann beginnt sie zu erzählen. Und sie erzählt mir die Geschichte, die ich schon so oft gehört habe. Auch sie hat sich getrennt oder wurde getrennt, das ist immer nicht so leicht herauszuhören, und flüchtet jetzt in die Welt, um vergessen zu können. Ich werde skeptisch und denke darüber nach, dass wir vielleicht alle irgendwie kaputt sind. Die Generation, geboren in den 1980er Jahren. Alle haben wir diese verschrobenen Beziehungen hinter uns, immer sind wir auf der Flucht. Ich weiß nicht, ob mich diese Überlegung beruhigen soll, weil wir damit ja alle irgendwann wieder auf dem Markt der Liebenden zur Verfügung stehen. Besonders bei Laura finde ich das irgendwie angenehm. In ihrer groben Schönheit und mit ihren feinen Gesichtszügen ist sie der Typ Frau, bei dem alle Männer vermuten: »Die hat eh einen Freund.«

Wir spazieren für etwa zwanzig Minuten eine grausam langweilige Straße entlang und werden zwischendurch sogar von einem Araber in einem riesigen, auf erfrischende 5 Grad heruntergekühlten Van mitgenommen. Dann entscheiden wir, die Stadt so zu erkunden, wie es hier alle vernünftigen Menschen tun: im Untergrund.

Dubai ist vergleichbar mit einem riesigen Termitenbau. Während sich oben die langen Türme der Sonne entgegenrecken, befindet sich im Untergrund ein unüberschaubares Netzwerk aus perfekt klimatisierten Straßen und Wegen. Zumindest im geschäftigen Teil der Stadt. Und dort schlendert man von einem teuren, unbezahlbaren Geschäft zum nächsten.

Laura macht es offensichtlich Spaß, in die Geschäfte zu starren und die Kleidungsstücke zumindest in ihrer Fantasie zu kaufen, mir bereitet es unbeschreibliche Langeweile. Aber so habe ich genug Zeit, mir Laura genau anzusehen. Ich bin immer noch ganz fasziniert von ihrer einfachen Schönheit, am liebsten würde ich sofort ihre Hand nehmen. Es ist die Sorte Frau, die intelligent ist, aber dem Mann das Gefühl gibt, ihr alles erklären zu dürfen und zu können. Selbst wenn die Erklärung nur ausgedacht und falsch ist. Sie würde liebevoll nicken, die Hand in meinen Nacken legen und mit großen Augen sagen: »Ach, so ist das!«

Während ich sie mit ihrem festen Hintern und ihrem festen Blick beobachte, wünsche ich, wir würden gemeinsam nach Thailand fahren und dort blöden Rucksacktouristenurlaub zu zweit machen. Besonders Thailand ist ein Land, das immer mehr zum Backpacker-Vergnügungspark wird. Alles billig, nichts abenteuerlich, aber trotzdem irgendwie gefährlich. Dort würden wir Ananas essen und abends nackt in einem Bungalow an einem der tausend Strände übernachten. Das wünsche ich mir zwischen dem Louis-Vuitton- und dem Chanel-Flagshipstore, mitten in Dubai, und ich weiß, dieser Wunsch wird sich nicht erfüllen. Ich wundere mich über mich selbst, dass ich tatsächlich so eindeutig in Pärchenlaune bin.

»Wann bist du in Thailand?«, frage ich sie, es stellt sich heraus, dass sich unser Urlaub fast überschneidet.

Später, es ist bereits Nacht, laufen wir still nebeneinander zurück zum Hotel, diesmal ebenerdig, wir reden mittlerweile viel über Sex, und ich erfahre, dass sie das Thema sogar studiert hat. Also nicht Sexualwissenschaften, aber doch Psychologie, um sich später einmal auf die wirren Geister mit ihren seltsamen sexuellen Wünschen zu konzentrieren. Und während wir über Sex sprechen, stelle ich fest, dass sie nicht nur dieser Typ Frau ist, der einem Mann das unaussprechlich wichtige Gefühl gibt, stark zu sein, nein, offensichtlich lockt sie auch mit ihrer Libido. Fast glaube ich, sie ist eine perfekte Frau. Natürlich, ehrlich und dann auch noch sexuell freigeistig. Das ist reizend, und es lockt mich mehr an ihre nackte Brust, als ich es zugeben will.

Meine Gedanken werden von einem Auto unterbrochen, das langsam an uns vorbeifährt. Zwei Araber sehen uns an und beginnen plötzlich, uns zu beschimpfen. Wir sind erschrocken, und sofort fällt mir auf, woran es liegt.

Laura trägt einen kurzen, gestreiften Rock und ein Tanktop, das sie hier, zwischen all den beschleierten Frauen, geradezu nackt erscheinen lässt. Sie beschimpfen sie als Schlampe und mich als Hurenbock. Zumindest hört sich das Wort so ähnlich an. Wir sind beide entsetzt und beschließen, unsere Stadtbesichtigung zu beenden.

Die Sonne ist an irgendeinem Horizont verschwunden, als wir das Hotel erreichen, und ich wünsche mir nichts mehr, als Laura schnellstmöglich wiederzusehen. Ich frage mich, ob ich mich verliebt habe, und denke im gleichen Augenblick an die Frau aus Berlin zurück, an mein kurzes Telefonat mit ihrem Freund, gestern Nacht. Ich frage mich, ob Laura, hier in Dubai, ein Ersatz ist für das, was ich so vermisse. Die vertraute Nähe. Sie ist warm, und ich will diese Wärme, weil ich das Gefühl habe, schon seit Monaten zu frieren.

Nicht mal die Hälfte meiner Reise ist vorüber, und ich könnte mich schon verliebt haben? Ich zweifle an mir selbst, muss aber zugeben, dass Laura wohl die bedeutendste Frau ist, die ich auf meiner bisherigen Reise kennengelernt habe. Weil sie die erste ist, die mir ein Gefühl gibt.

Ich verabschiede mich höflich von ihr, dabei wäre noch genug Zeit, wenigstens zu küssen. Mein Flug nach Mumbai geht sehr früh, wir stehen beide in der imposanten Halle des Hotels. Es ist still, von irgendwo schleimt sich unverfängliche Lobby-Klaviermusik in unsere Gehirne. Die arabischen Geschäftsleute trinken heimlich ihren Whisky, und wir beide sagen uns auf Wiedersehen und meinen es auch so.

Ich nehme sie in meine Arme, ziehe sie zu mir und flüstere in ihr Ohr, ohne Scham und Angst, weil ich weiß, es wirkt nicht aufdringlich: »Du bist schön. Wenn wir uns wiedersehen, lass uns toben.« Ich fühle mich in ihrer Nähe sehr sicher und habe das Gefühl, ich könnte nichts Falsches sagen. Sie lächelt zufrieden, blickt auf ihren Arm, den sie nervös streichelt. Ich erkenne einen blonden Flaum an ihrer Wange, als sie, nun scheinbar doch verlegen, nach unten sieht. Sie blickt wieder auf, lächelt, beißt sich auf die Unterlippe und schiebt sich eine Strähne hinter das Ohr.

»Ich glaube, wir werden uns in Thailand wiedersehen«, sagt sie. »Und dann gehen wir zusammen aus, versprochen.« Sie küsst mich nicht, gibt mir aber dafür ihre E-Mail-Adresse.

INDIEN

Während in Europa die Fluggesellschaften damit prahlen, wie viel Beinfreiheit sie bieten, scheint Air India sich darum nicht kümmern zu wollen. Generell ist der Service dieser Fluggesellschaft ein wenig verstörend. Die Flugzeuge machen nicht gerade einen gepflegten Eindruck. Die Inneneinrichtung könnte das Set zu einem Katastrophenfilm aus den siebziger Jahren sein. Die Stewardessen wirken genervt statt hilfsbereit. Auf dem Weg zu meinem Platz kommt es mir so vor, als würde immer eine fünfköpfige Familie auf zwei Sitzen reisen. Es ist ein volles, lautes, abgeschabtes Flugzeug vergangener Zeiten.

Ich habe aber tatsächlich keinen Nerv, mich näher mit den laxen Sicherheitsbestimmungen zu beschäftigen. Und so sitze ich, mit Musik in den Ohren, eingezäunt von lauten indischen Frauen, die mit dickem, nacktem Bauch Nüsschen knabbern, und von indischen Männern mit lächerlichen Oberlippenbärten, und denke an Laura.

Ich überlege, ob ich sie vermisse. Es ist gestern Abend nichts mehr passiert, keine intimen Berührungen, keine Körperlichkeiten, keine Geständnisse, nur eine liebevolle Verabschiedung in der Lobby des Hotels, dessen Luxus ich mir so auf dieser Reise nicht noch einmal werde leisten können. Ich hoffe aber, dass, wenn ich schon nicht mehr in so einem Hotel schlafen kann, ich wenigstens noch einmal solch eine Frau treffen werde. Ihre ehrliche und einfache Art hat mich bezaubert. Und sie ist attraktiv, ganz objektiv betrachtet. Es ist nicht etwa eine Attraktivität von innen heraus, wie man das oft behauptet, um sich eine Frau schön zu reden, sondern eine Attraktivität, die aus ihrem Gesicht spricht. Ihr Gesicht und ihr Körper sind wirklich schön.

Das Flugzeug startet. Endlich. Nach endlosen Verzögerungen am Flughafen hebe ich ab. Auch Indien zählt zu den Ländern, in denen ich mir nur schwer vorstellen kann, eine Frau kennenzulernen. In meiner Vorstellung werden Frauen in Indien mit zwölf verheiratet und haben mit dreizehn ihr erstes Kind. Sowieso hat meine Vorstellung von Indien wenig Positives – Slums, jung verheiratete Frauen und religiöser Überschwang, der zu hungernden Menschen und satten Kühen führt.

Ich lasse mich überraschen, denke ich mir, und falle nach einem schrecklichen Flugzeugessen in einen tiefen, von Laura-Sex-Fantasien durchsetzten Traum.

Die indische Realität holt mich erst kurz vor der Landung in Mumbai ein. Es ist dunkle Nacht, und wir gleiten über ein endloses Meer aus Wellblechhütten, bevor wir aufsetzen. Es fühlt sich nicht gut an, hier und jetzt in Indien zu sein. Ich würde lieber in die unechte Glitzerwelt Dubais zurück, als in der brutalen Realität indischer Armut nach der Ablöse einer Frau zu suchen. Ich spüre, dass meine Stimmung nun schon länger gedrückt ist, als ich es möchte. Das unnötige Telefonat mit ihrem neuen Freund, Lauras vielversprechende Verabredung. Ich will weiter oder zurück, stelle ich fest und frage mich, ob es etwas damit zu tun hat, dass ich mich vor Indien fürchte, oder ob ich zu Laura zurück möchte. Entweder mich weiter mit ihr in Dubai langweilen oder in Thailand abenteuerliche Dinge erleben.

Ich weiß, oder zumindest spüre ich das, hier, in Indien, kann mein Vorhaben nur zum Scheitern verurteilt sein. Und so sitze ich auf meinem Sitz, fühle mich unwohl und warte, bis ich wirklich der Letzte bin, der noch im Flugzeug ist.

Ich stehe auf, steige über eine Treppe auf die Landebahn hinunter, und mir schlägt sofort der heiße Atem Indiens entgegen. Warme, trockene Luft, gefüllt mit dem Gestank, der aus den unendlich vielen Wellblechhütten kommt, die bis nah an den Absperrzaun des Flughafens heranwachsen. Der Geruch von Armut und Dreck. Mir ist warm, ich fühle mich, als müsste ich mich sofort duschen.

Die Einreiseschlange am Flughafen Mumbai funktioniert anders als die Schlangen, die ich aus anderen Ländern kenne. Hier scheint es kein System zu geben. Wenn man Pech hat, steht man in der Reihe der ewigen Passkramer, die ihren Pass prinzipiell erst dann aus der Tasche ziehen, wenn sie tatsächlich dran sind. Dann gibt es den unglücklichen Fall der Nichtsversteher. Immigrationsbeamte sind gnadenlose Englischsprecher. Wer nichts versteht, hat verloren und kann die unangenehmen Fragen zum Grund des Aufenthalts nicht beantworten. Es dauert ewig, bis die dann weinenden Menschen einreisen dürfen, und diese Ewigkeit müssen alle anderen warten. Zu diesem Zeitpunkt gehe ich davon aus, dass ich souverän meinen Reisegrund nennen kann und Indien problemlos bereisen werde.

Ich bin sowieso immer gut vorbereitet. Noch während ich aus dem Flugzeug steige, lege ich meinen Finger auf die Seite des Passes mit meinem Foto und meiner Körpergröße. Ein anderer Finger markiert die Seite, auf die das Visum kommen soll. Ich mag es einfach nicht, mich länger mit einer fremden Person über mein Leben zu unterhalten. Mochte ich noch nie.

Ich bin an der Reihe, reiche dem Mann meine Papiere und warte ungeduldig. Ich will schnell ins Hotel und mich duschen.

Er blättert durch meinen Pass und stellt mir keine Fragen. Er blättert eine Ewigkeit. Nicht schon wieder, denke ich.

»Wo ist denn Ihr Visum?«, fragt mich der Sicherheitsbeamte.

»Das müssen Sie mir doch erst hineinstempeln«, antworte ich lächelnd.

»Nein, nein, Sie brauchen ein Visum, um nach Indien einreisen zu können.«

Davon habe ich noch nie etwas gehört, und ich bin tatsächlich erschüttert, weil ich weiß, dass ich nun in Schwierigkeiten stecke. Den Mann kann ich nicht einfach so überreden.

Immerhin hatte ich vor, in einen Osho-Tempel zu gehen, dorthin, wo sich all die 40-jährigen Frauen aus Europa verstecken, um immer noch die heile Welt der Hippies leben zu können. Ich hatte gehofft, so meinen Zweifel an Indien zu verlieren – oder zu bestätigen. Habe mir vorgestellt, wie ich an einer alten Brust meinen Kopf ausruhe und mir die Lebenserfahrung zwanzig Jahre älterer Frauen erzählen lasse, während ich kiffe. Was ich nie tue, kiffen. Aber ich liege auch nicht an alten Brüsten, daher wollte ich für Indien eine Ausnahme machen. Ich hatte gehofft, in der organisierten Sauberkeit Goas meine Ruhe zu finden und zu baden. Ich wollte vielleicht einfach mal baden. Schwimmen, Cocktails trinken, Urlaub machen. Ich glaube, bis jetzt war diese Reise noch kein Urlaub. Ich fühlte mich bis hierher gehetzt und nun wollte ich entspannen. Auch wenn ich Angst vor der Armut hatte.

Ich hatte viel vor, und in meinem Kopf scheint mir all das in diesem Moment sehr unmöglich. Ein fehlendes Visum ist ein anderes Kaliber als ein israelischer Stempel im Pass. Meine Reise könnte zu Ende sein. Ich glaube kaum, dass die Immigrationsbeamten so nett sind und mich weiterschicken, mich einreisen lassen. Für einen kurzen Moment spielt sich vor meinem inneren Auge die Reise ab, die noch nicht stattgefunden hat. Ich sehe mich in Deutschland, es ist Winter, sehe sie, weiterleben, mich, verzweifelt meinen Freunden erklären, warum ich wieder da bin. Ich verfluche meine Reisefrau, die mich nicht informiert hat, dass ich ein Visum benötige, ich verfluche mich, dass ich mich nicht besser informiert habe.

»Ich wusste nicht …«, stammele ich.

»Bitte mitkommen«, sagt der Beamte streng.

Diesmal sitze ich nicht in einer kleinen Kabine, sondern werde in einen Abschieberaum gebracht, wo ich in die traurigen Gesichter pakistanischer Arbeiter blicke. Sie sitzen, wie ich, mit hängenden Schultern vor einem riesigen Schreibtisch des obersten Einreisebeamten Mumbais. Mit einem unangenehm arroganten Gesicht sitzt er am Ende eines Tisches, der so groß ist wie das Zimmer eines Studentenwohnheims. Er sitzt dort und füllt einen Zettel aus.

Kurze Zeit später reicht er ihn mir, ein Grinsen im Gesicht. Vermutlich bereitet es ihm Freude, auch mal einen Deutschen auszuweisen, nicht immer nur Pakistanis.

Auf dem Zettel steht: »Hinweis zur Verweigerung der Einreise nach Indien«. Und dann geht alles sehr schnell. Ich bekomme zwei Polizisten an die Seite gestellt, die mich unterhaken und mich zum Wartebereich eines Terminals bringen.

»Wo bringen Sie mich hin?«, frage ich.

»Zum nächsten Flug zurück nach Deutschland, nach Frankfurt.«

Und dann beginne ich vor Wut zu weinen. Ohne Witz, ich weine ehrlich. Ich schäme mich ein bisschen, kann aber nicht verhindern, dass mir die Tränen über das Gesicht laufen. Der Immigrationsbeamte sieht mich weder mitleidig noch freundlich an. Eher kann ich in meinem verschwommenen Blickfeld erkennen, dass er mich, wenn überhaupt, schadenfroh ansieht.

Am Schalter der Air India sehen die Angestellten pikiert an mir vorbei. Ich muss auch ein unangenehmes Bild abgeben – mit plattgedrücktem Haar vom Flug, verheulten Augen, muffiger Kleidung und ungeputzten Zähnen. Eine Mitarbeiterin vom Air-India-Schalter tritt auf mich zu, berührt mich tröstend an der Schulter, obwohl ich mich längst wieder gefunden habe. Sie fragt mich, ob ich ein Anschlussflugticket besitze.

»Nach Bangkok«, sage ich und blicke in ihre klaren indischen Augen.

»Ich will mal sehen, was sich machen lässt«, sagt sie und berührt meine Wange, ich bin verblüfft. Sie ist höchstens zwei Jahre älter als ich, aber sie tut, als könnte sie die Welt retten und alle meine Probleme aus dem Weg räumen.

Sie nimmt meinen Pass und mein Flugticket und verschwindet damit. Ich setze mich erschöpft auf einen weiteren unbequemen Stuhl. Der Flughafen von Mumbai scheint nur aus unbequemen Stühlen zu bestehen, es vergehen qualvolle Minuten, und schließlich beschließe ich, da ich als einziges Gepäck eine Schachtel Zigaretten und meinen Rucksack besitze, heimlich auf der Toilette zu rauchen.

Ich schleiche mich an den Sicherheitsbeamten vorbei, indem ich sage, dass ich mal pinkeln muss – sie lassen mich gewähren. Auf der Toilette nehme ich Platz, ziehe meinen Pullover aus und rauche. Ich beruhige mich, die Zigarette tut mir gut. Ich bin immer noch frustriert, aber weit davon entfernt, gleich wieder in Tränen auszubrechen.

Es klopft.

»Mister?«, höre ich sie mit unverkennbarem indischem Akzent sagen.

»Ja?«, antworte ich. Sie kommt zu meiner Klokabine, und ich bin verblüfft, dass sie offensichtlich kein Schamgefühl besitzt.

»Wenn ich Sie wäre, würde ich das mit dem Rauchen schnell lassen.«

»Aber ich wurde gerade des Landes verwiesen und darf nicht mal ins Café im Transferbereich«, antworte ich.

»Ich weiß, alle reden über Sie. Sie haben geweint, das macht man in Indien nicht, schon gar nicht als Mann«, erklärt sie mir freundlich durch die dünne Holztür der Toilette. »Los, ziehen Sie noch mal schnell, und dann ab damit ins Klo. Wenn man Sie hier erwischt, gehen die Probleme erst richtig los.«

»Wollen Sie mal ziehen?«, frage ich. Ich höre sie nachdenken.

»Ja!«, sagt sie. Ich öffne die Tür, sehe ihr warmes, dunkles Gesicht, ihre großen Augen, den Punkt zwischen ihren dichten Augenbrauen. Sie lächelt gefährlich. Und ich bin verunsichert. Sie streichelt mein Gesicht, und ich habe so etwas noch nie in meinem Leben erlebt. Sie streichelt mein Gesicht. Am liebsten würde ich meine Isomatte auf den Boden legen, sie darauf, ihre Arbeitskleidung ausziehen und mich auf ihrem Bauch zusammenrollen, sie soll mich streicheln, mein Gesicht, bis mein Anschlussflug kommt.

Ich weiß nicht, ob wir flirten. Ich fühle mich nicht nach Flirten. Denn ich suche Sicherheit, ich habe mich in meinem Leben noch nie staatenlos gefühlt. Jetzt fühle ich mich staatenlos und einsam.

Sie zieht noch einmal an der Zigarette.

»Warum sind Sie so lieb zu mir?«, frage ich sie.

»Wegen Ihrer Tränen«, erklärt sie.

»Aber das macht man doch nicht, hier«, sage ich und spüre, wieder, wie es in meinem Hals pikt. Sie sieht es.

»Nicht«, sagt sie. »Nicht weinen, wir kriegen das schon hin«, setzt sie nach. »Folgen Sie mir bitte«, und sie nimmt meine Hand, lässt sie aber los, sobald wir das Klo verlassen haben. Wir riechen beide nach Rauch, nach warmem, indischem Rauch einer hastig und heimlich auf der Toilette geteilten Zigarette.

Sie begleitet mich still, sagt, dass sie mich in den Mitarbeiterraum bringt, sie wird sich weiter darum kümmern, dass ich nicht nach Hause muss. Im Mitarbeiterraum dürfe ich mich ausruhen, es sei erlaubt, dass ich dort bin.

Der Mitarbeiterraum ist kahl. Keine Bilder an der Wand, aber ein Feldbett, neben das ich meine Tasche stelle. Ich setze mich auf die Bettkante. Sie küsst meine Stirn. Innerhalb von Sekunden fühle ich mich wieder wie ein kleiner Junge und gefalle mir in diesem Gedanken. Trotzdem kann ich diese Situation nicht glauben. Sie ist bizarr, ich frage mich immer noch, ob wir flirten oder ob das ein Service von Air India ist. Ich bin müde, ziehe meine Schuhe aus, rieche meine Socken, ziehe meine Socken aus, wasche meine

Füße und mein Gesicht an einem kleinen Waschbecken. Ich lege mich hin. Ich will schlafen.

Ich träume, vergesse aber, was, als sie mich weckt. Sie legt ihre Hand auf meinen Hals.

»Was kann mir denn jetzt noch passieren?«, frage ich bitter.

»Nichts«, sagt sie mit einer Sanftheit, die aus ihr einen Menschen macht, keine Angestellte von Air India.

»Ich habe jetzt Pause«, sagt sie und erklärt mir, dass sie mir etwas zu essen und zu trinken holt.

»Danke«, sage ich im Dunkel des Warteraums. Die Situation ist immer noch befremdlich. Ich lege mich wieder hin. Es ist heiß, nicht klimatisiert. Ich höre durch die Wand das Brummen der startenden Flugzeuge. Wir essen Curry, ohne etwas zu sagen. Es schmeckt besser als beim Inder zu Hause. Wir sind leise, flüstern, als könnten wir erwischt werden. Ich fühle mich immer noch leer, aber jetzt sicher.

»Wollen wir kurz schlafen?«, sagt sie unerwartet.

»Ja«, sage ich und mache Platz auf meiner, ihrer, Liege.

Wir liegen nebeneinander, und die Situation wird immer bizarrer, denke ich, während sie ihre Hand auf meinen Bauch legt. Sie schläft, ich höre sie langsam atmen, ihr Mund liegt in der Nähe meines Halses. Ich spüre, wie ich aufgeregter werde. Ich tue so, als würde ich unbequem liegen und drehe meinen Mund näher an ihren. Ich kann das Curry riechen, das sie ausatmet, vermutlich rieche ich nach Curry und Reise. Es ist mir egal, sie bewegt ihren Mund, ganz langsam. Ich meinen, langsam, wie beim ersten Kuss überhaupt, als man noch nicht wusste, was gleich passiert, als man noch Gedanken im Kopf hatte, vor dem Küssen. Ich habe Angst vor allem, was hinter ihr steht, wofür sie steht. Indien. Hier küsst man nicht einfach Frauen. Ich erinnere mich an einen Film über drei Brüder, die in einem Zug durch Indien reisen, um ihre Mutter zu finden. Einer der Brüder hatte im Zugabteil einen Quickie mit der Gästebetreuerin. Ich dachte, so etwas würde nicht gehen. So etwas gibt es nicht in der Realität.

Sie küsst mich.

Wahnsinn. Ich glaube immer noch nicht, dass dies passiert. Gerade. Sie küsst gut, ich höre sie sagen, dass es schlecht ist, was wir tun. Ich küsse sie, rolle sie schwer atmend auf den Rücken, lege mich zwischen ihre Beine. Wir beide stöhnen, laut. Sie sagt: »Leiser«, wir atmen schwer. Das kann nicht sein, ich schlafe mit einer Air-India-Mitarbeiterin, die ich fünf Minuten kenne. Mein Ego macht Luftsprünge, ich komme mir unwiderstehlich vor. Und ich weiß: Niemand wird mir diese Geschichte glauben. Ich schiebe ihren langen Rock nach oben, sie drückt ihren Rücken durch. Ich greife in ihr dichtes Schamhaar, ich kann es nicht sehen, es ist zu dunkel, aber ich spüre, dass es dicht ist, ich spüre, dass sie feucht ist. Ich habe einen infantilen Gedanken, in diesem Moment, während ich sie stöhnen lasse. Ich kann mir nicht vorstellen, dass Inder schönen Sex haben, auch wenn Indien mit einer Milliarde Menschen ein sehr bevölkertes Land ist. In meiner Fantasie haben Inder Sex, damit sie Kinder bekommen. Sie aber, die Frau, wie heißt sie eigentlich, stöhnt, weil sie berührt werden will. Es ist die erste wirklich exotische Frau, mit der ich schlafen werde, gleich, in einer Situation, die mir exotischer erscheint als Sex im Weltraum, auf der ISS.

Sie zieht mein Gesicht zu sich, ich sehe ihr dunkles Zahnfleisch, weiße Zähne, ihr Mund steht halb offen.

»Du bist schön«, sage ich schwer atmend, sie fragt nach einem Kondom. Ich habe ein Kondom, öffne es mit meinen Zähnen, weil ich meine Hand nicht aus ihrem dichten Schamhaar nehmen will, sie ist nur halb nackt, wirkt aber zum ersten Mal verletzlich und als wäre sie entblößt, ihr flacher Bauch, ein dunkler Haarflaum bis zu ihrem Bauchnabel, dunkle Brüste. Alles dunkel, denke ich, während ich das Kondom anziehe. Wir schlafen miteinander, es geht schnell, aber es geht nicht darum, langsam zu sein, es geht hier nicht darum, ihr auf den Arsch zu hauen, sie schiebt ihre Hände unter mein T-Shirt, sie zieht mich nah an sich. Sie schläft mit mir. Einfach so.

Das glaubt mir niemand, denke ich. Ich küsse ihre Achsel, sie benutzt kein Deo, ich rieche sanften Frauenschweiß. Es erregt mich, ich komme. Ich bleibe liegen, sie streichelt meinen Rücken. Ich streichle ihr den Schweiß aus dem Gesicht.

»Warum, wie, ich verstehe das nicht«, stammle ich außer Atem.

»Ich auch nicht«, stottert sie.

»Lass uns schlafen«, sagt sie.

»Kann hier niemand kommen?«, will ich ängstlich wissen, weil ich keine Lust habe, noch mehr Probleme zu bekommen. Erst ausgewiesen, dann heimlich geraucht auf der Toilette und dann noch Sex mit einer Angestellten. Ich erinnere mich an die Geschichte des Schauspielers Richard Gere, der des Landes verwiesen wurde, weil er eine Inderin öffentlich auf den Mund geküsst hat. Mein Penis steckt immer noch in einer Inderin, deren Namen ich nicht weiß. Ich traue mich nicht zu fragen, sie trägt kein Namensschild. Nummer vierundsiebzig bleibt namenlos.

Wir gehen zurück zum Air-India-Schalter. Die Namenlose ist hinter mir, sieht mich mit den schönen, großen Augen freundlich an, und ich spüre, dass wir uns kennen. Seltsam, denke ich, mit einem Gefühl, das ich nicht kenne. In Berlin hatte ich öfter Sex auf dunklen Toiletten, mit fremden Frauen, ich habe mich danach immer schäbig gefühlt, leerer als vorher. Jetzt habe ich das Gefühl, ich habe mit einer Frau geschlafen, die ich seit Jahren kenne.

»Warte kurz«, sagt sie und bleibt über eine Stunde weg. Ich bin ruhig, spüre den getrockneten Schweiß von ihr an meiner Wange, spüre sie an meinen Händen, habe ihren Geruch noch in meiner Nase. Ich habe mich danach nicht gewaschen, ich nehme sie mit, nach Thailand, und sehe sie nie wieder. Ich kann sie nicht mal bei

Facebook adden, ich weiß ja nicht, wie sie heißt. Ich fühle mich wie James Bond, der mit jeder schlafen kann. All meine Sorgen sind verschwunden, ich bin glücklich. Nur wegen etwas Sex. Das war noch nie so.

»Ich konnte mit dem Immigrationsbeamten reden«, sagt sie sanft.

»Und?«

»Er lässt dich nach Bangkok weiterfliegen, aber beeile dich, dein Flug geht in wenigen Minuten, man wartet dort bereits auf dich.« Ich weiß nicht, was ich sagen soll. Deswegen sage ich: »Danke« – und habe das Gefühl, es ist zu wenig.

Im Gleichschritt rennen zwei Polizisten und ich vorbei an den wartenden Touristen. Fast alle haben einen roten Punkt auf der Stirn und rote Haut. Sie sehen alle sehr zufrieden aus. Und während wir zu dritt rennen, frage ich mich, ob man den Geruch und die Armut, die das Erste war, was mich hier begrüßt hat, und das Letzte ist, was ich im Vorbeirennen sehe, vergessen kann. Ich hätte gern gewusst, ob man beim Sex mit alten Hippiefrauen am Strand von Goa vergisst, dass man in einem armen Land ist.

Der Polizist übergibt einem Steward meinen Pass in einem warnfarbenen Umschlag. Vermutlich geht die indische Regierung davon aus, dass ich mich illegal auf einer Baustelle verdingen will oder so was Ähnliches.

Ich falle erleichtert in meinen Sitz, sehe die fröhlichen thailändischen Gesichter der Stewardessen und die schnörkelige Schrift im thailändischen Bordmagazin. Ich bin beruhigt, und es ergreift mich ein erstaunliches Gefühl. Ich denke, dass ich nicht wirklich nach Indien wollte. Es fühlt sich an, als könnte ich mein Unwohlsein in Indien lassen. Ich hatte Angst vor Indien, vor dem Dreck, vor dem mich jeder, der schon mal dort gewesen ist, gewarnt hat. Ich habe mich vor den strengen Augen der indischen Taxifahrer gefürchtet und vor den verkrüppelten Händen armer Kinder, die an meinen Hosenbeinen ziehen. Ich bin, und so ehrlich muss ich sein, froh, im Flugzeug nach Thailand zu sitzen. Und ich bin froh, trotzdem eine Sehnsucht mit diesem Land, nach so kurzer Zeit, verknüpfen zu können. Obwohl es mir niemand glauben wird. Niemand. Da bin ich mir sicher.

Das Flugzeug hebt ab, ich habe keine Angst, sehe nicht mal die Wellblechhütten.

THAILAND

Völlig erschöpft erreiche ich den Flughafen von Bangkok. Indien war kurz, aber eindrucksvoll, ich weiß kaum, wie ich diese Erlebnisse verarbeiten kann. Aber trotzdem: Endlich bin ich in Thailand, denke ich. Ich will nur noch schlafen. Die heiße Luft, die hohe Luftfeuchtigkeit der Stadt, das Auspuffgas Tausender Flugzeuge und Autos drücken auf meine Wachheit.

Ohne Probleme kann ich das Land betreten, stehe mit Pullover und Rucksack in dreißig Grad heißer Luft, und es fühlt sich an, als wäre ich durch einen Wäschetrockner geschubst worden. Ich habe nun mehr Zeit in Thailand als ursprünglich geplant, und ich werde sie nutzen. Ich könnte mich natürlich sofort mit Laura treffen, aber ich möchte nicht, dass sie denkt, ich sei ein komischer Kauz, der seinen zwölftägigen Indienaufenthalt übersprungen hat, nur um eine unsicher und tollpatschig kauende Dänin wiederzutreffen. Und noch weniger möchte ich, dass sie denkt, ich sei ein totaler Volltrottel, der vergisst, sich vor der Abreise darüber zu informieren, welche Länder ein Visum für die Einreise voraussetzen. Ich werde erst mal in Bangkok bleiben. Und mir die Stadt ansehen. Immerhin mag Roger Willemsen Bangkok, und der mag ja eigentlich überhaupt nichts, also muss die Stadt etwas Besonderes haben. Was sofort auffällt, sobald man das moderne Flughafengebäude verlassen hat, ist der Geruch. Bangkok hat einen eigenen Geruch und Geschmack. Es ist eine Mischung aus alten Handtüchern, die man nach dem Schwimmen in einer Plastiktüte vergessen hat und erst Wochen später hinter dem Bett hervorholt, gemischt mit verbranntem Müll und ungewaschenen Menschen. Wer Bangkok nicht kennt, wird überfordert sein von diesem – ja, es ist nicht mal ein Gestank – Spezifikum, das man zu ertragen hat, wenn man diese Stadt besucht.

Ich steige wie ein verendetes und in der Sonne liegen gelassenes Tier ins Taxi. Und während ich auf der Rückbank sitze und die klimatisierte Luft mir entgegenpustet, stelle ich fest, dass mein Geruch sich kaum von dem Bangkoks unterscheidet. Ich schlafe ein, während draußen riesige Autobrücken, Palmenstraßen und zerknitterte Häuser vorbeiziehen.

Erst als der Taxifahrer mich in der berühmten Khao San Road weckt, realisiere ich, wo ich mich gerade befinde. Ich bezahle, verlasse das kühle Auto und finde mich in einem wunderschönen Moloch wieder. Die Khao San Road ist ein seltsamer Ort. Hier treffen sich Hunderttausende von Rucksackreisenden auf ihrem Weg durch Südostasien. Die Mutigen fahren nach Burma und Kambodscha, nicht ohne ständig zu betonen, dass diese beiden Länder ja Myanmar und Kampuchea heißen und wie nervig doch Thailand mit all seinen Touristen ist. Die weniger Mutigen sitzen mit betrunkenem Blick am Rand der Khao San und glotzen die Passanten an.

Hier auf der Khao San bietet sich ein differenzierteres Bild der Asienreisenden. Während ich durch die Straßen laufe und ein Café suche, das nicht damit wirbt, besonders billige Getränke zu verkaufen, fällt mir schnell auf, in welche vier Kategorien die Reisenden unterteilt werden können:

Zum einen gibt es das Pärchen. Sie laufen händchenhaltend durch die Straßen. Sie mit roten Schultern und er mit Flipflops. Während sie an den Schmuckständen stehen bleibt, wühlt der Freund ziellos durch enorme Sammlungen raubkopierter DVDs oder betrachtet die Absurditäten der thailändischen Händler. Er kauft sie aber nicht, weil vorher die Freundin kurz aufblickt und sagt: »Das ist doch Geldverschwendung.« Er wäre gern mit seinen Freunden hier, würde sich maßlos besaufen und vielleicht den Touristinnen nachpfeifen. Sie plant schon die Wochen nach der Heimkehr. Sie überlegt, was sie für thailändische Spezialitäten mit nach Hause nimmt, um Freunde und Familie mit Hühnchen an Cashewnüssen zu überraschen und selbstgekochte Kokossuppe zu servieren.

Die zweite Gruppe Reisende sind beste Freunde. Gemeinsam wollen sie nach dem Abitur oder Studium die Abenteuer Südostasiens erkunden. Sie buchen ihre Tickets am Bahnhof, probieren mit Absicht ekelige Sachen, die hier nur für Touristen angeboten werden, und filmen sich mit ihren Digitalkameras, während sie Skorpione und Grashüpfer essen. So ein richtiges Jungsabenteuer ist doch noch immer das Beste der Welt.

Die dritte Gruppe Menschen, die man auf der Khao San trifft, ist die weibliche Version der Jungsreise. Freundinnen. Mit roten Gesichtern und bunten Cocktails sitzen sie dort und versuchen, sich gesund zu ernähren, damit sie für zu Hause ein paar Kilo abnehmen können. Oft haben sie sich Rastas flechten lassen oder, weil der Mut für ein echtes fehlt, ein Henna-Tattoo aufgetragen, das sie zumindest noch zwei Wochen nach der Reise mit dem großen Abenteuer verbinden soll. Das Erstaunliche ist, dass man in den Gesichtern dieser Frauen den Anfang und das Ende einer Reise konkret ablesen kann. Während zu Beginn des vierzehntägigen Thailand-Strandausfluges die Freundinnen noch fröhlich eingehakt die Straße entlangflanieren – ihre Gesichter glühen stolz angesichts der aufregenden Geschichten, die da noch kommen mögen –, ist am Ende der Reise von diesem Feuer nicht mehr viel zu sehen.

Freundinnenurlaub funktioniert nach anderen Regeln als Männerurlaub. Mal knutscht die eine mit einem Typen, den eigentlich die andere heiß fand, manchmal bekommt die blonde, große Freundin zu viel Aufmerksamkeit von Thais und anderen Männern. Oft ist es aber nur die Langeweile, die zu dieser seltsamen

Stimmung am Ende einer Frauenreise führt. Und so sitzen sie am Tag vor dem Abflug, die Taschen voll gefälschter Brillen und modischer Accessoires, wieder in derselben Kneipe, in der sie schon vor vierzehn Tagen saßen, trinken eine Cola, keine bunten Cocktails, und schweigen sich an. Ihre Schultern einander zugedreht, sehen sie aus wie die unliebsamen Gäste auf einer Geburtstagsparty und wollen sich nicht unterhalten.

Die letzte Gruppe der Reisenden ist eigentlich keine Gruppe. Es sind die einzelnen Männer und Frauen. Und hier haben wir die größte Auswahl. Tatsächlich gibt es in Thailand noch echte Hippies. Ihre Körper ausgemergelt vom Heroin der Siebziger, vom Koks der Achtziger und dem Ecstasy der Neunziger, erzählen sie jedem, der sie auch nur kurz anblickt, ihre Lebensgeschichte. Lebensgeschichten, die alle verdächtig ähnlich klingen.

»Ich konnte den Leistungsdruck meiner Heimat nicht ertragen, ich wollte nicht mehr in einer westlichen Welt leben, die Frauen hier sind besonders schön, ich habe tatsächlich den Strand gesucht – und gefunden.« Umso mehr Bier man diesen Menschen ausgibt, desto wunderlicher werden ihre Geschichten. Es gibt keinen Unterschied zwischen weiblichem und männlichem Geschlecht. Die verhungerten Frauen erzählen genau die gleichen haarsträubenden Geschichten wie die Männer, sie verhalten sich allesamt wunderlich, zucken mit den Augen, mit den Händen, und ihr Alter lässt sich schwer schätzen, weil sich ihre Haut eng über ihre Knochen spannt. Vielleicht sind sie sechzig oder einfach nur vierzig mit vielen Falten. Fragt man diese Hippies nach ihrem Alter, antworten sie alle dasselbe. »Ich habe mein Alter zu Hause gelassen, hier ist jeden Tag Geburtstag!«

In solchen Momenten freue ich mich immer, dass ich mein Alter mitgenommen habe und zum Geburtstag Bücher und Schokolade geschenkt bekomme statt Bier und Sex im Thaipuff.

Die Khao-San-Straße selbst ist wie ihre Besucher: bunt und laut. Sie widerspricht allen asiatischen Werten der Zurückhaltung. Ein unübersehbares Feld an Ständen breitet sich vor dem Auge aus. Und alle verkaufen das Gleiche: T-Shirts, CDs und DVDs, Nahrung aus kleinen Wägelchen, gefälschte Ausweise und Diplome jeglicher Art.

Tatsächlich sind die Ausweisfälscher noch das Spannendste. Ich blättere fasziniert durch das Angebot eines kleinen Inders, sehe sogar einen Mitarbeiterausweis der BVG, der Berliner Verkehrsbetriebe, eine BahnCard 100 und diverse Führerscheine. Ich traue mich weder, eine BahnCard, noch, einen BVG-Ausweis zu kaufen, entscheide mich aber für einen Führerschein, weil ich mir später ein Moped ausleihen möchte und ich selbst keine Fahrerlaubnis besitze.

Ich will mein schweres Gepäck loswerden und mich duschen. Will mich später treiben lassen. Ich suche mir ein Hotel und kann mich zwischen zwei Kategorien entscheiden: irgendwie luxuriöse Hotels mit Pools auf den Dächern und Diskotheken im Keller, deren Zimmer jedoch ihr Fenster zur Straße haben, so dass man eigentlich gleich mit dem Schlafsack zwischen Tausenden von grölenden Fußballfans schlafen kann. Oder die billigen Hotels, die sich in verwinkelten Seitenstraßen befinden. Wer ein bisschen weiter geht, findet tatsächlich sogar etwas asiatische Ruhe im Umfeld der Khao San Road. Mitten im internationalen Wirrwarr der Straßen befindet sich ein Tempel, und hinter diesem Tempel sind die billigeren Hotels.

Ich frage, was es kostet, erfahre, dass die Nacht mit 4 Euro nicht teuer wird. »Fein«, sage ich auf Deutsch. Die Thai-Rezeptionistin sieht mich schräg an und zeigt mir mein Zimmer.

In Thailand sind die Zimmer anders als in Deutschland. Ich habe weder ein Fenster noch eine Steckdose in meinem Raum, der nicht größer als eine Einmetersechzig-Matratze ist, ein Fliegengitter unter der Decke und dünne Pappwände zu den anderen Kabinen. Ich überlege für einen kurzen Moment, ob das Fliegengitter verhindern soll, dass die zahllosen lahm durch die Luft surrenden Insekten das Zimmer verlassen.

»Möchten Sie dieses Zimmer?«, fragt mich die extrem kleine Frau ungeduldig.

»Ja, äh, gerne«, antworte ich. Sie nimmt meinen Pass, um davon eine Kopie zu machen, und ich überlege insgeheim, ob sie wirklich der deutschen Botschaft schreiben würde, um mir eine Rechnung zu schicken, wenn ich hier die Zeche prelle. Ich lasse mich und meine Tasche auf das Bett fallen, das mit einer seltsamen Kinderbettwäsche bezogen ist. Ich lege mich kurz auf den Rücken und starre durch die Fliegen an die Zimmerdecke. Es fühlt sich gerade etwas befremdlich an, allein zu sein. Nicht schlimm, es ist keine Sehnsucht, es ist vielmehr so, dass ich realisiere, in einer fremden Welt zu sein. Einer Welt voller Europäer, seltsamer Gerüche und winziger Hotelzimmer.

Und so schlafe ich erschöpft am ersten Abend in Bangkok, verschwitzt und müde, auf einem mit Bärchen und Einhörnern gemusterten Kopfkissen ein. Wann diese Bettwäsche wohl das letzte Mal gewechselt worden ist?

Die Mittagssonne weckt mich. Und das, obwohl ich nicht mal ein Fenster in meinem Zimmer habe. Es sind ungefähr dreißig Grad in dem kleinen Kabuff, und der Ventilator rührt die warme Luft durcheinander. Es ist so heiß, dass ich mich tatsächlich dazu durchgerungen habe, nackt auf der Hotelbettwäsche zu liegen. Ekel steigt in mir auf, als ich müde nach meinem *Lonely Planet* greife und etwas für die Abendgestaltung suche. Ich finde etwas, streiche es mir mit dem Bleistift an. Die Worte Bar, Club und Restaurant, klimatisiert, reichen mir, mich davon zu überzeugen, dass ich dort hin möchte. Ich habe es aufgegeben, mich über Clubs zu beschweren, und ich füge mich meinem Schicksal. Wenn man eine Stadt nicht kennt, niemanden in dieser Stadt kennt, dann bleibt einem nicht viel zum Sozialisieren. Im Zweifelsfall eben der Club.

Ich löse mich und meine Haut erschöpft vom Bett und schlurfe in die Gemeinschaftsdusche. Ich freue mich, dass es nur einen Wasserhahn gibt, das bedeutet: kein heißes Wasser.

Am Tag ist die Khao San Road ganz anders als in der Nacht. Die Menschen verstecken sich in den Restaurants, die Händler weichen der Hitze, die Pfützen der Nacht verdunsten in der Sonne und hinterlassen seltsame Schweißflecken auf der Straße und einen unangenehmen Geruch von getrockneter Kotze und Kacke. Das Erstaunliche ist, dass man sich schnell an den Gestank gewöhnt. Nur kurz reagiert die Nase, wenn man das Hotel verlässt, und dann, innerhalb von Minuten, riecht man nichts mehr. Es scheint, als würde das Gehirn aufgeben und auf Durchzug stellen. Praktisch, denke ich, während ich mir eine Brause und einen Eierkuchen mit Bananen bestelle, das typische europäische Frühstück in Thailand. Ohne Ausnahme sitzen um mich herum hellhäutige Menschen und verspeisen dieses Gericht, Schweißperlen auf der Stirn und gierige Blicke im Gesicht.

Erbarmungslos brennt die Sonne auf uns herunter. In Bangkok bewegen sich die Menschen wie bei Regen, nur dass es nicht regnet. Sie huschen von einem Verdeck, von einem klimatisierten Raum in den nächsten und versuchen der Hitze des Tages zu entkommen. Wenn ich weiter bei diesen Temperaturen auf der Straße sitze, werde ich irre, denke ich und beschließe, in eines der zahllosen Internetcafés zu gehen. Ich habe mich schon lange nicht mehr zu Hause gemeldet. Und vielleicht hat ja umgekehrt jemand an mich geschrieben.

Langsam klicke ich mich durch die Mails im klimatisierten Internetcafé, meine Füße frieren auf dem kalten Fliesenboden, und dann sehe ich ihren Namen. Sie hat geschrieben, die Frau, die ich vergessen will, aus Berlin.

Kein Betreff. Es wird nur eine kurze Nachricht sein, denke ich und klicke ängstlich auf ihre Mail.

Da steht nur ein Satz: »Ich fühle mich leer und isoliert.«

Ich weiß nicht, was dieser Satz bedeuten soll. Ich finde ihre Selbstbezogenheit frech. Sie hätte wenigstens schreiben können:

»Sorry, dass mein neuer Freund ranging, hätte ich gewusst, dass du es bist, hätte ich schneller reagiert.«

Ich finde eine solche Nachricht unangebracht. Will sie, dass ich mich schlecht fühle? Ich lösche wütend ihre Mail. Sehe eine weitere Mail in meinem Posteingang, von Jirka, aus Berlin. Er fragt mich, wie es geht, ich antworte kurz. »Gut.«

Und noch eine Mail. Laura, aus Dänemark. Sie fragt auch, wie es mir geht, will wissen, wie Indien ist. Ich lüge etwas zusammen, weil ich sie nicht verunsichern will. Sie hat Bangkok bereits verlassen und ist auf dem Weg in den Süden. Strand, Sonne, Meer sucht sie. Und ich glaube, sie wird es finden. »Ich glaube, du wirst das alles dort unten finden«, schreibe ich in die Antwort. Ich bitte sie, mir zeitnah ihren genauen Aufenthaltsort zu schicken. Als ich auf »senden« drücke, spüre ich, wie aufgeregt ich bin und dass ich es plötzlich nicht mehr erwarten kann hinunterzureisen. Zu ihr. Aber jetzt muss ich erst mal irgendwas machen, bis ich zu ihr kann.

Ich gehe in mein Kinderbetthotel, dusche mir zum dritten Mal den Dreck und Staub Bangkoks vom Körper und bereite mich auf meinen Abend in diesem Club in Bangkok vor.

Mit der Wut in meinem Bauch ist ein Abend im Club vielleicht aber gar nicht so verkehrt. Für wenige Minuten fühle ich mich erfrischt, aber schon der Weg zum Taxi verwandelt meinen eben noch trockenen Rücken wieder in ein Schweißbad.

»Möchten Sie eine Ping-Pong-Show sehen«, fragt mich der Taxifahrer unvermittelt.

»Was ist das?«

»Na Pussy-Ping-Pong-Show?«

»Pussy-Ping-Pong-Show?« Ich stelle mir vor, wie Frauen mit Tischtennisschlägern im Genital Tischtennis spielen. Aber ich glaube, er meint etwas anderes.

»Pussy bläst Kerze aus. Pussy legt Ei. Pussy öffnet Flasche Bier. Pussy schießt Ping-Pong in andere Pussy und zurück«, erklärt mir der Taxifahrer.

»Aha? Wie funktioniert das?«, frage ich. Und der Taxifahrer beginnt zu lachen.

»Ich habe keine Ahnung«, sagt er. Ich verneine die Einladung zur Pussyshow und frage ihn, ob er mich nicht direkt, ohne Umwege, zu dem Club fahren kann. Etwas, was ich nach kurzer Zeit in Thailand lerne: Taxifahrer in Bangkok fahren einen gern überall hin, aber nicht dorthin, wo man möchte.

Schöne Menschen. Echt schöne Menschen. Überall. Das Konzept geht auf, denke ich, als ich den Koi-Club in Bangkok betrete. Das System ist einfach. Models, besonders europäische Models, sind beliebt in Thailand. Sie erhalten kostenlosen Eintritt in Clubs, und halbseidene Gestalten, Manager und andere Männer, müssen Eintritt bezahlen. Vielleicht ist ja einer dabei, der den Mädels Arbeit verschaffen kann.

Die Frauen werden in kürzester Zeit betrunken gemacht, weil sie auch für den Alkohol nichts bezahlen müssen. Die Männer laden sie mit großspurigen Gesten zu noch mehr Alkohol ein. Ein seltsames System. Für beide Seiten ergiebig. Für die Männer, um Models abzuschleppen, für die Frauen, um neue Jobs zu finden.

Die Hitze vor dem Club drückt in meinem Kopf. Ich weiß, würde ich jetzt Schnaps bestellen, dann würde ein Glas ausreichen. Der Luftdruck ist so hoch, dass Migränemenschen sich hier weinend auf dem Boden winden würden. Aber es ist mir egal, ich bin weder Migränepatient, noch muss ich morgen früh zur Arbeit, und außerdem schreibt mir meine Exfreundin unverschämte Nachrichten. Ich kann ruhig etwas Schnaps trinken.

Ich bestelle mir an der Bar einen Wodka Red Bull und bezahle den lächerlichen Betrag von 2 Euro. Das kalte Getränk beseitigt den Staub von meiner Zunge und stärkt das Bedürfnis, mit jemandem zu reden. Um mich herum Frauen, die größer sind als ich, viel größer, mit kurzen, glitzernden Röcken und russischen Gesichtern. Weggeschminkte Traurigkeit und Heimweh umgeben sie. Die Männer wirken kaum anders. Schultern so breit, dass man darauf spazieren könnte, keine feinen Körper. Bullige Muskeln, die sich direkt unter das Kinn der meisten Männer schieben, weiße Zähne und ein falsches Lächeln. Die Szenerie ist bizarr. Es wirkt, als hätte man alle bestehenden Modelklischees in einen Raum gesteckt, für ein entsetzliches Stelldichein der Eitelkeiten. Ich verabschiede mich von der Hoffnung, hier jemand Nettes kennenzulernen.

Einzig die im Hintergrund sitzenden älteren Thaimänner haben einen noch schlafferen Körper als ich. Und ein lüsternes Lächeln auf den Lippen. Etwas angetrunken frage ich mich, wie ich selbst wohl aussehe, und versuche, in einem der Spiegeltische einen Blick auf mein Gesicht zu erhaschen. Ich lächele nicht lüstern, ich gucke eher grimmig. Grimmig ist gut, denke ich, während alle anderen um mich herum freundlich-dümmlich durch die Nacht grinsen.

Ich werde betrunken. Ich bestelle Unmengen an Schnäpsen, um es erträglicher zu machen. Um es schöner zu machen, entgegen der ganzen Schönheit hier, die keine ist. Und dann sehe ich inmitten der sich knarzig bewegenden Russinnen eine kleine Thai-Frau wild tanzen. Schweiß auf ihrem Rücken und die Arme über ihrem Kopf. Sie bewegt ihren Körper zur Musik, als wäre sie die Musik. Es scheint ihr alles egal. Ich kann nicht aufhören, sie zu beobachten, nippe verlegen an meinem Getränk und überlege, wie ich diesen tanzenden, wirklich kleinen Menschen kennenlernen kann.

Es geht nicht unbedingt ein sexueller Reiz von dieser Frau aus, eher eine Faszination, weil sie sich gegen alle hier geltenden Regeln sträubt. Vom Alkohol wie immer etwas mutig, schiebe ich mich vorbei an Muskelbergen und dürren Frauen und stehe plötzlich vor ihr. Mitten auf der Tanzfläche. Am liebsten hätte ich jetzt eine Szene wie in einem Film. Alles in Zeitlupe, die Musik tritt angenehm in den Hintergrund, die Menschen treten respektvoll ein Stück zurück, nur damit wir beide uns kennenlernen können. Aber es bleibt bei der Realität. Ein Song mit der Textzeile »This night's gonna be the night« knallt auf unsere Ohren und beweist den katastrophalen Musikgeschmack thailändischer DJs. Ich stehe vor ihr, werde geschubst, warme Muskeln reiben sich an meiner Wange. Ein unachtsames Model hat sich tatsächlich bewegt und mit ihrem sperrigen Ellbogen mein Getränk angestippt. Der Stoß reicht aus, um mein Getränk zu verschütten, und zwar auf den verschwitzten Rücken der kleinen Frau. Sie schreit auf. Ich höre ihre helle Stimme zwischen den billigen Beats europäischer Tanzmusik der neunziger Jahre. Sie dreht sich wütend um und sieht mich an. Innerhalb von Sekunden überdenke ich meine grimmige Strategie und proste ihr bescheuert zu. Sie zeigt mir einen Vogel. Eine internationale Geste, denke ich beschämt.

Ich tippe auf ihre dunkle Schulter, sie dreht sich wieder um. Ich unterbreche sie ein zweites Mal, ihren passionierten Tanz, ihre fließenden Bewegungen, ihre Anmut, und fühle mich wirklich schlecht.

»Was?«, herrscht sie mich an.

»Ich, ich, ich wollte eigentlich nur fragen, ob du Lust hast, mit mir bescheuert zu tanzen«, sage ich, während ich mein Gesicht von peinlich berührt auf charmant umstelle.

»Bescheuert tanzen?«

»Ich mag, wie du tanzt.« Ich bin in einer Sackgasse. Ich komme aus diesem selten dämlichen Gespräch nicht mehr heraus.

»Stopp!«, rufe ich durch die schlechte Musik, »lass uns noch mal von vorn beginnen.« Sie sieht mich verwundert an. Ich drehe mich um, gehe zwei Meter von ihr weg, drehe mich wieder um und gehe auf sie zu. Ich nehme einen Eiswürfel in die Hand. »Den werfe ich dir jetzt an den Rücken, als Wiederholung, so wie ich eben deine Aufmerksamkeit gewonnen habe. Also bekomm keinen Schreck.« Ich lege meinen Eiswürfel auf ihre Schulter, er rutscht hinunter und schlittert auf dem dreckigen Fußboden ins Nichts. Sie lächelt.

»Hallo, ich bin Thilo. Ich finde es schön, wie du tanzt, ich kann dir aber weder einen Job als Model noch einen Auftrag als schöner Mensch anbieten, ich bin nur zufällig hier, wegen des *Lonely Planet.*«

Sie lacht.

»Hallo, ich bin Bum.«

»Bum?«

»Ja, Bum.«

»Bum?«

»Ja, Mann, Bum!«

Bevor ich mich wieder in eine kommunikative Sackgasse navigiere, bestätige ich, dass ich ihren Namen verstanden habe, und frage, ob sie mit mir aus diesem schwitzigen Haufen Menschen heraustreten will, ob sie Lust hat, mit mir an die frische Luft zu gehen.

»Klar, warum nicht.«

Wir setzen uns auf einen Bordstein und unterhalten uns. Die frische Luft entpuppt sich als klebrig und stickig. Sie hat, während sie mir erzählt, warum sie in diesem Club ist, einen feinen Film Schweißperlen auf der Lippe. Auch ihr Rücken trocknet nicht. »Ich gehe hier hin, weil hier witzige Europäer sind, die denken, wir Thais würden sie schön finden.«

»Wie, ist das nicht so?«

»Nein, überhaupt nicht. Thaimänner finden europäische Frauen nicht attraktiv. Ich meine, guck uns an. Wir sind dünn, grazil und geschmeidig. Europäische Frauen sind fett, schwitzen, und ihre Oberschenkel reiben aneinander.« Ich muss lachen und finde ihre Beobachtungsgabe charmant.

»Und finden Thaifrauen europäische Männer attraktiv?«, frage ich und ahne sofort, den dümmsten Flirtspruch der Welt von mir gegeben zu haben – ohne es eigentlich gewollt zu haben.

»Geht so, eigentlich auch nicht. Ihr habt lange Nasen und schwitzt die ganze Zeit. Ihr tragt dicke Bäuche vor euch her. Da könnte ein ganzer Mensch drin wohnen. Eure Körper sind so voller Fleisch. Fleisch überall. Eure Arme wabbeln, und eure Beine sind so dick wie mein ganzer Oberkörper.« Sie hebt ihren schlanken Arm und legt ihn neben meinen. Selbst ich fühle mich dick, als ich ihren Arm mit meinem vergleiche – helle Haut, wenig Muskeln und keine Haare, was mir normalerweise als unmännlicher Makel erscheint. Ihre Haut ist warm, ich spüre sie an meinem Ellenbogen. Ihr Arm ist zart und braun. Ihre Finger sind sehr kurz. Gepflegte Fingernägel.

»Wenigstens haben wir beide keine Haare auf dem Arm, das ist etwas, in dem wir uns gleichen«, versuche ich sie zum Lachen zu bringen. Erstaunlicherweise funktioniert es sogar. Ich sehe ihre kleinen Zähne. Sie hält sich während des Lachens die Hand vor den Mund, ihr halblanges, schwarzes Haar fällt dabei über ihre Hand. Sie blickt auf die schmutzige Straße, während sie sich kichernd über meinen mäßigen Witz amüsiert.

»Du bist lustig.«

»Geht so«, sage ich. »Woher kommst du?«

»Aus Chiang Mai, das ist eine Stadt im Norden.«

»Wie alt bist du?«

»Sechsundzwanzig.«

»Und was machst du so?«

»Ich habe in Chiang Mai studiert und wollte jetzt hier jobben«, erklärt sie mir.

»Du hast also keinen Job?«

»Nein.«

»Wollen wir wieder reingehen?«, frage ich sie.

Während sie aufsteht, erkenne ich, dass sie einen erschreckend schmalen Körper hat, eine winzige Brust, die wie aufgesteckt an ihrem kleinen Oberkörper haftet. Ihre Arme sind trainiert und ihre Schultern muskulös.

Aber am meisten fasziniert mich ihr Gesicht.

Ich weiß nicht, ob sie eine thailändische Schönheit ist, dafür kenne ich mich zu wenig mit südostasiatischen Schönheitsidealen aus. Ihre tiefschwarzen Haare, die kräftig nach Fructis-Shampoo riechen, umranden ein breites Gesicht. Zwei ebenso schwarze Pupillen blicken sicher aus dem sauberen Weiß ihrer Augen heraus. Feine Augenbrauen geben der oberen Hälfte ihres Gesichts eine symmetrische Form. Alles scheint perfekt plaziert. Ihre Nase ist klein und stubsig. Sie steht nicht ab, das verwundert mich, und es wirkt fremd. Es ist das erste Mal, dass ich mir die Zeit nehme, ein thailändisches Gesicht zu inspizieren. Feine Nasenlöcher und Flügel geben ihrer Nase etwas sehr Zerbrechliches. Darunter ein dunkler, kräftiger Mund mit breiten Lippen. Wenn sie lacht, sehe ich ihr dunkles Zahnfleisch. An ihrem Mundwinkel trägt sie eine kleine Narbe, die jedoch nicht störend ist. Und während ich über sie nachdenke und ihr Gesicht beobachte, kann ich mich nicht entscheiden, ob ich sie nun schön finden soll oder nicht. Ich habe einfach keine Ahnung, was schön hier bedeutet. Aber noch bevor ich mich entscheiden kann, stelle ich fest, dass ich jedenfalls eine schwere Sympathie für sie empfinde.

Wir torkeln beide, ich stärker, sie schwächer, zurück in den Club und tanzen. Ich bescheuert, sie gekonnt. Ich habe in meinem Leben noch nie so lange und ausdauernd getanzt wie hier und heute Abend. Das Besondere dabei: Ich habe in meinem ganzen Leben noch nie zu Dr. Alban getanzt, ohne dabei mein Gesicht angewidert zu verziehen oder ironische Gesten zu machen. Jetzt aber tanze ich zufrieden zwischen langen Menschen, die Bum und mich wie ein Gebirge umgeben, und proste ihr zu. Wenn ich sie aus den Augen verliere, suche ich sie, unterbreche kurz mein albernes Gezappel und taste den Raum nach ihr ab.

Ich stelle fest, dass sie das Gleiche tut, wenn ich verschwunden bin. Erst als die Musik endet, verlassen wir beide heiter den klimatisierten, aber inzwischen nach Schweiß riechenden Club.

»Was machen wir jetzt?«, frage ich in die ersten Sonnenstrahlen des neuen Tages hinein.

»Ich habe keine Ahnung, ich will ins Bett«, antwortet sie.

»Okay, lass uns ein Taxi nehmen.«

»Quatsch, lass uns Tuk Tuk fahren, das mögen doch Touristen, wie du einer bist.« Ich bin kurz etwas pikiert und frage mich, was das bedeuten soll, »Touristen, wie ich …« Tuk Tuks sind kleine dreirädrige Mopeds mit Rückbank, die eine billige und lebensgefährliche Alternative zu Taxis darstellen. Billig jedoch nur, wenn man Thai spricht und es schafft, die Fahrer davon zu überzeugen, dass man nicht bereit ist, umgerechnet 10 Euro für eine fünfminütige Fahrt zu bezahlen. Ich habe das bisher nicht geschafft und wurde immer, wenn ich mich für ein Tuk Tuk entschieden habe, entweder zu einem Schneider gefahren oder zu einem Reisebüro.

Sie hält einen Tuk-Tuk-Fahrer an, diskutiert kurz mit ihm auf Thai, wird etwas lauter und scheint schließlich den Kampf aus Worten erfolgreich ausgefochten zu haben.

Wir steigen ein und fahren durch das erwachende Bangkok. Es ist das erste Mal etwas kühler, der Fahrtwind weht unseren Schweiß auf die Autos hinter uns. Wir sind beide still, ich muss mich etwas kleiner machen, damit ich unter dem Verdeck nach außen sehen kann. Bum sitzt zufrieden neben mir, sie kneift die Augen zusammen, als die ersten Sonnenstrahlen müde über die Häuser kriechen. Es ist ein bisschen wie im Film, denke ich.

Wir fahren vorbei an einem großen Palast, der in der Morgensonne erst recht imposant und schön wirkt, wir passieren leere Straßen. Es riecht sogar frisch. Und während sich das Tuk Tuk gefährlich in die Kurve lehnt, rutscht Bum zu mir. Sie bleibt sitzen. Ihr Oberschenkel berührt meine Jeans. Sie bleibt noch immer sitzen, rutscht nicht zurück. Ihre Hand berührt meine Hand, ich nehme sie. Als würden wir beide davon nichts bemerken, blicken wir in verschiedene Richtungen aus dem kleinen dreirädrigen Moped. Unsere Hände halten sich still fest. Vorsichtig bewegt sie ihre Finger über meine und zieht zärtlich an jedem einzelnen. Ich halte ihre Hand fest. Und bin erstaunt, wie schnell diese intime Geste stattfindet.

Zu Hause, in Deutschland, ist das Berühren der Hand ein Schwur, ein Ritual, das vollzogen wird. Hier, im Rest der Welt, wird die Hand genommen, ganz selbstverständlich, und sie wird gestreichelt, als wäre es die erste Hand, die wir je berührt haben. Keine Unsicherheiten, keine ungelenken Bewegungen an diesem Morgen in Bangkok.

Ich will sie nicht küssen, als ich feststelle, dass wir uns verabschieden müssen. Das Tuk Tuk hält, sie springt heraus und löst sich aus meinem zarten Griff. Anstelle irgendwelcher versuchter Kussinitiationen stelle ich ihr eine Frage: »Hast du Lust, mir Chiang Mai zu zeigen?«

»Ja.«

»Morgen um zwölf am Hauptbahnhof, Zugtickets kaufen?«

»Ja.«

»Bis morgen.«

»Bis morgen, ich freu mich!«

Der Tuk-Tuk-Fahrer bringt mich bis zu meinem Hotel, wir sind über dreißig Minuten gefahren, ich bezahle umgerechnet 20 Cent anstelle der üblichen 10 Euro und bin etwas verblüfft, als er mir das Wechselgeld vorzählt.

Ich sehe dicke englische Mädchen vor meinem Hotel mit dicken englischen Jungs knutschen. Die Khao San schläft noch ihren Rausch aus, wie jeden Morgen, jeden Tag in der Woche, 365 Tage im Jahr. Ich höre Menschen in ihren Hotelzimmern atmen und lege mich in mein Schuhkartonzimmer. Ich kann lange nicht einschlafen. Ich denke über Bums offenes Wesen nach und freue mich ehrlich darauf, mit ihr in ihre Heimatstadt zu fahren. Ich bin mir absolut sicher, dass ich, wenn ich in vier Stunden aufstehe, sie dort in dieser mächtigen Bahnhofshalle treffen werde. Sie wird mich nicht versetzen. Die Wut über die Exfreundin ist verflogen. Ich schlafe schließlich doch tief und fest, dieses Mal mit T-Shirt. Die Bettwäsche bleibt ekelig, auch wenn ich glücklich bin.

Ich bin unpünktlich, als ich am Hauptbahnhof eintreffe und dem TukTuk-Fahrer umgerechnet 5 Euro in die Hand drücke. Zu viel, denke ich, habe aber auch keine Lust zum Diskutieren. Bum steht ordentlich zwischen den Thais, vor einem Ticketschalter. Als sie mich sieht, lächelt sie verlegen und winkt mich zu sich. Wir begrüßen uns still und nehmen zwei Tickets gleich für heute Abend. Ein Nachtzug, ich buche zweite Klasse, jedoch klimatisiert. Sie lächelt immer noch, und wir spazieren etwas um den Bahnhof herum.

»Ich freue mich wirklich, dir meine Heimat zu zeigen«, sagt sie bescheiden, und ich nicke ihrem kleinen Gesicht zu.

»Ich muss noch einiges erledigen …«, sage ich.

»Lass uns doch um 18 Uhr hier treffen«, vervollständigt sie meinen Satz.

Ich gehe zurück zum Hotel, nicht ohne einen Zwischenstopp in einem Internetcafé einzulegen. Ich schreibe ihr nach Deutschland: »Lass mich in Ruhe.« Mehr nicht.

Die dänische Laura ist in meinem Kopf, als ich die Tür nach draußen aufstoße. Bald treffe ich mich mit ihr, und in meinem Kopf fechten Bum und Laura einen Zweikampf um meine Aufmerksamkeit. Fürs Erste: eins zu null für Thailand. Dänemark wird auf seine Plätze verwiesen.

Ich packe meine Tasche, kaufe genügend zu essen und zu trinken ein, wobei ich kaum weiß, was genau ich in dem kleinen Supermarkt da aus dem Regal nehme.

Um Punkt 18.30 Uhr steigen Bum und ich in den Zug. Gemeinsam betreten wir das thailändische Zugabteil, einen Waggon voller Sitze, die später gekonnt zu frisch bezogenen Betten umgebaut werden. Wir sitzen uns gegenüber und lächeln uns an, ich reiche ihr eine eingepackte frittierte Speise aus meinem Vorrat, ohne zu wissen, was es ist.

Viel tun wir nicht in den nächsten sechzehn Stunden. Wir rauchen heimlich Zigaretten an den während der Fahrt geöffneten

Einstiegstüren, trinken Cola im Speisewagen und essen Gemüse mit Reis. Wir reden nur sehr wenig, viel mehr lauschen wir dem schweren Rattern des erschöpften, alten Zuges. Erst als wir ins Bett gehen wollen, nimmt sie mich kurz zur Seite, stellt sich auf die Zehnspitzen und gibt mir einen zarten Kuss auf den Mund. Einen Kuss, der ganz ihrer Person entspricht. Klein und empfindlich berührt sie meinen groben, europäischen Mund.

»Gute Nacht, Thilo.«

»Schlaf gut, Bum.«

Nur kurz denke ich über all die westlichen Männer nach, die mit uns hier in diesem Zug sitzen, mit ihren verbrauchten thailändischen Frauen. Wie trauriger, kaputter Schmuck hängen diese Frauen an den Händen und Hälsen der schwer lachenden Männer. Sie hauen auf ihre Ärsche, als würden sie dünne Kühe durch den Zug treiben, sie prosten sich besoffen zu und zwinkern sich an, als hätten Sextouristen einen ganz eigenen Code der Kommunikation und verstünden sich auch ohne Worte. Was sollen sie sich auch erzählen? »Meine fickt richtig gut. Und ich habe ihr 10 Pfund, Dollar, Euro mehr gegeben, damit sie das Kondom weglässt.« Es schüttelt mich.

Sextourismus ist immer noch allgegenwärtig in Thailand. Selbst nachdem die Kamerateams der Fernsehsender vor ein paar Jahren die Zustände abgefilmt haben und die Welt erfahren hat, dass man hier günstig Sex bekommt – und Aids, scheint sich nichts geändert zu haben. Die Gesichter der Prostituierten sind grau und alt. Zu viele verschwitzte Körper haben sich über sie gebeugt. Zu viele seltsame Wünsche wurden geäußert, die es zu erfüllen galt. Für nicht viel mehr als ein Trinkgeld.

Ich atme schwer ein und versuche trotz der düsteren Gedanken, im monotonen Ratatat des Zuges einzuschlafen. Ich befürchte, dass ich mich zumindest optisch nicht wesentlich vom Sextouristen unterscheide. Ein durchschnittlicher Typ, europäisches Aussehen, an seiner Seite eine zarte thailändische Frau. Ich mag diesen Gedanken nicht. Doch was unterscheidet mich von ihnen? Ich bezahle die Frauen nicht, damit sie mit mir schlafen. Aber nutze ich nicht ihre Armut aus? Was ist mit der Frau aus der Ukraine? Sie war arm, sie wollte mehr und nicht nur meinen Penis, sie wollte auch meine Aufmerksamkeit und vielleicht auch eine Ehe. Ist Bum anders? Ist unsere Situation anders? Sind wir beide Fremde, die sich kennengelernt haben, weil sie sich mögen, oder mag sie mich, weil ich ein vermeintlich reicher Mitteleuropäer bin? Ich kann meine eigenen Fragen nicht beantworten.

Um mich zu zerstreuen, schiebe ich den Vorhang etwas zur Seite, sehe, dass Bum noch wach ist, blicke in ihr Gesicht und lege mich beruhigt auf den Rücken. Ich spüre ihr Lächeln bis in meine Kabine.

Wir erreichen Chiang Mai mit einer unwesentlichen Verspätung, Bum bringt mich in ein Hotel und verabschiedet sich mit den Worten, dass sie keinen westlichen Mann mit zu sich nach Hause nehmen kann. Ich solle aber nicht besorgt sein, sie komme bald wieder.

Ich spaziere durch Chiang Mai, sehe noch mehr Prostituierte und noch mehr betrunkene Touristen, bin aber von der Schönheit der Stadt angetan. Anders als Bangkok ist Chiang Mai eine ruhige Stadt mit einem altertümlichen Stadtzentrum. Viel Verkehr, ja, aber die kühle Luft des Gebirges fegt den unangenehmen Duft der wenig sorgsamen Menschen davon, trägt ihn vielleicht in den Süden, bis nach Bangkok, wo er sich sammelt und wie eine muffige Glocke über der Hauptstadt hängt.

Ich leihe mir ein Moped mit dem falschen Führerschein, gehe zurück auf mein Zimmer und warte.

Wenig später steht sie im Türrahmen, sie sieht glücklich aus und legt sich zu mir. Sie hebt meinen rechten Arm und legt ihn sich über die Schulter, meine Hand ruht auf ihrer Hüfte. Für einen kurzen Moment spüre ich, wie zufrieden wir beide gerade sind. Erschöpft von der Zugfahrt, schlafen wir so ein und wachen erst wieder auf, als es dunkel ist – immer noch in derselben Position.

Ich erzähle ihr von meinem Plan, mit dem Moped durch die Berge zu fahren. Sie lacht dabei wieder in ihre Hand und sagt: »So wie alle Touristen das hier tun.«

»Hey, aber ich bin Tourist.«

»Ja, ihr wollt immer etwas entdecken, ein wenig Abenteuer, esst aber bei McDonald's und verlasst nie eure selbstgetretenen Trampelpfade durch unser Land.« Ich mag ihre Gedanken, auch wenn sie bitter klingen. Sie ist klug. Das erscheint mir schön.

Obwohl es im Norden Thailands empfindlich kühl wird, fragt sie mich kurz vor dem Zubettgehen, ob wir heute nackt nebeneinander schlafen wollen. Ich bin verunsichert, aber trotzdem stimme ich zu. Ich kann meine Neugier, wie sie wohl nackt aussieht, nicht länger verstecken. Ich rutsche auf unserem Bett ein Stück nach hinten und ziehe mich aus. Sie steht vor dem Bett, hebt ihre Arme über den Kopf, zieht dabei ihr T-Shirt mit hoch. Sie trägt keinen BH. Dafür ist der Busen auch viel zu klein. Dunkle, kleine Brustwarzen, ein ungenau definierter Bauch und ein strenger Bauchnabel. Erst als ihre Finger an die Seite ihres Slips fahren, blickt sie kurz auf.

»Hör auf, mich so anzusehen, hast du noch nie eine Thai nackt gesehen?«

»Nein«, sage ich. Sie kichert. Mit einer schnellen Bewegung springt sie aus ihrem Slip und steht nackt vor mir. Ich erkenne ihr dichtes, schwarzes Schamhaar, das genauso wie ihr Kopfhaar im Licht schimmert. Es erinnert mich an die Frau aus Indien. Ich bin aufgeregt.

Sie legt sich zu mir, dreht sich auf die Seite und drückt ihren Hintern an mein Becken. Ich drehe mich auch auf die Seite und liege ganz nah neben ihr. Mein Kopf vergräbt sich in ihrem Nacken, ich atme ihren Geruch und ihre Haare ein. Alles erscheint mir fremd. Ich liege neben ihr, und sie bewegt vorsichtig ihren Po. Ich lache, bitte sie, das zu lassen.

»Warum?«, fragt sie.

»Ich habe Angst«, sage ich.

»Wovor?« Sie küsst das Wort in meinen Mund, während sie sich auf mich schwingt.

»Keine Ahnung«, antworte ich, während sich meine Hände um ihre Hüfte legen.

»Hab keine Angst, kleiner, europäischer Mann«, und ihre Hände greifen nach meinem Hinterkopf, ziehen meinen Mund zu ihrem Gesicht. Ich greife nach einem Kondom in meiner Tasche.

Zettel Nummer dreiundsiebzig ist abgerissen.

Am nächsten Morgen, von postkoitaler Scham keine Spur, setzen wir uns zwei lächerliche Helme auf und beginnen unsere Tour. Ihre Arme schlingen sich um meine Hüften, so wie meine gestern Nacht ihre gehalten haben. Sie hat gekonnt mit mir gespielt, als wüsste sie, wie ich funktioniere. Während sie ihren Kopf auf meinem Rücken ablegt und wir die Stadt verlassen, denke ich an unseren Sex. Keine Geräusche, nicht mal diese seltsamen Sexlaute sind unseren Körpern entwichen. Es war kein leidenschaftlicher Sex, viel mehr war es der Sex, den man hat und sich danach gegenseitig festhält. Nicht ohne uns albern zu fühlen, haben wir danach eine Zigarette geraucht und Cola getrunken. Das erste Geräusch, das sie nach knapp einer Stunde von sich gegeben hat, war ein leises Bäuerchen. Und ein beschämtes Kichern danach.

Wir passieren weite Landschaften, zwischen den Hügeln wachsen geschnitzte Tempel aus dem Wald. Kein Auto kommt uns entgegen, nur vereinzelte Busse und Lastwagen, die Nahrung und Menschen transportieren und sich auf der scharf durch die Landschaft geschnittenen Straße bewegen. Die Luft wird kühler, Bum schmiegt sich immer enger an mich. Meine Hände beginnen zu frieren. Wir passieren Dörfer, die an den Straßen wachsen wie verstreute Pilze im Spätherbst. Flache, erdfarbene Gebäude mit verwaschenen Fassaden. Eine befreiende Ruhe geht von diesen kleinen Siedlungen aus, die alle nach demselben Muster gebaut sind. Ein Hotel, ein Restaurant, ein Laden mit angeschlossener Tankstelle. Immer, wenn wir Rast machen, um etwas zu essen, meist Klebreis mit Gemüse, erzählt Bum aus ihrem Leben.

»Meine Eltern sind sehr arme Bauern«, fängt sie an, als der Tag schon fast zu Ende ist. »Sie wollten, dass etwas Besseres aus mir wird, und haben ihr gesamtes Geld in meine Zukunft investiert.« Sie erzählt ihre traurige Geschichte mit einem Lächeln, damit ich auch lächeln kann. »Ich habe dann studiert. Meine Eltern wollten, dass ich Wirtschaft studiere, ich habe aber Literatur belegt. Englische Literatur.« Ich nicke, es überrascht mich wenig, dass Bum eine ausgebildete Akademikerin ist. »Aber weißt du, Thilo, in Thailand brauchen sie keine Spezialisten für englische Literatur. Nicht mal als Lehrer kann ich arbeiten, weil die meisten Englischlehrer hier Ausländer sind.«

Es erinnert mich an meine eigene Lebensgeschichte und meine sinnlosen, wenn auch spannenden Studienfächer, die ich im Gegensatz zu Bum nicht mal abgeschlossen habe. Allerdings ist meine sichere Lebenswelt weit entfernt von ihrem Leben.

»Ich bin dann nach Bangkok gegangen und lebe da so in den Tag hinein.«

»Und wie verdienst du Geld?«, frage ich vorsichtig.

»Mit Gelegenheitsjobs«, erklärt sie mir ausweichend. Ich frage nicht weiter nach.

Wir steigen wieder auf das Motorrad und suchen uns ein Hotel für die Nacht. Erst als wir das Zimmer betreten, küsst sie mich. In Thailand werden, wie in vielen asiatischen Ländern, keine Zärtlichkeiten in der Öffentlichkeit ausgetauscht. Einzig die Europäer schieben unangenehm ihre hellen, dicken Finger in die Münder der Thailänderinnen.

Wir fallen beide erschöpft und mit vom Fahrtwind öligen Gesichtern aufs Bett. Es kümmert uns nicht, dass unsere Haut schmutzig ist. Ich nehme sie in den Arm, und sie küsst meinen Hals, während sie sich auf meinem Bauch klein macht. Es fühlt sich an, als hätte ich eine große Katze auf meinem Körper. Fehlt nur noch, dass sie anfängt zu schnurren. Ich streichle ihren samtweichen Rücken mit meiner Hand und spüre einen feinen Flaum an Haaren. Ich drehe sie zärtlich auf den Bauch und setze mich auf ihren kleinen Po. Ich streichle ihren Rücken und küsse ihre Schulterblätter.

»Was ist verliebt sein, Thilo?«, fragt sie mich mit Erregung in der Stimme.

»Ich weiß es nicht«, antworte ich und beuge mich zu ihrem schmalen Hals, der nicht größer ist als die Fußfessel einer deutschen Frau. Die Haare in ihrem Nacken stellen sich auf und kitzeln meine Oberlippe.

»Gib mir eine Antwort. Du redest so wenig, erzählst kaum von dir, aber ich fühle mich dir so verbunden.«

»Ich kann dir nicht antworten.«

»Versuch es.«

Ich sitze auf ihrem Rücken und strecke meinen Oberkörper durch, während ich nach einer Antwort suche.

»Liebe ist ein feines Desinteresse an der Vergangenheit des anderen«, sage ich und bekomme eine Gänsehaut, wegen der Schwammigkeit meiner Antwort.

»Liebst du sie noch?«

»Wen?«

»Sie, der Grund, weshalb du so wenig erzählst.«

»Woher weißt du?«, frage ich verdutzt.

»Dein Blick, du siehst durch mich hindurch, du baust dir Sehnsüchte aus mir.«

»Ich weiß es nicht.«

»Also liebst du sie noch.« Und während sie das sagt, wirft sie mich von ihrem Rücken.

»Liebst du sie auch noch, wenn ich dich in die Schulter beiße?«

»Ich weiß nicht. Versuch es.«

Und sie versucht es. Lässt kleine Spuren auf meinem Körper zurück. Ich fühle mich wie eine Briefmarke, die frankiert wird, auf dem Weg zurück in die Heimat, um jemanden zu Hause zu informieren, dass es mich noch gibt.

Ihre Bisse gehen über in Küsse. Ich schließe die Augen und denke an sie, die Daheimgebliebene. Sie schiebt sich zwischen Bum und mich. Ich dachte immer, ich treffe nie wieder eine Frau, die mich festhalten kann, aber das ist falsch. Ich kann mich an unzähligen Schultern festhalten und ich kann mich dabei sogar wohl fühlen. Wahr ist allerdings, dass ich vergessen habe, einer Frau zu sagen, was ich wirklich denke, und einer Frau ihre Vergangenheit zu lassen. Von ihr wollte ich nie wissen, was passiert ist, weil es nur ein Morgen gab, kein Gestern.

Am Abend ist Bum mit geweiteten Augen und verschwitzter Stirn in meiner Achsel eingeschlafen. Ich liege noch lange wach, während sich ihr Brustkorb ruhig senkt und hebt. Ich spüre die Feuchtigkeit ihrer Haut unter meinen Fingern. Ich spüre aber auch, dass diese Frau nichts weiter als eine Erinnerung sein wird. Keine Zukunft. Ich habe Angst, dass Bum anders denkt. Ich weiß, dass sie anders denkt. Ich fürchte mich davor, dass sie mich fragen wird, ob ich sie mitnehmen kann. Ich habe sie bislang völlig im Unklaren darüber gelassen, was der Grund meiner Reise ist. Sie weiß nicht, dass nach Thailand Hongkong kommt und danach Tokio und Australien. Sie weiß nichts von der Dänin Laura. Dass ich noch durch zahlreiche andere Länder reisen werde. Durch zahlreiche andere Köpfe. Auf der Suche nach der einen und nach dem Verlust der anderen. Bum ist der Weg, das Ziel aber liegt noch in der Ferne.

Ihr Körper liegt unter einer dünnen Decke, während ich schlaflos auf der Bettkante sitze und Rauch in die Klimaanlage puste.

Die nächsten Tage sind nicht mehr von unschuldiger Freude geprägt. Wir fahren immer tiefer ins Hinterland, die Menschen werden wieder ärmer. Bum erzählt mir, dass der durchschnittliche Tageslohn hier um die 2 Euro beträgt. Wäre jetzt der Vietnamkrieg, würde das goldene Dreieck – Burma, Laos, Thailand – eine größere Bedeutung haben. Hier gibt es schon lange keine Drogen mehr, dafür aber asphaltierte Straßen und Ausländer, die sich über Bergkämme schwitzen, während unten in den Tälern die Menschen ein einfaches Leben führen.

Bum hält sich immer noch an mir fest, während wir den höchsten Punkt Thailands erreichen: den Doi Intahon, zweitausendirgendwas Meter über dem Meeresspiegel. Vor mir zeichnet sich der Norden Thailands ab. Ich kann nicht aufhören, die messerscharfen Bergkämme anzusehen, versuche meinen Blick auf kleine, rauchende Dörfchen zu legen und kann mich doch nicht auf die Schönheit konzentrieren. Mich beschäftigt die Sache mit Bum. Ich weiß nicht, was ich tun soll. Heute hat sie meine Hand genommen, auf offener Straße, auch wenn es im Wald war, aber sie hat sie genommen, und ich war zu feige, sie loszulassen. Ehrlich zu sein.

Es ist der letzte Abend, und heute erzähle ich ihr die Wahrheit. Ich werde ihr von der Wette erzählen, von der Daheimgebliebenen, von allem und von jeder. Von meinem Plan, meiner Wette, die mir in diesem Moment lächerlich und frauenverachtend vorkommt. Weil Bum Teil dieser Wette ist. Ich schäme mich.

Später liegt Bum weinend neben mir, sie versucht nun nicht mehr, mir kleine liebevolle Wunden in die Brust zu beißen, sie liegt winzig zusammengerollt auf ihrer Seite des Bettes. Ich sitze vor ihr. Ihre Hand liegt auf meinem Oberschenkel und bewegt sich langsam, als würde ein unterschwelliges Streicheln mich daran erinnern, wie wir uns in Bangkok zum ersten Mal berührt haben. Egal, wie viel Zeit man miteinander verbringt, die Rituale entstehen oft im ersten Moment des Kennenlernens. Es kostet viel Kraft, die Entstehung solcher Rituale zu verhindern, denke ich, während ich ihre Hand nehme und auf die kalte Bettwäsche lege. Sie schluchzt.

Ich atme aus.

Ich warte, bis sie tief schläft, lege ihr Geld für die Rückfahrkarte auf mein Kopfkissen und schleiche mich aus dem Zimmer. Als ich im Türrahmen stehe, sagt sie leise: »Auf Wiedersehen.«

Ich sitze im selben Zug, in dem mich Bum zum ersten Mal geküsst hat, ich rauche meine Zigaretten allein.

Langsam beginnt mich die Wette zu nerven, ich frage mich, ob ich für meine Freunde reise oder für mich. Ich blicke aus dem Fenster. Ich bin genervt und traurig.

Ich bin oft traurig auf dieser Reise, das ist nicht gut. Andere würden mich für diese Reise beneiden. Ficken, Länder sehen, Frauen anfassen, mich macht es allerdings traurig. Jetzt fahre ich zu Laura, sie ist im Süden, auf einer Insel, die jeder kennt. Koh Phangan, die Partyinsel. Ich sträube mich ein wenig dagegen, nach dem ruhigen Norden und mit der Unruhe in meinem Kopf mich jetzt in einen solchen Rummel zu stürzen, aber ich denke mir, während sich die Landschaft vor den Zugfenstern von nordisch kalt in tropisch stickig verwandelt, dass es letztlich doch vielleicht genau das Richtige ist.

Knapp dreißig Stunden später erreiche ich Surat Thani, eine Stadt im Süden Thailands und Ausgangspunkt für verschiedene Inseltrips – nach links, um in Phuket Sex mit Thaimädchen zu haben, nach rechts in Richtung Koh Phangan, um Sex mit Europäerinnen zu haben. Ich mag diesen Gedanken nicht, weil man bei alldem blinden Gevögel schnell das Land vergisst, in dem man sich befindet.

Auf der Fähre, die direkt in die Nacht fährt, denke ich über Laura nach. Ich sitze auf dem oberen Deck, und die salzige Luft lässt meine Haut austrocknen. Ich sitze da und freue mich auf sie, fühle mich aber, als hätte ich gerade eine lange Beziehung beendet. Ich frage mich, was Bum jetzt macht. Ist sie wieder in Bangkok, tanzt sie anmutig zu holpriger Musik? Lernt sie vielleicht schon morgen den nächsten Touristen kennen? Ich spüre keine Eifersucht, lediglich mein Gewissen.

Laura weiß, dass ich komme. Ich habe ihr aus dem Norden noch eine weitere E-Mail in den Süden geschickt, nachdem sie mir schrieb, wo sie ist. Sie weiß meine genaue Ankunftszeit. Schon vom Schiff aus sehe ich ihre hellen, blonden Haare, nicht aber ihre grünblauen Augen. Sie erkennt mich ebenfalls, hebt ihre Arme, diesmal ohne Krümel, und winkt mich zu sich. Ich freue mich, sie zu sehen, und freue mich darauf, in ihrer Welt zu leben. Wenn sie mir von ihrer Familie erzählt, wird es keinen Kulturschock geben. Ihre Mutter, vielleicht Lehrerin, ihr Vater, vielleicht Arzt. Keine armen Bauern.

Laura drückt mich voller Überschwung an ihren nicht großen, aber festen Busen. Sie gibt mir einen nassen Kuss auf die Wange. Ich lege meine Hand in ihre Hüfte und ziehe sie fest an mich, als hätten wir uns Jahre nicht gesehen. Wir begrüßen uns wie alte Kommilitonen, die mal etwas füreinander empfunden haben, aber leider zu früh anderweitig geheiratet haben.

Ihr glücklicherweise schwuler Freund winkt aus einem Pick-up-Taxi. Sie nehmen mich mit in ihr Hotel. Sie haben ein Dreibettzimmer gebucht. Um Geld zu sparen.

Ich habe mein schlechtes Gewissen von mir geduscht. Es ist immer noch Nacht auf der Insel. Nach einer beschwerlichen Fahrt durch den dichten Dschungel bin ich erstaunt, wie wild das Zentrum, wie zerklüftet die roten Schotterstraßen dieser Insel sind. Und wie luxuriös die Strandressorts dann plötzlich am Rand des Dschungels, inmitten der türkisblauen See erscheinen.

Der schwule Freund, dessen Namen ich noch immer nicht kenne, ist bereits ins Bett gegangen, und Laura fragt mich, während wir in einer Strandbar sitzen und bunte Cocktails trinken, wie es in Indien war. Die Bar ist leer, nur wenige Stühle sind besetzt, obwohl es erst 23 Uhr ist.

»Ach … ganz schön«, lüge ich.

»Erzähl mal mehr. Wie sind die Leute, sind die wirklich so arm und hilflos, wie sie es immer im Fernsehen zeigen?«

»Ja, ja, schon«, stammle ich. »Lass uns über was anderes reden, Indien war nicht so schön, ich habe mich nicht wohl gefühlt, eher einsam«, erkläre ich.

Sie gibt ein enttäuschtes »Na gut« von sich.

»Wie war deine Reise bis jetzt?«, will ich wissen.

»Unspektakulär, ich hatte sie mir abenteuerlicher vorgestellt, aber hier in Thailand ist alles perfekt organisiert. Ich frage mich, wie es hier in den Siebzigern gewesen ist, als noch Tiger in den Urwäldern gelebt haben.«

»Ich habe keine Ahnung, ich bin doch erst achtundzwanzig«, sage ich. Sie lacht. Ich lache auch.

Von Laura geht eine schwer zu beschreibende Ruhe aus. Ich fühle mich ihr sehr vertraut. Eigentlich will ich nur meinen Kopf in ihren bunten Rock legen und mich von ihren hellen Händen streicheln lassen. Ich frage mich, ob ich emotionaler werde, je weiter weg ich mich von zu Hause befinde. Schon wieder eine Frau, der ich mich ehrlich verbunden fühle.

»Wollen wir baden?«, fragt sie und zerstreut damit meine Gedanken.

»Sehr gerne«, sage ich.

Sie rennt zum Strand. Ich sehe ihre Pobacken hopsen. Sie läuft etwas unbeholfen, in Leichtathletik war sie bestimmt eine Niete. Dann zieht sie sich aus und rennt nackt, die Hände schützend vor Genital und Brust, ins Wasser. Erst als ihr das Wasser bis zum Hals reicht, dreht sie sich um und ruft mich zu sich.

»Beeil dich!«

Warum vertrauen wir uns auf Reisen so schnell, denke ich, während ich mir meinen hässlichen Schlüpfer über die Knie ziehe.

Zum ersten Mal auf dieser Reise gehe ich ins Meer. Das warme Wasser umschließt mich sofort, kein Gefühl wie an der Ostsee im Hochsommer, draußen 30 Grad, drinnen 15 Grad. Das Wasser ist hier genauso warm wie die Umgebung.

Mit wenigen Zügen erreiche ich Laura, die mit den Wellen im Wasser wackelt wie eine blonde Boje. Nur ihr Kopf guckt heraus. Sie beobachtet mich. Ich sehe ihren Busen und flachen Bauch durch die klare Oberfläche, und ich sehe: leuchtendes Plankton. Kitschiger könnte diese Szene nicht sein.

»Laura, guck mal, das Plankton leuchtet ja wirklich wie in *The Beach*!«, rufe ich aufgeregt.

»Stimmt, wie im Film«, antwortet sie lächelnd.

Wir stehen beide im Wasser, zwei europäische Bojen, die mit ihren Armen um sich kreiseln, damit es im Wasser grün glitzert. Für einen kurzen Moment finde ich dieses Plankton interessanter als jede Frau, die ich je in meinem Leben getroffen habe. Aber nur für einen kurzen Moment, dann sehe ich in Lauras Gesicht, ihre Haare, die in dicken, dunklen Strähnen von ihrem Kopf hängen, ihr Blick fröhlich und erwartungsvoll.

»Küss mich endlich!«, sagt sie.

»Ich mag, dass du so offen und ehrlich bist«, antworte ich, schwimme einen halben Meter, schlinge meine Beine um ihre Hüfte. Eigentlich sollte sie das machen, aber mir ist gerade nach einer femininen Geste.

Ich ziehe sie zu mir, und wir küssen den besten Kuss meiner bisherigen Reise. Wie zwei Puzzleteile fügen sich unsere Münder zusammen. Der Mond leuchtet auf uns herab, das Plankton glimmt, und ihr Busen drückt sich gegen meine Brust. Wir treiben nackt im Wasser. Sie küsst mich, wir hören nicht auf. Wie zwei Pubertierende können wir nicht fassen, wie schön die Situation gerade ist.

Sie berührt mich unter der Wasseroberfläche, ich ziehe meinen Bauch ein. Ich lege meine Hand auf ihren prallen, aber sportlichen Po. Hebe eine ihrer Pobacken an und stelle mir vor, wie das Plankton ihr Geschlecht zum Leuchten bringt. Wir schlafen im Wasser miteinander, und ich mache den dummen Fehler, auf ein Kondom zu verzichten. Wahrscheinlich denken wir beide: »Ach, in Europa, da gibt es doch nichts Schlimmes.«

Es ist großartiger Sex, alles andere als kitschig, trotz der Szenerie, in der wir miteinander schlafen. Sie dreht sich mit dem Rücken zu mir, ich lege meine Hand um ihren Hals und ziehe ihren Körper eng an mich, sie kann sich nicht von mir lösen. Ich halte sie in einem festen Griff und entlasse sie erst, als ich es möchte. Sie bewegt sich unter Wasser, während ihr Kopf über der Wasseroberfläche unbeweglich bleibt. Ihr Mund steht offen, ich sehe ihre Zähne, ihre Zunge, die sich wie das Innere einer lebenden Muschel bewegt. Sie versucht, meine Hand nach unten zu drücken, und ich bemerke, dass sie kommt. Ein dumpfer Ton entweicht ihrem Mund, sie schließt die Augen und lässt den Kopf ins Wasser sinken, während ich mich an ihr festhalte und ebenfalls komme. Wir wissen, dass ihr schwuler Freund bereits schläft, und trauen uns nicht zurück ins Haus. Ihr blonder Körper liegt nackt im Sand, ich küsse ihre Hüftknochen, und sie steuert meinen Kopf, als wäre der Rest meines Körpers nicht dabei. Sie legt ihre kräftigen Beine um meinen Hals, und ich habe das Gefühl, ich verschwinde. Oder ersticke. Sie kommt ein zweites Mal. Sand auf meinen Lippen und in ihrem Schoß. Sie zittert. Ich wünsche mir, dass dieser Moment niemals enden wird. Ich will für immer mit ihr schlafen, denke ich. Noch nie habe ich eine dermaßen leidenschaftliche und selbstbewusste Frau getroffen. Ich frage mich, ob alle Däninnen so sind, verwerfe diesen Klischeegedanken aber schnell.

Manchmal trifft man Menschen und schläft mit ihnen und hat das Gefühl, man sei, zumindest geschlechtlich, füreinander geschaffen. Er ist perfekt, der Sex, den ich mit Laura habe. Er fühlt sich besser an als der Sex mit der Frau, die ich zu Hause gelassen habe. Das erste Mal auf dieser Reise fühle ich mich verloren – und das nur wegen ein bisschen Sex und eines ungestümen Wesens. Ich fühle mich im positivsten Sinn verloren.

Nachdem ich mir den Sand von den Lippen gewischt habe, sitze ich neben ihr. Wir blicken beide zufrieden auf die stille Wasseroberfläche. Sie sieht mich an, ich zähle unbewusst die Sommersprossen auf ihrer Nase.

»Ich will noch mal«, sagt sie mit schwerer Erregung in der Stimme.

»Ich auch.«

»Leg dich hin.«

Sie beugt sich über mich. Ihre kalten, salzigen Haare berühren meinen muskelfreien, aber vom vielen Reisen mittlerweile wieder flachen Bauch. Es geht sehr schnell. Ich kann mich kaum halten, beiße in ihre Finger, die in meinem Mund liegen und mein Gesicht festhalten, meine rechte Hand ruht dominant auf ihrem Hinterkopf, ihr Po ist in die thailändische Nacht gestreckt. Ich kann kaum einen klaren Gedanken fassen, und in dem Moment, in dem ich komme, richte ich mich auf, halte aber ihren Kopf. Lasse nicht los. Sie lässt mich gewähren. Ich erschrecke und falle zugleich erschöpft in den Sand zurück.

»Ich glaube, das war der beste Blowjob, den ich je in meinem Leben bekommen habe«, sage ich.

»Ich weiß«, sagt sie wiederum ziemlich selbstbewusst.

Es gibt zwei Lauras, denke ich. Am Tage das unschuldige, herzliche, lachende Mädchen, das tollpatschig gegen den Türrahmen läuft, und in der Nacht der männermordende Vamp, eine erwachsene Frau mit der Libido eines Mannes. Ich kann nicht genug kriegen von ihr, weil ich das erste Mal seit Jahren in der Lage bin, während des Sexes meinen Kopf auszuschalten. Ich denke nichts. Ich denke nur an sie, an ihren weiblichen Körper, ihre weichen Rundungen, die sich scharf von der thailändischen Nacht abzeichnen. Ihre Brustwarzen, die nicht mal unter zärtlichster Bearbeitung steif werden – was mich tatsächlich etwas verwirrt. Sie beruhigt mich, indem sie sagt: »Ich spüre da eh nichts. Fick mich lieber.« Endlich habe ich das Gefühl, mit einer Frau zu schlafen. Und nicht mit einer Zahl. Vielleicht war diese Wette keine gute Idee, denke ich immer öfter.

Wir bereiten uns auf die Full Moon Party vor. Mehr können wir am nächsten Tag auch nicht machen, erschöpft von der Nacht liegen Laura und ich am Strand, und diesmal hält niemand meine Hand. Wir liegen einfach nebeneinander. Ohne daran zu denken, was letzte Nacht passiert ist. Aber ich spüre, dass wir beide es kaum erwarten können, bis die nächste Nacht beginnt.

»Wir werden viel Alkohol trinken«, sagt sie.

»Ich weiß.«

»Ich will dir einen blasen, komm mit.«

Ich folge ihr in das dunkle Grün des Dschungels.

Die Full Moon Party ist das Schrecklichste, was ich je in meinem Leben gesehen habe. An diesem Abend tummeln sich knapp 30 000 Menschen am Hat-Rin-Strand. Ich bin entsetzt. Alle wirken gleich. Es ist keine Party, wie man sie kennt. Niemand steht am Rand und beobachtet. Niemand ist schüchtern, alle sind fürchterlich ausgelassen. Ich glaube, so fühlt sich der Karneval in Köln an. Wirklich jeder hier ist betrunken, auf der Suche nach Sex und Drogen.

Jede Strandbar spielt ihre eigenen Lieder. Links von mir höre ich Jack Johnson wimmern, rechts von mir Westbam wummern. Dazwischen Thais, die Schnaps und Essen an betrunkene englische Touristen verkaufen. Ich drehe mich zu Laura, sie ist fasziniert. Nicht so angeekelt wie ich. Sie spaziert durch die torkelnden Männer, als würde sie durch ein Blumenfeld voller Disteln wandeln. Ich mag dieses Bild und konzentriere mich auf sie.

Später am Abend verlieren wir uns in der Menge. Ich suche sie und fühle mich dabei nicht wohl. Innerhalb kürzester Zeit habe ich Besitzansprüche entwickelt, denke ich mir und versuche, sie mit noch mehr Schnaps abzuschütteln, suche Laura noch immer und bin tatsächlich froh, eine Aufgabe zu haben. Sonst würde ich gelangweilt am Strand sitzen und beobachten, wie Touristen thailändisches Ecstasy schlucken, als wären es Kopfschmerztabletten.

Der Geruch von Schweiß steigt mir in die Nase, obwohl es eine Open-Air-Veranstaltung ist. Ich gehe runter zum Strand, sehe Menschen ins Wasser kotzen, ins Wasser kacken und sich, ohne darauf zu achten, dass sie in einer öffentlichen Toilette stehen, gegenseitig Orgasmen mit Mund und Händen verschaffen. Ich sehne mich nach der öffentlichen Intimität des Sexes am Strand gestern Nacht.

Unter den Sohlen meiner Flipflops höre ich Scherben knacken. Und dann sehe ich sie. Ich entscheide mich, sie etwas zu beobachten, spüre, wie ich zu lächeln beginne, als ich ihren Körper und ihr Gesicht in der Masse ausmachen kann. Sie tanzt ausgelassen zu schlechtem Techno, trinkt aus einem kleinen Eimerchen Rum mit Cola. Ich erkenne, dass sie schwer betrunken ist. Um sie herum eine Gruppe Männer. Es ist, als wäre sie ein Tropfen Spülmittel in einer fettigen Schüssel voll altem Wasser. Alle Männer halten respektvoll Abstand.

Sie hebt ihre Arme, ihr Busen hebt sich mit. Ich überlege, aufzustehen, zu ihr zu gehen und ihr ins Ohr zu flüstern, dass ich sie wirklich besonders finde. Ich will sie fragen, ob wir uns wiedersehen, wenn unsere beiden Reisen zu Ende sind. Ich will in ihrer Wohnung in Dänemark einschlafen, und sie soll in meiner Wohnung in Berlin wieder aufwachen. Vielleicht für eine lange Zeit. Ich traue mich nicht, »für immer« zu denken.

Ich stütze mich vom Boden ab und gehe in ihre Richtung. Mein Herz schlägt schnell. Ich habe Angst, bin aufgeregt. In meinem Kopf stelle ich mich hinter sie, lege meine Arme um ihren Bauch, als würde ich das schon seit vielen Jahren so tun, sie wirft mir ihren Kopf auf die Schulter, ich rieche ihr Deo, ihren Schweiß und küsse sie auf den Hals, das Salz ihrer Haut auf meinen Lippen. Ich spüre, wie ihr Körper zu beben beginnt, und dann dreht sie sich zu mir um.

Aber die Realität ist anders. Das ist sie fast immer.

Laura dreht sich nicht zu mir um, sondern zu einem der Männer in ihrer Nähe. Sie winkt ihn zu sich, so wie die Hexe Hänsel und Gretel ins Knusperhäuschen lockt. Er ist groß, muskulös und hat ein gewinnendes Lächeln auf den Lippen. Ich höre, wie sie seinen Namen ruft. Sie weiß seinen Namen?

Er geht sicheren Schrittes auf sie zu, greift um ihre Hüfte. Sie stellt sich auf ihre Zehenspitzen und versenkt ihr Gesicht, das bis vor kurzem noch allein mein Gesicht war, in seiner Schulter. Er beugt sich nach unten und küsst sie. Ich sehe, wie er ordinär unter ihren Rock fasst.

Und es tut weh.

»Ich gehe dann mal heim!«, brülle ich in ihre Richtung.

»Klar«, sagt sie, ohne sonst irgendwie zu reagieren. Es tut sehr weh. Im Hotel lege ich einen Brief auf ihr Kopfkissen, lege die Nummer zweiundsiebzig mit dazu. Sie soll wissen, dass sie eine Zahl ist.

Ich packe meine Sachen, warte, bis die Sonne aufgeht, und nehme die nächste Fähre zurück zum Festland.

Ich will Thailand verlassen. Ich fühle mich hier nicht mehr wohl und bin enttäuscht. Beinahe hätte ich die Wette mit meinen Freunden gewonnen. Beinahe. Und es wäre mir nicht mal wichtig gewesen, das Geld nicht zurückzahlen zu müssen. Vielleicht war es nur der Sex, vielleicht aber auch mehr. Das weiß ich nicht. In meinem Kopf ist es jetzt nur noch der Sex.

HONGKONG

Diesmal mache ich alles anders. Ich habe die Schnauze voll von Clubs, von der Oberflächlichkeit, die nicht nur in Berlin Hindernis für ernsthafte Verhältnisse ist, sondern auch im Rest der Welt. Die Enttäuschung nach Thailand ist groß und der Schmerz sitzt tief.

Missmutig erreiche ich das berühmte Chungking Mansions in Hongkong. Das berühmteste aller billigen Hotels dieser Stadt. Während ich mich durch unglücklich dreinblickende Afrikaner schlängle, die mir Drogen, Uhren und billige Zimmer versprechen, stelle ich fest, dass dieses Haus nicht etwa ein einfaches Hotel ist, sondern Hunderte Hotels zugleich beherbergt.

Das Gebäude ähnelt einem dieser Hochhäuser in den Trabantenstädten Deutschlands, nur dass die armen Menschen hier nicht dauerhaft wohnen, sondern sich nur für ein paar Tage ein Zimmer mieten. Jede Etage setzt sich aus unzähligen Hotels zusammen. Insgesamt 5000 Betten für 5000 reisende, wartende und hoffende Menschen. Das Chungking Mansions ist stellvertretend für Hongkong: Es ist überwältigend. Es ist laut, voll, stickig. Es ist lieblos, kalt, unordentlich und unübersichtlich. Aber trotz allem charmant. Britischer Wohlstand, gepaart mit chinesischer Wut und Kapitalismus.

Hier trinken die Menschen ihren Fünfuhrtee mit einer Nudelsuppe. Hier leuchtet 24 Stunden lang die Werbung auf Millionen chinesische Köpfe hinab. Alles bewegt sich. Es ist, als würde man in einem Fluss aus Menschen schwimmen und müsste sich an einen Ast klammern, um den Strom zu verlassen. Starbucks,

McDonald's, Gucci, chinesische Zeitungskioske – das sind die Äste, die einem den nötigen Halt geben, um einen Augenblick zur Ruhe zu kommen. Schwarze Haare, Arme und ein unendliches Gewirr aus Stimmen. Es ist ein menschliches Chaos, das sich hier durch die Straßen drückt.

Ich erfahre keinen Kulturschock, so unmittelbar nach Thailand. Ich empfinde vielmehr eine universelle Unruhe, die sich tief in meinen Körper und meine Entspannung bohrt. Mein Gesicht blickt streng über die kleinen Menschen hinweg.

Als ich mein Zimmer betrete, das kaum größer als das Bett und komplett gefliest ist, stelle ich fest, dass ich nagendes Heimweh habe. Ich will nach Berlin, denke ich, während ich mich unruhig auf der Matratze hin und her bewege. Ich will die Ruhe der einzigen Metropole, die keine ist, genießen.

Ich muss mich zwingen aufzustehen und greife missmutig nach meinen Sachen.

Ich betrete die Straße, es riecht streng nach Nudeln. Inder versuchen, mir Anzüge zu verkaufen, die ich nicht möchte. Ein Mann aus Ghana fragt, ob ich rauchen möchte, und zeigt mir das verschwitzte Haschisch in seiner Hand. Ich schüttle den Kopf.

Ich spaziere die Nathan Road entlang, das Zentrum von Hongkong, eine lange Straße, vollgestopft mit Menschen und Geschäften. Eine Straße, die auf mich wirkt wie eine Kulisse aus dem Film *Blade Runner*. Ich höre die elektrischen Werbetafeln knistern, esse Nudeln an einer kleinen Garküche. Es ist kälter als in Thailand. Es regnet. Es dampft.

Der chinesische Koch blickt mich an und fragt auf Englisch: »Möchten Sie ein tausendjähriges Ei probieren?«

Ich möchte nicht mal ein zweiwöchiges Ei probieren, denke ich, antworte aber: »Warum nicht?«

Er lächelt und bringt mir ein Ei. Ein einziges Ei. Auf einem Teller. Das Ei ist tiefschwarz, und ein Geruch schlägt mir entgegen, als hätte jemand eine Schwefelquelle geöffnet.

»Wie? Das ist doch jetzt ein Scherz. Das kann man essen?«, frage ich den Koch.

»Ja, das ist eine Spezialität.«

»Vergammelte Eier?«

»Ja.«

Ich nehme ein Messer und schneide das Ei in zwei Hälften. Auch das Innere ist schwarz, selbst das Eigelb ist dunkelblau und flüssig. Es läuft schleimig auf meinen Teller. Noch mehr Schwefel und alter Eierduft steigen in meine Nase. Der Koch verzieht keine Miene. Ich pikse mit einem Stäbchen hinein, und das flüssige Innere zieht einen stinkigen Faden.

Ein feuchtes Bäuerchen entsteigt meinem Körper, und ich beginne tatsächlich zu würgen. Ich bekomme einen Brechreiz, finde das aber gerade gar nicht schlimm. Zusammen mit dem Koch muss ich lachen, während ich mir eine kleine Kotzträne aus dem Augenwinkel wische.

Ich habe schon bessere Laune und erkläre, dass ich wohl noch ein Weilchen bräuchte, um schlechte Eier als Delikatesse schätzen zu können. Der Koch sagt, er verstehe das und kenne auch keinen Touristen, der das wirklich möge.

»Sie sehen einsam aus«, sagt er, während er das Ei abräumt und mir einen Pflaumenschnaps hinstellt. Während ich daran nippe, spüre ich die unzähligen Menschen, die hinter meinem Rücken aneinander vorbeilaufen.

»Ein bisschen einsam, ja«, antworte ich.

»Dann fahren Sie doch nach Wan Chai, in den Johnston-Road-Bezirk. Dort werden Sie Spaß haben.«

»Was gibt es da?«, frage ich zurück.

»Party«, antwortet er kurz und entblößt Zähne, die mich stark an das schwarze Ei erinnern.

»Nee, mir ist nicht nach Party«, sage ich ihm.

Ich trinke ruhig meinen Pflaumenschnaps aus, danke ihm für den Tipp und verlasse das Restaurant. Ich treibe noch etwas im

Strom herum und halte mich am richtigen Ast fest, als ich mein Hotel wiedererkenne.

Es ist schon spät, als ich in Hongkong einschlafe. Ich rufe im Zimmer meine E-Mails ab. Keine Mail von Laura. Keine Mail von ihr aus Berlin. Keine Mails meiner Freunde.

Am Tag ist Hongkong wie Frankfurt, nur mit schönen Bergen im Hintergrund und dem Meer im Vordergrund. Imposante Bürogebäude schrauben sich in den grauen Himmel. Die Straßen des geschäftigen Teils der Stadt sind leer gefegt, alles spielt sich in riesigen Malls ab, in denen unruhig blickende Geschäftsmänner zum Mittag ihren Herzinfarkt bekommen.

Während die Hauptstraßen von Polizisten überwacht werden, sind es die Nebenstraßen, die kleinen Gassen zwischen den hohen Häusern, die daran erinnern, dass es in dieser Stadt nicht nur Geld gibt, sondern auch arme Menschen, die auf Pappkartons in Pfützen schlafen. Und die Menschen hier sind anders arm als bei uns in Europa. Sie scheinen ausgestoßen zu sein, sie leben in einem eigenen Kosmos, in einem eigenen Hongkong, das still neben all der käuflichen Schönheit existiert. Wie in einer zweiten Welt. Ich gehe unwissend und ängstlich an den Siedlungen aus flachem Pappkarton vorbei, sehe Familien eng beieinandersitzen und kochen. Ich schäme mich, hier zu sein. Und versuche paradoxerweise mein schlechtes Gewissen und das, was ich gesehen habe, mit einem überteuerten Kaffee von Starbucks hinunterzuspülen.

Im Taxi sage ich die Adresse, die mir der Koch empfahl.

»Wan Chan, Johnston Road.«

»Ah, Sie wollen Spaß.«

»Ja.«

Das ist tatsächlich eher gelogen. Ich will keinen Spaß, ich habe keine Lust auf den üblichen Partyabend, ich habe mir vorgenommen, einfach ein paar Sozialstunden in dieser Stadt zu betreiben, ich weiß nicht, wo ich damit beginnen sollte – ohne dabei wie immer in einem Club zu landen. Der Taxifahrer navigiert mich auf langen Straßen, endlosen Brücken und in hellen Tunneln durch Hongkongs Verkehrswege. Wir lassen Kowloon und die laute Reklame und die überfüllten Straßen hinter uns. Wir befinden uns im Wirtschaftsdistrikt der Stadt, der nachts offenbar verlassen daliegt. Erst, als wir um eine Ecke biegen, sehe ich von weitem Hunderte von Menschen vor Hunderten von Bars stehen.

Ich tippe dem Fahrer auf die Schulter und sage ihm, er soll ein wenig umherfahren. Ich habe das Gefühl, wieder in Europa zu sein.

Horden europäischer Geschäftsmänner in teuren Anzügen stehen vor den Eingängen. Sie trinken Alkohol, dazwischen grimmige Frauen mit großen europäischen Gesichtern und Bleistiftröcken.

Ich bezahle und stelle mich zwischen die Menschen. Ich bin der Einzige in Jeans und Turnschuhen, alle anderen tragen Boss und Versace. Ich fühle mich wohl so als Outsider, als Andersartiger. Kein einziger Chinese ist hier, denke ich, und dann sehe ich doch ein paar vereinzelte chinesische Frauen, die verloren zwischen den europäischen Geschäftsmännern stehen. Sie lächeln freundlich, aber unwissend in fremde Gesichter. Ich lausche den Gesprächen, verstehe alles und überhaupt nichts. Die Menschen reden hier tatsächlich über Geld. Die ganze Zeit. Über Aktien, über Anteile, über Deals. Währenddessen trinken sie Bier und Cocktails und werden stetig betrunkener. Chinesische Frauen schwärmen um die Anzugtypen herum wie Bienen um einen Topf Honig. Mir reicht es, ich will gehen. Ich spaziere durch die leeren Straßen, entscheide, dass ich mit der Fähre fahren werde, der berühmten Fähre, die durch den Victoria-Hafen ihre Bahnen zieht. Ich will ins Kino, ich will keine Gesellschaft, ich will alleine sein. Und gehe.

Es ist gut, als mir der kühle Wind am Victoria-Hafen entgegenschlägt. Ich bin befriedigt und fühle mich befreit. Endlich habe ich mich von all dem Partyquatsch der letzten Wochen losgelöst.

Ich löse ein Kinoticket, sehe mir einen Film mit Sherlock Holmes an. Ich trinke Cola, esse Popcorn und bin froh, mich für eine Sekunde zu Hause zu wähnen. Es ist wie in Berlin, denke ich, nur dass ich nie alleine ins Kino gegangen bin. Ich ging immer mit ihr und mit meinen Freunden und anderen Frauen. Jetzt gehe ich alleine, ohne mich alleine zu fühlen. Das finde ich mehr als schön.

Ich sitze in der Mitte des Kinos, ein perfekter Platz. Schräg vor mir ein chinesisches Pärchen, hinter mir eine einzelne Frau. Auch wenn ich daran denke, will ich sie nicht ansprechen. Wie auch. Ich habe in der Ukraine gelernt, ohne Alkohol stelle ich mich sowieso zu dumm an. Also lasse ich das und sehe einen Film. Ich schlafe ein. Einfach so. Sehr friedlich.

»Der Film ist vorbei«, flüstert mich die Frau von hinten an. Ich erschrecke, weiß nicht, was ich sagen soll.

Wir verlassen beide das Kino. Laufen nebeneinander, dabei weiß ich überhaupt nicht, warum. Manchmal geschehen solche Dinge. Es ist jetzt tiefe Nacht in Hongkong, die Stadt wirkt ruhiger, aber nicht, als würde sie schlafen.

»Wollen wir ein Stück zusammen laufen?«, frage ich sie, als ich mir vor dem Kino eine Zigarette anstecke.

»Gerne«, antwortet sie und fragt mich, warum ich in Hongkong sei. Ob der Grund meines Aufenthalts geschäftlich ist.

»Nein, ich bin auf Weltreise und mache einen Zwischenstopp hier«, erkläre ich ihr kurz. Sie sagt dazu nichts, fragt nicht nach. Seltsam, denke ich, normalerweise wollen die Leute sofort wissen, warum ich reise, was der Grund ist, warum ich mich bewege. Sie nicht. Das finde ich für einen kurzen Moment sympathisch.

Auch in ihrem Fall weiß ich nicht, ob sie eine schöne Chinesin ist. Wie in Thailand, als ich Bum beobachtet habe, ist mir noch immer nicht klar, was es bedeutet, eine asiatische Schönheit zu sein. Sie ist kräftiger als eine Thai, ihre Gesichtszüge sind jedoch feiner als die von Bum. Sie hat hellere Haut, und ihre Hände sind sehr gepflegt. Als ich meinen Kopf herunterbeuge, um in ihr Ohr »guten Tag« zu sagen, rieche ich ein teures Parfum. Sie trägt ihre langen, schwarzen Haare zu einem Zopf gebunden.

»Ich bin Thilo«, sage ich. Mal wieder. Aber diesmal mitten auf einer schwarzen Straße, irgendwo in Asien. Ich bin nüchtern und ich bin mutig, weil ich nicht davon ausgehe, sie herumzubekommen, sondern einfach nur mit ihr reden will. Es tut gut, einfach mal nur zu reden. Mit irgendwem, nicht betrunken, nicht mit einem Glas Wodka Red Bull in der Hand. Ich habe sie kennengelernt, und mir scheint es, als wäre es natürlich. Echter. Als in einem Club. Sie saß im Kino hinter mir. Das macht die Situation sanft. Und schön.

»Hallo, ich bin Steph. Also eigentlich Stephanie«, antwortet sie.

Ich ziehe eine Augenbraue hoch.

»Das ist jetzt aber nicht unbedingt ein chinesischer Name.«

Mir fällt auf, dass der einzige weibliche chinesische Name, den ich kenne, Lucy Liu ist. Und die ist Amerikanerin.

Sie lacht, und ich erkenne eine unregelmäßige Reihe schiefer Zähne. »Hier in Hongkong haben wir meist einen englischen Vornamen und einen chinesischen Nachnamen.«

»Wegen England und der Kolonie?«, frage ich.

»Ja, genau.«

Wir lächeln kurz. Aber ich merke sofort, dass unsere Konversation sich dahinzieht wie die glibbrigen Fäden des muffigen Eis. Wir erreichen wieder den belebteren Teil Hongkongs. Es ist laut.

Wenn ich nicht wüsste, dass ich in China bin, würde ich meinen, ich sei in London, Paris oder einer anderen europäischen Metropole.

Alles wirkt, als hätte man eine spanische Urlaubsstadt vom Mittelmeer nach China exportiert. Inklusive der besoffenen Europäer. Doch anstelle der üblichen Abiturreisenden wanken hier Finanzmenschen über die Straßen.

»Wonach suchst du?«, fragt Steph schließlich. Ich verstehe die Frage nicht und blicke sie verwirrt an. »Warum bist du hier?«, hakt sie nach.

»Ich bin gestern in Hongkong angekommen und fühle mich etwas einsam«, antworte ich wahrheitsgemäß.

»Hm.«

Das Gespräch verlangsamt sich zum zweiten Mal. »Ich weiß nicht, du kannst ja was mit mir unternehmen?«, fragt sie mich vorsichtig.

»Klar«, sage ich und fürchte mich vor der unheimlichen Stille.

»Erzähl mir etwas über China«, breche ich die Stille. »Wie lernen Chinesen sich eigentlich kennen? Mir erscheint unser Zusammentreffen seltsam, oder?«

Stille.

»Tja, du musst zwischen Hongkong und China unterscheiden. Zwischen Stadt und Land.«

Auf dem Land, in wirklich ländlichen Gegenden, dort, wo die Menschen noch mit Maomützchen herumliefen und die meisten in der Schwerindustrie tätig seien, gebe es Hochzeitsmärkte.

»Du musst dir das wie einen Flohmarkt vorstellen«, sagt Steph. »Am Morgen werden Wäscheleinen gespannt, an denen man einen Zettel aufhängt und sein Kind vermarktet. Auf diesen Zetteln stehen dann Alter, Geschlecht, Größe, besondere Merkmale und Fähigkeiten. Heiraten oder jemanden im ländlichen China überhaupt kennenzulernen entspricht eher einer Jobvermittlung.«

In der Stadt jedoch sei es anders, erklärt sie mir. Hier funktioniere es wie überall in der Welt, man lerne sich halt einfach kennen.

»Bist du heute Nacht unterwegs, um jemanden kennenzulernen?«, frage ich. Steph kichert: »Nein, eigentlich wollte ich nur ins Kino gehen.«

»Aber ich habe nichts dagegen, wenn ich jemanden kennenlerne«, gibt sie zu.

»Aha.«

Man bewegt sich nicht viel in Hongkong. Viel Platz ist in dieser engen Stadt, umgrenzt von grünen Hügeln und Meer, ohnehin nicht.

Wir gehen in eine Bar, wollen etwas trinken. Ein Taxi bringt mich zum Ausgangsort meines Abends. Ich bin nicht enttäuscht, ich finde es nur witzig, dass ich endlich mal alte Bahnen verlasse, um dann doch wieder in irgendeiner Bar zu landen.

Erstaunlich viele schöne Frauen mit den gleichen russischen Gesichtern wie in Bangkok stehen gelangweilt an der Theke. Dazwischen chinesische Männer, die ersten, die ich in dieser Nacht sehe. Sturzbetrunken torkeln sie über eine kleine Tanzfläche des Clubs, der nur über eine Treppe nach unten zu erreichen ist. Einer der Männer zieht sein T-Shirt über den Kopf, scheitert auf halber Strecke und wackelt mit schwabbeligem Bauch durch die Bar. Ich finde das unhöflich und sehe in Stephs Gesicht, dass sie es scheinbar gewohnt ist. Sie sieht nicht mal zu dem besoffenen Chinesen hinüber.

Der Mann ist mindestens vierzig, benimmt sich aber wie ein Pubertierender. Ich bin unangenehm berührt, als ich sehe, dass der Mann betrunken und blind wegen des immer noch über seinem Kopf festhängenden T-Shirts auf eine der großen russischen Frauen zuläuft. Er fällt in ihre Arme, sein verschwitzter Kopf drückt sich gegen ihren dürren Busen. Sie hält ihn fest, rollt die Augen und hilft ihm aus dem T-Shirt. Er glotzt sie aus glasigen Augen an, spitzt die Lippen und stellt sich auf Zehenspitzen. Er küsst sie grob mit einer fleischigen Zunge. Es schüttelt mich. Ich tippe Steph an.

»Warum küsst sie ihn? Er ist ekelig.«

»Er ist reich, er arbeitet für die Mafia«, erklärt sie mir.

»Siehst du da hinten den Bereich?« Sie hebt ihren Finger und zeigt in den hinteren Teil der Bar, wo eine hölzerne Absperrung die sozialen Unterschiede deutlich macht. Ich sehe einen kleinen

Chinesen neben einer großen Frau. Und das insgesamt viermal. Der abgesperrte VIP-Bereich ist voll. Unangenehm voll.

»So funktioniert das hier in Hongkong. Entweder hast du Geld und damit auch Frauen oder gar nichts.«

»Aber wie lernt man sich denn normal kennen, mit Liebe und so?«, will ich wissen.

»Liebe? Das macht doch nicht satt.« Ich drehe mich um und gehe kurz an die frische Luft. Der kühle Wind Hongkongs schlägt mir entgegen, und ich setze mich, wie schon in Bangkok, auf einen Bordstein auf der anderen Seite der Straße. Neben mir ein Restaurant, es gibt deutsches Bier und Weißwürste, und ich höre viele Deutsche miteinander reden, sie sprechen über das gleiche Thema wie vorhin schon die Geschäftsmänner: Geld.

Ich sehe, wie Steph mir folgt, sie kommt auf mich zu, setzt sich zu mir.

»Ich bleibe noch ein bisschen bei dir, ist das okay?«, fragt mich Steph.

»Selbstverständlich«, antworte ich.

Ich atme schwer aus, hebe meinen Arm und bestelle einen Ananassaft für Steph. Sie sieht mich schief an.

»Ich habe kein Geld, bin nicht reich«, sage ich.

»Ach, das spielt keine Rolle, nicht jetzt und nicht hier.« Während sie das sagt, legt sie ihre Hand auf meinen Arm und tätschelt ihn, als müsste ich bald sterben, und das Letzte, was sie mir mit auf meinen Weg geben will, ist etwas körperliche Nähe.

»Bist du glücklich?«, will ich wissen. Sie streichelt nicht mehr meinen Arm, sondern blickt nach oben, in den schwarzen Nachthimmel. Ich sehe ihr Kinn und erkenne einen kleinen Flaum an ihrem Kehlkopf. Sie lehnt sich zurück, nimmt ihre Hand von meinem Arm und faltet sie vor ihrem Bauch. Ihr Oberteil ist etwas verrutscht. Ich sehe einen weißen, weichen Bauch.

»Nein.«

»Warum nicht?«

»Weil dieses Leben hier kein Leben ist, das Spaß macht. Die Menschen arbeiten wegen des Geldes. Es ist das Einzige, was zählt. Meine Freundinnen und ich gehen fast jeden Abend aus, auf der Suche nach einem reichen Europäer. Das ist kein schöner Lebensinhalt.«

»Warum tust du das?«

»Was soll ich sonst tun?«

»Studieren?«

»Warum?«

»Wegen der Bildung und deiner Möglichkeiten?«

»Ich brauche keine Bildung, und die Möglichkeiten lasse ich mir von meinem zukünftigen Mann bezahlen.«

Die Aussichtslosigkeit dieser Situation macht mich wütend. Es wird langsam Tag über Hongkong. Ich spüre, wie sich die Luft verändert, wie die Sonne die kühlen Nachtwinde erwärmt. Vögel werden lauter, mit fremdartigen Geräuschen geben sie bekannt, dass die Dunkelheit überstanden ist.

»Was machen wir jetzt?«, will ich wissen.

»Lass uns spazieren gehen.«

Wir laufen durch Straßen, die vermutlich selbst am Tag nicht belebter sind, hier im Wirtschaftsdistrikt von Hongkong. Eine kalte Sonne beginnt sich in den Fassaden der hohen Häuser eitel zu spiegeln. Steph läuft ruhig neben mir, ich habe mich entschieden, ihr meine Geschichte zu erzählen. Die Wahrheit. Ich erzähle ihr, dass ich das Gegenteil von ihr bin. Mich treibt mein Liebeskummer einmal um den Globus, während sie sich offensichtlich nach wirtschaftlicher Sicherheit durch gespielte Liebe sehnt.

Sie nickt und hört mir aufmerksam zu. Und ich realisiere, dass Liebe, Zuneigung und Nähe keinen großen Stellenwert in der jungen asiatischen Welt zu haben scheinen. Es ist ein Wunsch, ein Traum, eine Hoffnung, die aus den dunklen Augen von Steph schimmert. Aber es ist nicht das, was wirklich wichtig ist.

»Du bist seltsam«, sagt Steph plötzlich in die Morgenluft.

»Ich weiß«, sage ich.

Wir erreichen die Küste von Hong Kong Island, die Hochhäuser jetzt im Rücken. Blaues Licht beleuchtet die Straßen, ein klarer Himmel über uns. Große Möwen mit kleinen Fischen im Schnabel hüpfen über die leeren Straßen. Wir gehen zum Wasser hinunter, und die salzige Luft spült uns die traurigen Gedanken aus dem Kopf.

»Ich lade dich auf eine Fährfahrt ein. Du musst doch auch rüber nach Kowloon, oder?«

Sie nickt. Normalerweise könnte man auch mit einem Taxi fahren, aber immerhin ist der Victoria-Hafen eine der Sehenswürdigkeiten von Hongkong. Der Fährverkehr zwischen den einzelnen Distrikten dieser Stadt ist legendär.

Wir betreten das Schiff, es ist leer, niemand ist da. Es ist noch viel zu früh. Es fühlt sich an, als würde ich eine Reise zurück in der Zeit machen. Holzvertäfelung, Bänke und der dumpfe Geruch von Diesel und Schiffsmotorenöl.

Wir sitzen eng nebeneinander, ein scharfer Wind weht über die Wasseroberfläche und färbt das Meer dunkelblau. Ich fühle mich wohl mit ihr, in einem nichtsexuellen Sinne. Vielleicht liegt es daran, dass in den letzten Ländern die Frauen sehr viel dominanter und selbständiger waren. Ich frage mich, ob sie, wie ich, auch ein Bedürfnis nach ehrlicher Nähe hat.

Ich lege meine Hand um Stephs schmale Hüfte, und mein Herz schlägt schnell, da es doch sehr wahrscheinlich ist, dass sie mich zurückweisen wird. Sie rutscht jedoch näher an mich heran. Ich weiß, ich will sie nicht küssen, genieße den Moment. Sie fühlt sich an wie eine Frau, die ich schon jahrelang kenne. Wie eine Frau, die man mal geküsst und dann festgestellt hat, es ist scheiße, und deswegen befreundet man sich.

Wir sitzen still und umarmend im Boot. Gemeinsam. Als wir die andere Seite der Meeresmündung erreichen, löst sie sich aus meiner Umarmung und sagt: »Schlaf heute neben mir.«

So viele Länder, so viele Frauen. Die meisten voller Sehnsüchte. Selten geht es um reinen Sex oder einfach nur darum, sich zu wärmen.

Ich weiß nicht, woran es liegt, aber ich habe das Gefühl, die Frauen, die ich bis jetzt kennengelernt habe, waren hauptsächlich daran interessiert, etwas in sich selbst zu finden. Vielleicht mit meiner Hilfe. Die meisten Frauen sind nicht auf einen harmlosen Fick aus, auf eine Liebschaft für eine Nacht. Für die meisten Frauen ist auch die flüchtigste Begegnung emotional aufgeladen. Und im selben Augenblick stelle ich fest: auch für mich. Keine der Frauen war ein harmloser Fick. Niemand. Alle waren, irgendwie, aufgeladen. Ich spüre, etwas verändert sich. Etwas wird anders. Ich lächle. Steph auch. Und Hongkong sowieso.

Ein schmaler Gang führt in ein Hochhaus auf Kowloon. Es sieht aus wie die Chungking Mansions, nur gibt es hier viel weniger Menschen auf der Straße, viel weniger Licht. Mich überwältigt die Schäbigkeit des Hauses. Graue Wände, tropfende Decken und nackte Stromkabel, die gefährlich über meinem Kopf schaukeln.

Wir stehen still vor dem Fahrstuhl. Eine Ewigkeit. Auf der Anzeige sehe ich langsam die Lampe hinter den einzelnen Etagen leuchten.

Mit einem Bing öffnet sich die Tür. Uringestank schlägt uns entgegen. Steph geht vor, drückt mit dem Ellbogen auf die Nummer 6.

»Ich wohne allein, darauf bin ich sehr stolz. Das ist hier nicht üblich, meist wohnt man bis zur Heirat bei seinen Eltern.«

Ich frage mich, ob die reichen Geschäftsmänner auch ein solches Haus betreten. Als würde Steph meine Gedanken lesen, sagt sie: »Ich habe noch nie einen Mann mitgenommen, aber du bist anders. Ich glaube, du findest das hier nicht schlimm.«

Sie irrt sich, ich grusle und ekle mich vor dem Haus zugleich.

Sie kramt den Schlüssel aus ihrer Tasche, öffnet eine dünne Holztür, und ich betrete eine Wohnung, die kaum größer als ein kleines Zimmer ist. Links von mir eine Schiebetür zu einem winzigen Bad, rechts von mir eine kleine Kochnische. Ein winziges Fenster lässt etwas Tageslicht herein, dazu ein flaches Bett und ein Regal an der Wand, auf dem chinesische Bücher stehen. Auf dem Boden liegen zahllose Frauenzeitschriften. Ich erkenne eine *Cosmopolitan*.

»Leg dich schon mal hin«, flüstert sie mir zu.

»Warum flüsterst du?«

»Die Wände sind sehr dünn, ich darf eigentlich niemanden mitbringen.«

Vorsichtig ziehe ich mich bis auf T-Shirt und Shorts aus, lege mich auf das Bett und klemme mir meine Arme unter den Kopf. Ich sehe, wie Steph ins Bad geht, höre eine Zahnbürste, und kurze Zeit später steht sie nicht nackt, aber auch nicht wirklich bekleidet neben dem Bett.

»Lass uns schlafen, es ist spät«, sagt sie.

Und in diesem Moment realisiere ich, dass wir wirklich nicht miteinander schlafen werden. Das erste Mal bin ich auf dieser Reise glücklich. Sie gibt mir das Gefühl, dass ich jemanden kennengelernt habe. Mit Steph habe ich genau die richtige Begleitung gefunden, wir sind zu ihr nach Hause gegangen wie gute Freunde, als würden wir einfach noch was trinken.

Sie legt sich zu mir, nimmt eine Fernbedienung und schaltet einen Fernseher ein, auf dem chinesische Nachrichten laufen. Sie hebt meinen Arm und legt ihren leichten Kopf auf meine Brust. Meine Hand schläft bereits auf ihrer Hüfte, als ich merke, dass sie leise schnarcht.

Ich nehme ihr die Fernbedienung aus der Hand, stelle auf stumm und drehe sie auf die Seite. Ich lege mich hinter sie und schiebe meine Hand vor ihre Brust. Sie hält sie fest, wir löffeln. Kurz bevor ich einschlafe, höre ich sie sagen: »Danke.«

JAPAN

Bill Murray hatte unrecht. Sein trauriges Gesicht in *Lost in Translation* hat mich schwer verunsichert. Und das, obwohl Tokio ein Reiseziel ist, auf das ich mich sehr gefreut habe. So eigenwillig, so sonderbar anziehend wirkt es, wenn man Reportagen im Fernsehen sieht oder in Magazinen liest. Nur eben Bill Murray hat mir Angst gemacht. Ich habe mich schon in einem Hotel sitzen sehen, auf meine Uhr starrend und hoffend, dass die Zeit vorbeigeht. Ich habe mich schon verloren in einer Welt gesehen, die nicht die meine ist und vor der ich mich fürchte, weil sie fremd ist.

Ich stehe nicht verloren, nicht ängstlich und schon gar nicht einsam zwischen Hunderttausenden Japanern. Mit schwerem Gepäck erreiche ich Tokio Central und werde beobachtet von Tausenden kleinen Augenpaaren, da ich mit meinen Einmeterfünfundsiebzig hier ziemlich ungewöhnlich bin. Von Steph habe ich mich gestern Morgen höflich mit einem Frühstückskaffee bei Starbucks verabschiedet. Ich habe meine Rolle aus der Tasche genommen und die Nummer einundsiebzig in ihre Fake-Coco-Chanel-Tasche fallen lassen. Für einen kurzen Moment haben wir uns als Freunde gefühlt, einander Wärme gegeben, am nächsten Morgen war jedoch klar, dass wir uns nicht wiedersehen würden. Zu unterschiedlich waren unsere Vorhaben: Sie musste sich wieder auf die Suche nach einem finanzkräftigen Liebhaber machen, ich wollte meine Reise fortsetzen.

Ich kann mich aus meinem kurzen Universitätsstudium noch an ein paar Brocken der Sprache erinnern und habe mir vorgenommen, eine Woche lang japanisch zu sein: japanisch zu essen, japanisch zu wohnen und japanisch zu leben. Ich weiß, es ist aussichtslos, hier als Japaner unterzutauchen, allein meiner fehlenden asiatischen Physiognomie wegen, aber ich versuche wenigstens, mich den Lebensgewohnheiten anzupassen. Als eine Art Grundregel. Das wird eine lustige Erfahrung, weil es zwei Dinge in meinem Leben gibt, die ich hasse. Das wäre zum einen Autorität, und zum anderen sind es strenge Regeln. Gegen Regeln habe ich nichts im Allgemeinen, sie sind wichtig, aber Regeln, wie das Leben an sich funktionieren soll, finde ich abscheulich. Weil es sowieso immer anders kommt.

Ich erreiche mein Hotel, es ist in Ikebukuro, einem Stadtteil von Tokio, links oben, weit weg vom unbezahlbaren Stadtzentrum. Es scheint mir, als würde ich eine Entfernung zurücklegen, die der von Berlin nach Hamburg entspricht, und ich dachte immer, die meckernden Reisenden, die erzählen, Tokio sei so unbeschreiblich kostspielig, würden lügen. Aber sie haben recht. In den ersten Stunden in dieser Stadt gebe ich viel zu viel Geld für die einfachsten Dinge aus. Ich nehme den teuersten Flughafenshuttle, leiste mir ein Taxi, was die größte Investition darstellt: Fünfzehn Minuten Taxifahrt kosten ungefähr 50 Euro.

Im Stadtzentrum von Tokio, also in Ginza, dem Edelbezirk, oder Shibuya, dem Lachbezirk, oder in Shinjuku, dem Nuttenbezirk, sind die Zimmer unerreichbar teuer. Selbst ein Kapselhotel, das in dieser Stadt tatsächlich existiert, also ein Hotel, in dem sich nur Männer in bienenstockähnlichen Waben zum Schlafen einfinden, kostet 40 Euro die Nacht. Tokio ist teuer. Ohne Zweifel. Aber es ist auch schön. Und ich bin bereit, viel Geld für Tokio zu bezahlen. Ich bin bereit, den Geiz Südostasiens abzulegen, um Dinge zu sehen, von denen ich nie geahnt habe, dass sie existieren.

Ich will für einen Moment meine Wette vergessen, die mir immer absurder erscheint. Immer mehr zum Erfüllungsgehilfen meines eigenen Glücks wird. Aber nicht ernst zu nehmen ist. Ich will ein Abenteuer, diesmal ohne Muschis und Schwänze.

Mein Zimmer ist in einem Ryokan. Ein klassisches japanisches Hotel, für Japaner oder japanophile Touristen. Spärlich, aber schön eingerichtet, polierte Holzböden, Schuhe sind nicht erlaubt. Jeder Gast läuft in einem Yukata, einer Art Kimono, schweigend durch die dunklen Flure. Die Zimmer bieten keinen Luxus und werden nach Tatami-Matten berechnet. Ich nehme ein Zimmer mit 4,5 Tatami-Matten, das sind vielleicht 6 Quadratmeter. Mehr nicht. Platz ist teuer und selten in Tokio. Alles ist eng, nah und klein. Aber das macht nichts. Da die Japaner ein freundliches Volk sind, rückt man eben enger zusammen und schraubt seine Ansprüche an persönliche Freiräume herunter.

Ich liege auf einer dünnen Matratze, dem Boden sehr nahe, und schaffe es kaum, meinen Kopf zu beruhigen. So viele Gedanken, die mich beschäftigen. Zu Japan. So viele Möglichkeiten für die nächste Woche. Ich weiß nicht, wo ich beginnen soll. In nur wenigen Stunden werde ich Japaner kennenlernen, die wissen wollen, wo ich herkomme, die neugierig sind, wie der Rest der Welt funktioniert. Die die gleiche Neugier für mich empfinden wie ich für sie. Eine schwere Faszination ergreift mich, während ich die Decke zwischen meine Beine klemme und einschlafe. Ich kann es kaum erwarten, aufzuwachen und den nächsten Tag in Tokio zu erleben.

Atemlos lehne ich an einer Mauer im Stadtteil Shinjuku. Es ist nachts, ich bin schwer angetrunken. Zu oft bin ich in den letzten Stunden von japanischen Geschäftsmännern auf Reiswein, Sake, eingeladen worden. Immer wieder habe ich erzählt, was ich erlebt habe, wohin ich will. In kurzen englischen Sätzen, sonst würde mich niemand verstehen. Diese Stadt ist über meinem Kopf zusammengeschlagen wie eine große, gefährliche, laute Welle. Aber ich bin in diesem Moment ein gewiefter Surfer, der die Welle nutzt, auf ihr, mit ihr reitet. Ich will noch mehr sehen. All diese Eindrücke, mein Gehirn kollabiert. Mit offenem Mund bin ich durch die Straßen gegangen. Kein Ziel, einfach nur gehen. Jede Kreuzung birgt eine neue Überraschung. Selbst die gewöhnlichen Supermärkte laden ein, stundenlang durch die Regalreihen zu gehen und Produkte, deren Sinn und Zweck mir komplett verschlossen bleibt, zu betrachten.

Ich kaufe einen kleinen Pflasterelefanten, den man auf die Fußsohle pappt, gegen Schlaflosigkeit. Innerhalb von Stunden füllt sich mein Rucksack mit nutzlosem Zeug, das ich nicht kenne. Ich trinke eine Limonade mit Schokogeschmack und finde sie schrecklich, schüttle mich, muss aber noch einen Schluck nehmen. Die Neugier ebbt längst noch nicht ab. Ich bin fasziniert, wie die Menschen hier funktionieren.

Es tragen so viele Leute einen Mundschutz. Für einen kurzen Moment bin ich besorgt, dass es eine neue Grippeepidemie gibt, und frage nach, erfahre aber, dass Japaner diese Masken tragen, wenn sie einen Schnupfen haben. Sie wollen die anderen Menschen in der U-Bahn nicht anstecken. Das finde ich höflich.

Im Supermarkt gehe ich von dem Regal mit den Mundschutzen ein Stück nach rechts und sehe eine Regalwand voller Vaginen. Taschenmuschis. Zum Onanieren. Ich spiele mit dem Gedanken, den Gebrauchsgegenstand zu kaufen, schäme mich aber. Ich sehe, wie ein Mann mittleren Alters neben mir steht, sich für die künstliche Version eines japanischen Genitals entscheidet und ohne mit der Wimper zu zucken bezahlt. Die Kassiererin blickt uninteressiert auf die Ware. Undenkbar in Deutschland. Die Faszination beginnt hier im Kleinen, die Höflichkeit der Menschen, die unzähligen Visitenkarten, die mir, ganz wichtig, mit zwei Händen überreicht werden. Selbst das Wechselgeld in diesem stinknormalen Minimarkt wird mir beidhändig überreicht. Es wäre unhöflich, so etwas Wertvolles wie Geld lapidar auf den Tresen zu knallen.

Innerhalb kürzester Zeit verändert sich mein Verhalten. Ich schmeiße keine Zigaretten mehr auf die Straße, sondern kaufe mir einen Taschenaschenbecher. Ich weiche entgegenkommenden Menschen aus, stehe auf der Rolltreppe immer links und gehe rechts. Ich überlasse älteren Frauen meinen Sitz in der U-Bahn. Ich drängle nicht, ich frage immer höflich nach. Ich passe mich schneller an, als ich es mir vorstellen konnte. Ich bin in einer neuen Welt und fühle mich hier wohl.

Und jetzt stehe ich betrunken unter grellen Werbetafeln, die etwas feilbieten, was ich nicht verstehe. Ein Mann tippt mich an. Ein schwarzer Mann, aus Afrika, aber aus welchem Land er kommt, kann ich nicht sagen.

»Willst du was trinken?«, fragt er mich und reicht mir seine Faust, um einen afroamerikanischen Gruß auszutauschen.

»Ja, aber nur eine Cola, ich bin schon ziemlich betrunken«, sage ich.

Ich folge ihm in einen Kellerclub, es ist sehr dunkel, es riecht nach Rauch. In Japan ist es genau umgekehrt, sie rauchen nicht in der Öffentlichkeit, dafür sind alle Restaurants, Kneipen und Cafés verquarzt wie ein unsanierter sozialistischer Flughafen.

Er zieht einen Stuhl für mich zurück und reicht mir eine Cola, ich bezahle ungewöhnlich viel für die Brause. Auch egal, denke ich mir und beobachte die anderen Männer und Frauen, während ich erschöpft vom Tag und von den Eindrücken am Getränk nippe. Das Geschlechterverhältnis in diesem Club ist in etwa ausgeglichen.

Niemand scheint allein zu sein, die Männer sitzen mit aufgeknöpftem Hemd auf ledernen Eckcouchen, die Frauen fein säuberlich daneben. Die Ausgelassenheit der japanischen Männer erscheint mir seltsam, da die Frauen ganz im Gegenteil mit präzisen Schritten durch den Raum laufen. Eine junge Japanerin setzt sich neben mich. Und stellt sich auf Englisch vor. Sie spricht gutes Englisch.

»Hallo, ich bin Aoki, wer bist du?« Ich bin verwundert, weil die japanische Zurückhaltung sonst anders funktioniert.

»Hallo, ich bin ein Student«, lüge ich. Ihr Gesicht verzieht sich ein wenig.

»Du bist ein attraktiver Mann«, sagt sie nach nicht mal zwei Minuten Konversation. Ich ziehe eine Augenbraue hoch und bin verblüfft.

»Ich weiß nicht, deine Direktheit verunsichert mich. In meinem Kopf habe ich eine andere Vorstellung vom japanischen Sozialverhalten.«

Sie lacht, nimmt dabei ihre Hände vor das Gesicht, und beugt sich von mir weg.

»Siehst du, das meinte ich, das ist typisch japanisch.«

Sie hebt zur Antwort eine Hand und ruft eine tätowierte Kellnerin zu sich. Dabei dreht sie ihren Kopf wieder zu mir und blickt mich an: »Lädst du mich auf einen Whisky ein?«

Cool, denke ich, eine Whisky trinkende Japanerin, mit mir in einer Bar. Jetzt fehlt nur noch der Jazz. Sie nimmt sich eine meiner Zigaretten, bestellt den Whisky und blickt mich herausfordernd an.

»So, was machst du in Japan?«, fragt sie.

»Ach, ich reise ein bisschen herum. Und du?«

»Ich studiere in Tokio«, erklärt sie mir.

Während wir über unsere Leben reden, fällt mir ein, dass es ja ein Vorurteil gibt. Gegenüber Japanern. Sie haben alle kleine Penisse, und wenn man als Europäer nach Japan kommt, lernt man sehr schnell eine Frau kennen. Weil sie uns attraktiv finden. Weil wir lange Nasen haben. Anders als in Thailand, wo die Langnasen eher Opfer von Gespött sind. Ein ehemaliger Kommilitone sagte mir einmal in Bezug auf meine große, mehrfach gebrochene Nase: »In Japan wirst du das erste Mal wegen deines Äußeren eine Frau herumkriegen.«

Vielleicht ist das der Grund, warum sie so offen ist, warum sie so aufs Kennenlernen aus ist? Vielleicht bin ich im Kosmos der japanischen Schönheitsideale ein Supermodel? Sie trinkt mit kleinen Schlucken ihren Whisky, ich höre die Eiswürfel klappern, jedes Mal, wenn sie das Glas zum Mund führt. Und sie hört nicht auf, mir Fragen zu stellen. Woher komme ich, was arbeite ich als Student, wie alt bin ich. Dazwischen immer wieder eingestreute Komplimente zu meiner Schönheit. Nach kürzester Zeit ist mein Selbstbewusstsein auf Jahreshöhepunkt. Meine Verunsicherung, welche Absichten diese Frau hat, jedoch auch.

Als ihr Whisky alle ist, winkt sie die Kellnerin zu sich, blickt mich an, ich nicke. Sie bestellt eine zweite Runde, diesmal auch für mich. Sie legt ihre Hand auf meinen Arm. Mir geht das allmählich alles zu schnell, und ich frage sie, welche Absichten sie hat. Frei heraus und direkt.

»Was meinst du mit Absichten?«, fragt sie mich irritiert.

»Bist du wirklich daran interessiert, mich kennenzulernen?«, frage ich.

»Ähm. Du bist in einem Girls Club.«

»Ja? Und was ist daran schlimm? Moment. In einem Girls Club? Ich dachte, der Club hier heißt einfach nur Girls Club?«

Sie lacht, nicht ohne zu vergessen, die Hände vor ihr Gesicht zu schieben.

»Ein Girls Club ist ein Ort, an dem Männer viel Geld für Alkohol bezahlen, um sich mit Frauen zu unterhalten.«

»Was?«, frage ich entsetzt.

»Guck dich doch mal um.«

Ich schaue mich erneut um. Einige der Männer sind verschwunden, die Frauen sind jedoch noch da und zupfen gelangweilt am BH herum. Mit leerem Blick starren sie an die unter der Decke angebrachten Fernseher.

»Was habe ich denn bis jetzt für die Drinks bezahlt?«, frage ich nervös.

»10 000 Yen.«

»Das sind über 70 Euro!«

»Ja.«

»Haben wir dafür auch Sex?«, will ich wissen.

»Nein.«

»Wie lange dürfen wir noch reden?«

»Ungefähr eine Stunde.«

Der Sinn dieser Bar erschließt sich mir nicht sofort. Warum sollte ich viel Geld für ein Getränk bezahlen, nur um mich mit einer Frau zu unterhalten? Ich bin über so viel Unehrlichkeit verblüfft und frage die Frau, ob viele Männer in Japan das machen.

»Es ist ein Teil des japanischen Nachtlebens«, erklärt sie mir. »Japanische Männer pflegen ein Verhältnis zu diesen Frauen. Meist wissen ihre Ehefrauen auch davon.«

»Und der Sex?«

»Es gibt nicht unbedingt Sex. Na ja, die Entscheidung liegt beim Mädchen aus dem Girls Club.« Der Kundenstamm setzt sich zum größten Teil aus sehr einsamen Männern zusammen, erklärt sie mir. In Japan lernen die Menschen zwar, wie sie sprechen sollen, wie sie ihren Beruf ausüben sollen und Teil der Gesellschaft werden, aber soziale Ängste werden nicht abgebaut.

»Japanische Männer haben oft Probleme, eine Frau kennenzulernen. Deswegen kommen sie zu uns. Wir erklären, wie es funktioniert. Sie finden in uns einen Gesprächspartner.«

»Den sie bezahlen müssen«, füge ich argwöhnisch hinzu.

»Das macht den meisten Männern nichts.«

Oft sei es auch so, dass Männer im Girls Club regelrechte Beziehungen aufbauen. Alles beginnt mit kleinen Geschenken. Der Mann kommt her, trifft seine Freundin und gibt ihr eine teure Tasche. Es wird immer mehr, er buhlt um sie, bis er ihre volle Aufmerksamkeit und vielleicht auch ihren Körper gewinnen kann.

»Viele Studentinnen machen diesen Job. Sie können so ihren luxuriösen Lebensstandard aufrechterhalten. Für die wenigsten ist etwas dabei, sich mit Männern zu treffen, die sie mit teuren Gütern ausstatten. Und warum sollten sie nicht auch mit dem Mann schlafen, wenn er interessant ist?«

Ich trage kein Geschenk mit mir herum, ich fasse in meine Hosentasche, bis auf ein paar Münzen und einen alten Kaugummi kann ich nichts finden, keine Louis-Vuitton-Tasche.

Ich fühle mich etwas unwohl bei dem Gedanken, ein 28-jähriger Sugardaddy zu sein, und lege für mich fest, dass die Whiskys genug der Geschenke sein müssen.

Mir scheint, das System mit den Frauen hier im Girls Club funktioniert wie eine moderne Version der Geishas. Es geht nicht um Sex, nicht um körperliche Befriedigung, nur um Kommunikation. Um geistige Nähe. Aus Einsamkeit wird ein Geschäft gemacht, das weder anrüchig noch schmutzig ist. Aber es hat seine eigenen Regeln, die ich mir nicht leisten kann.

Jetzt wird mir auch klar, warum hier in den kleinen Läden, in den winzigen Geschäften, die über Shinjuku verteilt sind, echte Luxusgüter zu kaufen sind – echte Rolexuhren, echte Chanel-Taschen, echter Goldschmuck. Es ist das hastig eingekaufte Geschenk für eine Frau, die länger bleiben soll als nur eine Nacht. Der Gedanke erscheint mir so fremd.

Ich sehe mir noch mal die Frau an. Und erinnere mich endlich wieder an ihren Namen. Aoki. Ich weiß nicht, warum, aber ich habe das Gefühl, ich müsste sie retten und ihr erzählen, dass dies nicht die Normalität ist, dass Menschen einander auch nahe sein können, ohne dafür zu bezahlen. Tatsächlich bestelle ich ihr aber einen weiteren Whisky. Sie lächelt. Ich weiß, dass sie für jedes verkaufte Getränk eine Provision bekommt. Außerdem rückt sie mit jeder Bestellung näher, lobt mich für meine Generosität, beschreibt mich als idealen Mann. Es ist, als würde mir jemand mein Ego eincremen. Ich kann mich nicht dagegen wehren, ich fühle mich wohl. Obwohl dieser Keller alles andere als gemütlich ist. Ich habe noch zwanzig Minuten.

Andere Männer unterhalten sich mittlerweile verliebt mit denselben Frauen, die gerade noch andere verliebte Männer neben sich sitzen hatten. Sie blicken jetzt nicht mehr gelangweilt zum Fernseher, sondern ebenso verzückt in die Gesichter ihrer Gesprächspartner. Das ganze soziale Miteinander hier ist ein perfektes Schauspiel. Das Leben an sich basiert auf Schauspiel, auf versteckten Emotionen, auf fehlenden Zeichen in der Körpersprache. Attraktion und Anziehung sind nicht wie bei uns aus dem Gesicht des jeweiligen Gesprächspartners ablesbar. Vielleicht sind das die Blüten einer Zivilisation, die seit fast dreitausend Jahren ungestört auf einer Insel existieren kann. Kriege gab es, außerhalb oder innerhalb des Landes, wenige. Japan hat sich vergleichsweise ungestört entwickeln können.

Es sind die Höflichkeit und der Respekt, die hier an erster Stelle stehen. Höflichkeit gegenüber Prostituierten, die ihre Worte und vielleicht ihren Körper verkaufen, Höflichkeit gegenüber Polizisten, Höflichkeit gegenüber dem Kaiser. Jeder ist vorsichtig und nimmt sich selbst zurück. So kompliziert die japanische Gesellschaft ist, so schön ist sie. Und ebenso zerbrechlich.

Mit meiner Vorstellung, Aoki zu helfen, sie befreien zu müssen, fühle ich mich auf einmal wie ein Trampel. Als würde ich aus einem unberührten Dschungel, der als perfektes Ökosystem funktioniert, alle hässlichen Tiere entfernen wollen, nur weil ich sie nicht streicheln kann und nicht verstehe.

Aoki rutscht ungeduldig auf ihrem Sitz hin und her, während ich nachdenke und nichts sage. Sie sitzt so nahe, dass ich die Poren auf ihrer Nase sehe, ihre schwarzen Wimpern, die fehlende Mascara. Ich sehe ihre dunklen Augen, die mein Gesicht absuchen, nach einer Regung, nach einem Gespräch.

»Ich bin das nicht gewohnt, wenn meine Kunden nicht reden. Normalerweise fassen sie mir auch ans Bein. Du darfst mir ruhig ans Bein fassen, wenn du willst.«

»Ich habe aber schon so viele Beine angefasst in letzter Zeit.«

»Auch ein japanisches?«

»Hm, nein.«

»Na los, komm schon«, sie nimmt meine Hand und legt sie auf ihren schmalen Oberschenkel. Ich fühle mich wie eine Jungfrau bei einer Prostituierten, ein Junge, der zum ersten Mal gezeigt bekommt, wie sich eine Frau anfühlt. Unsicher bewege ich meine Hand von oben nach unten. Ich höre das Knistern ihrer Haut durch die Musik hindurch. Aoki lacht, wegen meiner Unsicherheit. Ich nehme die Hand von ihrem Schenkel und lege sie zurück auf meinen Schoß.

»Das ist nichts für mich«, erkläre ich ihr. »Ich habe keine Erfahrungen mit Prostituierten, weder im Girls Club noch anderswo.«

»Da ist doch nichts dabei. Entspann dich. Im Übrigen ist unsere Zeit um.«

»Hast du eine Stoppuhr?«

»Ja.« Wir lachen beide. Ich frage sie eine letzte Frage: »Wo kann ich hingehen, um echte Frauen kennenzulernen, denen ich keine teuren Getränke ausgeben muss, damit ich mit ihnen reden kann?«

Kurz guckt sie mich böse an, vermutlich wegen der echten Frauen. Dann legt sie, wie in einem Theaterstück, den Finger an die Lippen, guckt nach schräg oben und überlegt. Ich soll sehen, dass sie angestrengt nachdenkt.

»Geh morgen in den Club Asia, in Shibuya. Takkyu Ishino legt auf.«

»DER Takkyu Ishino?«

»Ja, genau der, welcher sonst?« Sie versteht meine Aufregung nicht. Takkyu Ishino legt auf. Ich kenne genau zwei japanische DJs, zum einen Ken Ishii, den man nicht ernsthaft hören kann, weil man Nasenbluten von seiner Musik bekommt, und zum anderen Takkyu Ishino, der feinen Konsenstechno macht. So feinen, dass er in Deutschland auf der Loveparade war und mit Westbam gemeinsam musiziert hat. Keine Lust auf einen weiteren Partyabend zu haben ist die eine Sache, sich ein Set von Takkyu Ishino entgehen zu lassen, eine andere – kommt nicht in Frage.

»Danke!«, sage ich zu ihr und denke, dass sich mein Abend vielleicht doch gelohnt hat – wäre ich nicht hier, hätte ich nicht die teuren Getränke bezahlt, dann wüsste ich nichts von diesem DJ-Gig. Ich bezahle die Rechnung, drehe mich während des Hinausgehens noch einmal um und winke Aoki vorsichtig zu. Sie steht auf. Ich sehe erst jetzt, dass sie eine sehr große Japanerin ist. Mit einem kurzen Rock. Ihre Beine zu X-Beinen verkreuzt, ruft sie mir auf Japanisch einen Gutenachtgruß zu. Sie verstellt dabei seltsam ihre Stimme und lächelt mich fremd an. Während ich die Stufen nach oben nehme, fühle ich mich, als hätte ich gerade etwas Teures in einem Supermarkt gekauft. Und bleibe stehen. Ich drehe mich um, gehe zurück. Aoki sieht mich, wie ich wieder durch die Tür trete. Sie blickt mich verunsichert an. Und ich bin mal wieder mutig.

»Wollen wir zusammen was essen gehen, nach deiner Arbeit?«, frage ich und betone den Satz, als wäre ich Richard Gere in *Pretty Woman*. Sie überlegt sehr lang. Ich glaube, es ist nicht so einfach, mit Kunden außerhalb der Bar Dates zu haben.

»Okay, ich bin ehrlich«, sage ich. »Ich will wissen, wie die Menschen auf der Welt so daten, wie sie sich kennenlernen. Zeigst du es mir? Ohne Verpflichtung. Versprochen.«

»Das hat mich noch nie jemand gefragt«, sagt sie und fragt nach meinem Telefon. Sie tippt ihre Nummer und E-Mail-Adresse hinein.

Es ist zwei Uhr nachts, ich spaziere durch die stiller gewordenen Straßen von Shinjuku. Der Whisky hat mich nicht betrunkener gemacht, eher auf einem Level gehalten. Ich finde das in diesem Moment sehr angenehm. In der rechten Hand halte ich meinen iPod, in der linken meinen Taschenaschenbecher. Ich passiere unzählige Love Hotels, in denen genau das getan wird, was ihr

Name verspricht. Erst als ich die U-Bahn-Station Shinjuku erreiche, eine der größten der Welt, realisiere ich, dass keine Bahnen mehr fahren. Pünktlich um halb eins oder halb zwei geht in Tokio die letzte Bahn. Ein Taxi in meinen weit entfernten Stadtteil wäre mir zu teuer. Es fängt an zu nieseln. Es ist kalt.

»Scheiße«, denke ich. Ein weiterer Europäer steht verlassen vor den Rollgittern zum Bahnhof. Ich gehe zu ihm hinüber und spreche ihn auf Englisch an.

»Wo willst du hin?«

»Nach Ikebukuro.«

»Ah, da muss ich auch hin«, sage ich.

»Tja, die letzte Bahn haben wir wohl verpasst.« Sein Akzent ist entsetzlich. Ich will wissen, wo er herkommt.

»Aus Deutschland, Berlin, um genau zu sein.«

Ich lache.

»Ich auch«, sage ich und freue mich, gerade meinen ersten Berliner auf dieser Reise getroffen zu haben.

»Wie heißt du?«

»Hannes.«

»Und was machen wir jetzt?«

»Wir gehen in ein Manga-Café.«

»Aha. Okay. Und was ist das?«

Ein Manga-Café ist ein Ort, an dem die Menschen der Nacht zusammenfinden. Es ist wie eine öffentliche Bibliothek, nur dass man dort knapp 7 Euro Eintritt bezahlt und 24 Stunden auf einem Sessel sitzen kann, um Mangas zu lesen, Anime anzuschauen oder durchs Internet zu surfen. Manga-Cafés sind wie Jugendherbergen, nur ohne Bett. Sie haben einen einzigen Zweck, sie sind Auffangbecken für die Reste einer Nacht, für die Menschen, die sich kein Love Hotel nehmen können oder wollen, für die, die sich kein Taxi leisten können. Also für Menschen wie mich. Nicht viel Aufregendes passiert dort, eigentlich blättert man stundenlang nur in Pornos und versucht, auf bequemen Ledersesseln zu schlafen. Hannes ist kein sehr gesprächiger Zeitgenosse. In elliptischen Sätzen erklärt er mir, dass er in Berlin Japanisch studiert und manchmal nach Tokio fährt, um seine Sprachkenntnisse zu verbessern. Japanisch zu lernen sei nicht unbedingt schwierig, aber es zu sprechen, das Selbstbewusstsein zu haben, auf Leute zuzugehen, das sei etwas schwieriger.

»Das funktioniert nur, wenn du in Japan bist«, erklärt er mir.

Ich habe ihm nicht viel von mir erzählt, nur hin und wieder zu seinen einsilbigen Sätzen genickt. Einzig von Takkyu Ishino habe ich ihm erzählt.

Als es Morgen wird, verlassen wir gemeinsam das Manga-Café und drücken uns zur Rushhour durch die volle U-Bahn. Trotz der unüberschaubaren Menge an Menschen, die mit der U-Bahn fahren wollen, läuft alles sauber, ordentlich und gesittet ab. Es riecht nach morgens in der Frühe, die schmalen Gesichter der Japaner um mich herum sehen sehr müde aus. Während ich in der U-Bahn stehe und Schwierigkeiten habe, meine Augen offen zu halten, überlege ich, ob ich schlafen soll, den Tag über, um frisch für die Nacht zu sein, oder ob ich die Stadt ein weiteres Mal erobern möchte. Ich habe Angst, hier etwas zu verpassen, etwas nicht zu sehen. Das geht mir selten so, aber in dieser Stadt ist es so. Tokio ist wie ein spannender Film, der nicht aufhören soll, der immer wieder überraschend ist und Wendungen zeigt, die niemand erwartet hat.

Zurück in meinem Hotel, ergreift mich eine schwere Müdigkeit. Mangapornographie mag wach halten, aber die Müdigkeit schlägt in der sauberen Umgebung meines Ryokans schwer zu. Ich muss schlafen. Ich träume von japanischen Diskotheken, in denen ich nichts bezahlen muss, um mit einer Frau zu reden.

Die Musik ist laut. Sie drückt sich direkt in mein Gehirn wie ein unangenehm starker Geruch. Ich fühle mich verloren, und es ist noch erstaunlich früh. Ich weiß aus der Erfahrung der letzten

Nacht, dass ich fast sieben Stunden in diesem Club verbringen muss – bis meine Bahn wieder fährt.

Der Club Asia ist ein großer Club – für Tokio. In Berlin wäre es ein kleiner Club, eine Bühne, auf der eine Zigarettenmarke für ihr Produkt wirbt, darauf ein DJ-Pult. Ishino legt bereits auf. Es ist voll. Ich bin umzingelt von Japanern, ich bin der einzige Westler unter all den tanzenden Menschen. Ich habe das Gefühl, ich steche unangenehm aus der Masse, allein schon wegen meiner Größe. Und trotzdem bleibt es faszinierend. Sobald ein neuer Track angespielt wird, beginnen alle, wie auf Kommando zu tanzen. Ohne Extravaganzen. Im dunklen Licht des Clubs kann ich ausmachen, dass die meisten Menschen wie kleine Roboter tanzen. Sie bewegen ihre Arme, als wären sie Gabelstapler, und knicken dabei in der Hüfte ein. Expressive Tanzbewegungen sind in Japan offensichtlich nicht gewollt. Oder unbekannt.

Ich beginne mich zur Musik zu bewegen und habe ein bisschen das Gefühl, als wäre ich der coole Breakdancer, als würde ich mir gerade den Traum erfüllen, den jeder mal hatte, wenn er tanzen gegangen ist. Einfach in die Mitte des Clubs gehen und derbe Moves zeigen. Offensichtlich schinde ich Eindruck. Unbeabsichtigt, ich bewege mich nur etwas anders, mit dem Rücken zur Bühne, und allein das scheint schon extravagant genug. Um mich herum sture Blicke nach vorn. Ich suche die Gesichter nach potenziell interessanten Gesprächspartnern ab, kann mir aber kaum merken, wen ich schon angesehen habe und wen nicht. Ich verfalle dem europäischen Rassismus gegenüber Asiaten: Die sehen ja eh alle gleich aus.

Es fällt mir schwer, die Musik zu genießen, die schweren Beats, die direkt aus den Neunzigern hierher exportiert scheinen. Ich fühle mich etwas einsam zwischen all den Menschen, die auf so seltsame Weise miteinander tanzen und kommunizieren. Kurz, abgehackt, nichts, was wie das mir bekannte Flirten aussieht. Vielleicht liegt es an den fiesen Beats, die wie ein Kettenfahrzeug über die Körper der Gäste hinwegrasseln.

Schließlich picke ich mir die größte Japanerin aus der Masse heraus, aus einem einfachen Grund: Ich kann sie, sollte ich sie aus dem Blickfeld verlieren, leicht wiederfinden. Sie hat eine seltsame Figur. Kurze Beine, die einen langen, gestreckten Oberkörper tragen. Ein flacher Busen, der kein Dekolleté ergibt, und ein sehr breites Gesicht. Es ist so, als würden Nase, Augen und Mund den Platz in ihrem Gesicht nicht sinnvoll zu nutzen wissen. Stattdessen trifft sich alles zur Sicherheit in der Mitte ihres Gesichts – ein bisschen wie eine Schulklasse, die sich während eines Museumsbesuches nicht trennen soll. Ich realisiere, auch ohne ein Spezialist für asiatische Schönheiten zu sein, dass ich mit einer Frau sprechen möchte, die nicht unbedingt hübsch ist. Aber vielleicht sollte ich ohnehin meine oberflächliche Blickweise ablegen. Zu oft bin ich auf schöne Frauen hereingefallen.

Sie bemerkt, dass ich sie beobachte. Sie blinzelt mir zu, lächelt verlegen und blickt zu Boden. Ich lächle zurück. Das Spiel beginnt. Ich kreise um sie herum, bestelle mir unnötig viele Getränke an der Bar, nur um sie zu streifen. Sie versucht das Gleiche. Sie ist mit einer Freundin hier. Ich erkenne, wie sie sich herunterbeugt und ihr etwas ins Ohr flüstert. Die Freundin sieht mich an und kichert. Sie reden über mich.

Wir kreisen weiter umeinander herum. Die Musik ist düster und laut. In unregelmäßigen Abständen bläst irgendein Idiot am Lichtpult Nebel in die Menge. Alle beginnen zu husten, und ich verliere die Japanerin aus den Augen. Wir finden uns schnell wieder. Wir tanzen. Beständig. Im selben Rhythmus, uns gegenüberstehend. Wieder Nebel. Da ist sie. Tanzen. Nebel. Tanzen. Lächeln. Nebel. Wo? Da! Lächeln. Tanzen. An die Bar gehen. Nebel.

Meinen Plan, bewusster zu trinken, muss ich für meine beständigen Gänge zur Bar hintanstellen. So habe ich schon wieder unzählige Gin Tonics getrunken. Glücklicherweise sind in Japan die Getränke nicht so stark, da sonst nach kürzester Zeit kotzende Japaner die Zugänge zu den Toiletten verstopfen würden, denke ich und kichere leise. Sie ist weg. Ich warte. Zwei Nebelschwaden später ist sie immer noch nicht zurück. Und dann steht sie direkt vor mir und lächelt mich an. Schiefe Zähne, wie das in Japan üblich ist. Viele japanische Frauen und Männer haben diese zwei Vampirzähne, die viel weiter oben im Zahnfleisch beginnen. Ich lächle mein kieferorthopädisch gerichtetes Lächeln zu ihr zurück und gehe auf sie zu.

»Hallo, ich bin …« Ich stelle mich auf Japanisch vor und finde mich unglaublich sprachgewandt.

»Oh! Du sprichst Japanisch!«, antwortet sie erfreut und fügt ihren Namen hinzu. Michi. Sie knickt ein und reicht mir ihre rechte Hand, dabei kichert sie unnatürlich.

»Ich spreche nur ein bisschen Japanisch«, sage ich. Und dann sagt sie irgendwas. Ich verstehe es nicht, nicke aber höflich. Ich frage sie grammatikalisch vermutlich absolut inkorrekt, ob sie etwas trinken will.

Wir stehen still an der Bar. Viel zu erzählen haben wir uns nicht. Manchmal beugt sie ihren großen Kopf zu mir und flüstert mir etwas ins Ohr. Ich nicke, zuverlässig nichts verstehend, mit dem Kopf. Irgendwann greift sie nach meiner Hand und zieht mich hinunter auf die Tanzfläche. Ich überlege, ob sie mich die ganz Zeit über gefragt hat, ob wir tanzen gehen wollen, und ich immer höflich genickt, aber mich nicht bewegt habe. Wir tanzen. Jedoch anders als vorhin. Nicht mehr getrennt, sondern sie stellt sich eng vor mich, legt ihren Körper an meinen und erwartet vermutlich erregende Berührungen an ihrer winzigen Hüfte.

Das erste Mal seit langem fühle ich mich wieder wie bei meinem ersten Date. Ich habe die ganze Zeit über ein schlechtes Gefühl, Angst, etwas falsch zu machen. Wir tanzen unentspannt weiter, bestimmt eine Stunde. So lange hält sie meine Hand, unbequem, in einem unnatürlichen Winkel, weil sie ja vor mir steht. Irgendwann nimmt sie meine andere Hand und legt sie auf ihren Bauch. Ich tanze hölzern hinter ihr und empfinde die treibende

Musik alles andere als angenehm in diesem Moment. Aufgrund ihres fehlenden Taktgefühls und meines Unwohlseins müssen wir ein seltsames Bild abgeben. Der Europäer und die Japanerin tanzen, als würden sie sich mathematische Formeln ins Ohr flüstern. Fuß nach links, Fuß nach rechts. Keine überraschenden Bewegungen. Ich bin gefangen in der japanischen Kennenlernkultur, weil ich nicht weiß, wie es weitergeht. Ich brauche eine Pause.

Ich nehme meine Hand von ihrem Bauch und winde mich aus dem unbequemen Griff der anderen Hand. Ich schlendere zum Klo und wünschte, ich hätte einen japanischen Freund, der mir erklärt, wie man Tokioterinnen rumbekommt.

Als ich von der Toilette zurückkomme, steht Michi grimmig am Rand.

»Wo warst du?«, fragt sie mich streng.

»Toilette«, antworte ich verblüfft.

»Ich würde mich freuen, wenn du mir Bescheid gesagt hättest, wohin du gehst«, sagt sie.

Und ich bin noch mehr verwundert. Ich wusste nicht, dass man das in Japan so macht. Vielleicht hätte auch nicht jede Frau erwartet, dass ich sie vor dem Pinkeln um Erlaubnis frage. Michi macht jedoch den Eindruck, als müsste man sich prinzipiell abmelden, wenn man das störrische Tanzen unterbrechen will – sei es für immer oder nur für fünf Minuten.

»Nächstes Mal sage ich Bescheid«, verspreche ich. Wir gehen wieder auf die Tanzfläche und setzen unseren leidenschaftslosen Robotertanz fort. Um uns herum noch mehr Roboter, dazwischen ein Japaner mit einem Männerkimono und einer Aktentasche. In keinem Land passen Moderne und Geschichte besser zusammen als hier, denke ich. Menschen nicken ihm wohlwollend zu, und während ich meinen Fuß von links nach rechts ziehe und meinen Arm gelangweilt senke und hebe, stelle ich mir vor, wie ich in Lederhose und Trachtenhemd tanzen gehen würde. Weil wir ja früher alle so ausgesehen haben.

Nach zwei Stunden stelle ich überraschend fest: Wow, die Zeit verging schnell! Ich will den nächsten Schritt wagen. Immerhin tanzt Michi seit Stunden vor mir, und ich glaube, ich bin allmählich bereit, ihren fahlen Rücken zu küssen. Ich rücke näher, meine Hand immer noch auf ihrem Bauch, greife fester zu, ich ziehe sie vorsichtig an mich heran. Sie lässt mich gewähren. Ich lege meine verrauchten Lippen wie ein Wels in ihren Nacken. Ich spüre, wie sich ihre Haare aufstellen. Ich komme mir bescheuert vor und taste ihren Nacken weiter mit meinen Lippen ab. Ich traue mich nicht recht, in den »Komm her, küss mich endlich«-Modus umzuschalten.

Ich küsse fester, und endlich spüre ich eine Reaktion. Ihre Muskeln verhärten sich, sie dreht sich um, schnell. »Ja, endlich!«, denke ich. Ich öffne meine Augen und sehe in ihr Gesicht, ich sehe, wie sie ihre Hand zu einer Faust ballt und mir auf die Schulter boxt. Sie flucht auf Japanisch, ich verstehe nicht, was sie sagt. Sie spricht sehr schnell, vermutlich würde ich es nicht mal verstehen, wenn sie langsam sprechen würde.

Vorsichtig gehe ich rückwärts und versuche mich hinter den kleinen Menschen um mich herum zu verstecken. Ich schäme mich. Fühle mich, als hätte ich versucht, sie zu vergewaltigen. Es ist Quatsch, dass Europäer jede Japanerin rumkriegen können. Das stelle ich jetzt fest. Ich flüchte zur Bar und bestelle eine Cola. Nur noch fünfzig Minuten, bis die Bahn fährt und ich nach Hause kann.

Plötzlich sehe ich Hannes, von gestern, aus dem Manga-Café. Ich gehe fröhlich zu ihm, er unterhält sich mit einer Gruppe Japaner. Ich tippe ihm auf die Schulter, er lächelt mich an und stellt mich dem Rest vor. Dann reden sie weiter auf Japanisch. Ich stehe blöd daneben und verstehe genau drei Wörter: Michael Jackson und pädophil. Mehr nicht. Es sind drei Wörter, die einen Zusammenhang haben, aber es scheint mir zu kompliziert, um in das Gespräch einzusteigen.

Michi ist plötzlich wieder hinter mir. Sie hat denselben bösen Blick wie vorhin, als ich zur Toilette verschwunden war. Ich winke Hannes schnell zu und frage ihn, ob wir gleich wieder gemeinsam nach Hause fahren. Er nickt nett und sagt, er würde am Eingang warten. »Es sieht so aus, als hättest du noch etwas zu klären«, sagt er auf Deutsch und deutet mit seinem Kopf auf die große Japanerin hinter mir.

Michi zieht mich in eine dunkle Ecke und fragt mich wieder, wo ich war. Ich stottere, dass ich nicht wisse, wie ich mich verhalten solle.

Es war mir wie ein ordentlicher Korb erschienen, den sie mir gegeben hatte.

Sie guckt mich fragend an, als ich ihr das erkläre. Ich stelle fest, dass sie kein Wort Englisch spricht. Und mein Japanisch umfasst auf gar keinen Fall Vokabeln wie Korb, Abweisung, Boxen, komisches Gefühl. Ich zucke mit den Schultern und versuche unschuldig zu lächeln. Dann tippe ich mit dem Finger auf meine Uhr und signalisiere ihr, dass ich gehen will. Sie nickt. Wenigstens habe ich mich in Bezug auf die Abmeldung richtig verhalten. Ich drehe mich um, nicke Hannes zu, dass ich bereit bin loszugehen, und hole meine Jacke ab.

Michi begleitet mich zur Garderobe. Es erschließt sich mir nicht, wie ihre Vorgehensweise und ihre Absichten sind. In ihrer rechten Hand rotiert die Kleidermarke. Sie will offensichtlich auch los. Ob sie denkt, dass ich mit zu ihr will, ob meine Verabschiedung eine traditionelle Einladung ins Love Hotel ist? Ich habe keine Ahnung.

Michi, Hannes und ich spazieren mit den Händen in unseren Jackentaschen und eingezogenen Köpfen durch das eisige Tokio. Es ist die einzige Zeit, zu der die Straßen leer sind.

Michi sagt zwei kurze japanische Wörter zu mir und lächelt mich an. Ich zucke mit den Schultern und drehe mich zu Hannes. »Sie fragt dich, ob du es auch so kalt findest.«

»Ja«, antworte ich und frage mich, wo dieser beknackte Dialog hinführen soll.

Als wir am Bahnhof ankommen, weist Michi mit dem Finger in eine andere Richtung. Ich bin etwas erleichtert, dass wir nicht weiter miteinander reden müssen, und will sie zum Abschied herzlich drücken. Ich umarme sie, und sie windet sich augenblicklich aus meinen Armen heraus. Schon wieder habe ich das Gefühl, dass ich etwas falsch gemacht habe. Als sie weg ist, erklärt mir Hannes, dass ich etwas falsch gemacht habe.

»In Japan umarmt sich niemand, das machen wir vielleicht in Europa, aber nicht hier.« Ich frage ihn, während wir auf unsere U-Bahn warten, wie das mit dem Küssen ist.

»Grundsätzlich gibt es keine Zärtlichkeiten in der Öffentlichkeit. In Clubs gelten andere Regeln, dort kann man sich schon mal küssen.«

»Ich habe versucht, sie zu küssen, aber sie hat mich geboxt«, sage ich.

»Hm, vielleicht mochte sie dich einfach nicht.«

»Aber ich dachte, jede Japanerin will einen Europäer«, sage ich gewollt naiv.

»Das ist doch totaler Quatsch.« Er zeigt mir einen Vogel.

»Und vor allem darfst du eine Japanerin niemals in den Nacken küssen, wenn du sie nicht kennst.«

»Warum?«

»Das ist ungefähr so, als würdest du eine fremde Frau auf der Straße fragen: Na? Lust auf Analverkehr?«

Auf Dauer ist Tokio etwas anstrengend. Meine anfängliche Faszination weicht einer ständigen Suche nach Rückzugsorten. Kein Platz in dieser Stadt ist leer. Ich habe keine Ängste, spüre aber, dass Tokio eine perfekte Stadt ist, um eine ordentliche Agoraphobie zu entwickeln. Ich verlasse Türen, Bahnen und Straßen und finde mich in einem Strom aus Menschen wieder. Niemand rempelt mich an. Dabei wünsche ich mir inzwischen, es würde mich endlich mal jemand anfahren, anrempeln, vollrüpeln, anmeckern. Diese Nettigkeit, diese Höflichkeit beginnt mich allmählich zu ermüden.

Ich versuche zu fliehen und suche das Hotel, in dem Bill Murray an der Bar saß und Whisky getrunken hat. Ich weiß, dass das Hotel sehr teuer ist, vermutlich würden sich sonst allzu viele Menschen dort aufhalten. Und ich soll recht behalten.

Es ist leer, der Teppich verschluckt die Geräusche. Ein paar Männer sitzen an der Bar und halten sich an ihren Zigaretten fest. Die Klimaanlage saugt die schmutzige Luft ins Klimaanlagenlabyrinth und bläst frische herab. Ich setze mich an die lange Theke und bestelle ein alkoholisches Getränk, es ist noch früher Vormittag. Ich habe bereits Kindersexpuppen gesehen, seltsame Japaner in komischen Kostümen, ich habe schreckliches Sushi gegessen, das in Japan weniger verbreitet ist als im Rest der Welt, und ich habe mir an einem dieser legendären Automaten einen benutzten Schlüpfer gekauft. Der tatsächlich benutzt ist und sogar eine Bremsspur hat. Was ich allerdings weniger sexy und eigentlich auch nicht bezahlenswürdig finde. Aber ich wollte das schon immer mal machen.

Und nun, erschöpft von Tokio, von den Menschen, und mit einem schmutzigen Schlüpfer im Rucksack, sitze ich an der Bar, an der Bill Murray seine Einsamkeit vor einer Kamera präsentiert hat. Die Stille wirkt angenehmer auf mich als der warme Alkohol. Die leise, tatsächlich gute Jazzmusik verlangsamt meinen Herzschlag. Ich schalte zurück, beruhige mich. Ich kann mich wieder freuen. Ich reflektiere besoffen meine Reise. Und ein Lächeln legt sich auf mein Gesicht. Ich bin wieder entspannt, das war wichtig. Mein Blick schweift über die Stadt, ich kann kein Ende erkennen. Vielleicht liegt es am wolkenverhangenen Himmel oder einfach daran, dass diese Stadt keine Grenzen kennt und hat. Häuser, bis unter den Horizont. Straßen, die sich geometrisch und irgendwie doch organisch um die Häuser winden. Ich sehe die Tausenden von Menschen, die sich wie eine schwarze Wassermasse durch die Schluchten zwängen. Ich bin froh, noch einen Moment hier oben bleiben zu können. Das Einzige, was ich hier höre, sind die Kristallgläser, die auf polierten Tischen abgestellt werden. Ich genieße diese Ruhe, ich bestelle mir noch einen Whisky. Ich werde mich mit Aoki treffen, die nichts von mir verlangt und stattdessen nur freundlich mein Ego streichelt. Ich werde sie diesmal nicht bezahlen müssen, kann aber allmählich nachvollziehen, warum so viele Männer ihre Nähe suchen.

Aoki aus dem Girls Club. Wir treffen uns, morgen Abend, 18 Uhr in Shibuya. An der berühmten Hachiko-Statue. Sie hatte mir in der Verabredungs-E-Mail erklärt, dass sich junge Menschen, wenn sie sich kennenlernen wollen, dort treffen.

Ich habe sie gebeten, mit mir ein Date zu haben. Ein klassisches, japanisches Rendezvous. So wie es funktioniert. Ich habe ihr noch mal erklärt, dass ich ein ernstes Interesse daran habe zu erfahren, wie sich die Menschen hier kennenlernen, in diesem Land, in dem es offensichtlich so schwierig ist, sich näherzukommen.

Aoki und ich haben in den letzten Tagen noch einige Mails ausgetauscht. Heute ist ihr freier Tag im Girls Club, und ich soll pünktlich um 18 Uhr an der Hachiko-Statue sein. Ich spüre eine gewisse Aufregung in ihren Mails. Sie versichert sich, ob ich denn auch wirklich kommen würde. Ich bin ebenfalls ein bisschen aufgeregt. Ich freue mich auf unser Wiedersehen, und ich hatte noch nie ein Rendezvous, bei dem es darum ging, ein möglichst klassisches Rendezvous zu simulieren. Und trotz der Simulation bin ich aufgeregt.

Ich stehe an der Hachiko-Statue. Es regnet, es ist dunkel. Kalter Niesel schlägt mir an die Stirn, und ich blicke neugierig durch die transparente Folie meines Regenschirms. Sie verspätet sich. Um mich herum nervös blickende Männer, die offensichtlich zum ersten Mal ein Date haben. Ihre Hälse lang wie die von Schwänen, tasten sie die Menschen um sich herum ab, um festzustellen, ob ihr Date schon da ist. Ich stehe angelehnt an den kleinen goldenen Hund und rauche Zigaretten. Ich überlege kurz, ob es nicht etwas unhöflich ist, nach Rauch zu riechen, und trete dann tatsächlich meine Zigarette aus. Zwanzig Minuten später ist sie da.

»Hallo«, sagt sie. Sie sieht anders aus als an dem Abend im Girls Club, hat ein geschäftig wirkendes, beiges Kostüm an. Ihre enge Kleidung spannt sich um ihren Körper, so dass sie wirkt wie ein Schmetterling kurz vor der Verpuppung. Sie sieht glücklich aus, reicht mir ihre Hand und vergisst dabei nicht, leicht einzuknicksen. Ich hatte befürchtet, dass sie jetzt eine andere Person ist, dass der Girls Club ein Spiel war, und hier, in der Realität, ist sie echt.

»Du siehst anders aus«, sage ich zu ihr.

»Ja, ich arbeite manchmal in einem Büro als Sekretärin«, erklärt sie mir ihren Business-Dress. »Es hat noch einen Moment gedauert im Büro«, fügt sie entschuldigend hinzu. »Aber jetzt habe ich Zeit für dich, für uns.« Sie kichert.

Ihr äußeres Erscheinungsbild ist anders, allerdings ist sie genauso höflich und anzüglich zurückhaltend, wie schon vor ein paar Tagen im Girls Club. Ich finde das reizvoll.

»Lass uns als Erstes was essen gehen. Ich suche aus«, sagt sie. Und ich freue mich wie ein kleines Kind, das zum ersten Mal ein neues Spielzeug ausprobieren darf. Obwohl so viele Regeln dieses Land bestimmen: Problemlos habe ich ein Date organisiert. Ich werde etwas lernen heute Nacht, und deswegen bin ich glücklich.

Wenig später sitzen wir in einem Restaurant in der zweiten Etage eines Hauses. Kleine, mit einem Vorhang abgegrenzte Separees bieten uns einen intimen Rückzugsort – etwas, was in dieser Stadt komplett fehlt. Wir bestellen Essen über ein kleines Computerterminal, das sich über dem winzigen Tisch befindet. Die Karte ist auf Japanisch, keine Übersetzung für Ausländer. Wir bestellen viel Alkohol, und sie wählt die Speisen aus. Rohes Pferdefleisch, Geflügelleber, Herzen und eine Suppe aus Fisch. Ich lehne mich mutig zurück. Sie bestellt all diese Gerichte, als wäre es das Normalste der Welt. Ist es auch, für sie. Für mich nicht. Normalerweise versuche ich während einer Verabredung immer so wenig anstrengendes Essen wie möglich zu essen. Keine unangenehmen Gerüche, keine schwierigen Soßen, kein fettiges Fleisch. Niemand will aus dem Mund riechen, mit Tomatensoße bekleckert sein oder plötzlich Durchfall bekommen. Aoki hat offensichtlich kein Problem mit Gerüchen, ich sehe, wie sie eine Knoblauchzehe aus dem Salat pickt und zerkaut. Sofort riecht es nach dem Arzneischrank meiner Großmutter. Ich esse vorsichtig das Pferdefleisch und bin erstaunt, wie köstlich es ist. Etwas schwierig zu kauen, ein etwas strenger Geschmack, aber nicht unangenehm. Nur die Leber rühre ich nicht an. Bräunlich schimmernd schwimmt sie in einer seltsamen Soße. Aoki liebt Leber. Zumindest erzählt sie mir das, nimmt dabei ihre Stäbchen und schiebt sich das braune Stück Fleisch in den Mund.

»Aber der Geschmack ist doch entsetzlich«, sage ich.

»Es geht nicht um den Geschmack, es geht um die Oberfläche, wie sich das Essen anfühlt«, erklärt sie mir. So sei es mit vielen Speisen in Japan. Vielleicht ist der Geschmack befremdlich, wichtig sei vor allem, wie das Essen strukturiert ist. Sie nimmt ein Stück rohes Pferdefleisch in den Mund, zieht ihre liderlosen Augen zusammen und nickt zustimmend mit dem Kopf. Ein Stückchen Leber hängt zwischen ihren Zähnen, als fürchtete es sich davor, verschluckt zu werden.

»Ich bin noch etwas hungrig«, sagt sie mit glänzenden Lippen. »Kann ich mir noch etwas bestellen?«

»Nur zu«, sage ich. Sie nimmt wieder den kleinen Bildschirm in die Hand und bestellt etwas. »Was hast du geordert?«, will ich wissen.

»Hühnerhaut.«

Ich schlucke, weil ich mir plötzlich vorstelle, sie nach diesem Essen küssen zu müssen. Ich stelle mir vor, wie meine Zunge durch eine Farm läuft und dabei aus Versehen Hühner, Kühe und Pferde ableckt. Ich schüttle mich kurz und stürze meinen Gin Tonic hinunter.

Nachdem sie Haut und Leber verspeist hat, ruft sie den Kellner und will bezahlen. Ich bin über die Hektik verblüfft. Und habe immer mehr das Gefühl, dass sie echter wird. Wenn sie lacht, hält sie sich nicht mehr die Hände vor das Gesicht. Ich glaube, sie ist eine schöne Japanerin. Ihre Haut ist sanft und matt im Halbdunkel des Restaurants. Und obwohl ihre Lippen vom Essen glänzen, bleibt sie attraktiv. Sie wirkt zärtlich, persönlich. Sie gibt mir ein Gefühl von Sicherheit, das ich schwer beschreiben kann. Sie unterbricht meine Gedanken, indem sie die Hektik erklärt: »In Japan sitzen wir nicht ewig im Restaurant, wer gegessen hat, geht.«

»Was ist das Nächste?«, will ich wissen.

»Wir können ins Kino gehen oder Karaoke machen«, erklärt mir Aoki.

»Lieber Kino«, sage ich. Karaoke finde ich auch in Deutschland entsetzlich, und ich will schon gar nicht mit einer Japanerin singen. Es geht weiter, es kommt mir vor wie ein Computerspiel. Erledige das, und du erreichst Level zwei. Ich bin auf dem Weg ins Level zwei, weil ich den ersten Abschnitt mit Bravour gemeistert habe.

Ich überlege, ob man sich in Japan im Kino küssen darf, und stelle fest, dass, selbst wenn es gesellschaftlich toleriert wäre und Aoki und ich heute Abend aufs Küssen aus wären, ich lieber warten würde, bis die gröbsten Speisereste aus ihrem Mund verschwunden sind.

Der Kellner bringt die Rechnung, ich bezahle. Aoki sieht mich verblüfft an.

»Was?«, frage ich.

»Auch das macht man in Japan eigentlich nicht. Rechnungen werden geteilt.«

»Aber wir haben doch ein Date?«

»Das spielt keine Rolle.«

Eigentlich sind diese Regeln wunderbar. Es ist so leicht, aus ihnen auszubrechen und als sympathischer Wunderling zu gelten.

Sie sitzt im Kino neben mir, es ist fürchterlich kalt. Ich verstehe kein Wort, wir gucken einen Anime, der wunderschön gezeichnet ist. Die Geschichte erschließt sich mir nicht. Das macht aber nichts, weil es alles neu ist. Und wirklich fremd. Die Frau neben mir kommt aus einer anderen Welt, der Film, das Essen. Alles.

Ich schiele sie heimlich an. Sehe ihr Gesicht von der Seite, ihre flache Nase. Sehe, wie sich ihr Brustkorb hebt und senkt. Und habe das Gefühl, ich würde ihren Atem essen. Es riecht nach Leber und Knoblauch. Es ist der gleiche Geruch, wie Leber mit Zwiebeln, die es in gutdeutschen Restaurants gibt.

Ich sitze still neben ihr und warte weiter. Der Film muss doch endlich zu Ende sein. Im Kino esse ich kein Popcorn, sondern in Salzwasser gekochte Sojabohnen. Ich spiele mit ihnen in meinem Mund. Versuche mich damit zu beschäftigen, während Aoki sich offensichtlich köstlich amüsiert.

Der Abspann. Aoki sieht mich an, fragt, wie ich den Film fand.

»Schön«, sage ich. Sie lächelt, und ich glaube, sie weiß, dass ich kein Wort verstanden habe.

»Was kommt jetzt?«, will ich ungeduldig wissen.

»Jetzt kommt die Bar. Das ist der wichtigste Teil des Abends. Hier entscheidet sich, ob man später gemeinsam ins Love Hotel geht.«

»Aha, Love Hotel.«

»Ja, das sind Hotels für Pärchen. Man hat dort Sex.«

»Warum nicht zu Hause?«, will ich wissen.

»Weil zu Hause kein Platz ist und die meisten noch bei ihren Eltern wohnen.«

Selbst die Eltern würden häufig, wenn sie Sex haben wollen, ins Love Hotel gehen.

»Japaner mögen keine Sexgeräusche«, erklärt sie weiter.

Sie dirigiert mich durch das nächtliche Shibuya. Hunderttausende sind unterwegs. Junge Menschen mit gierigen Gesichtern, Gruppen von betrunkenen Jugendlichen torkeln höflich durch die Innenstadt. Ich freue mich, das zu sehen, und versuche, mich dem zu fügen. Aoki hält noch immer meine Hand, wir werden von anderen Japanern beobachtet. Sie zieht mich durch die Straßen, zielstrebig, ich komme mir vor wie ein Hamster in einem Labyrinth. In einem extrem grell beleuchteten Labyrinth.

Ich trage ihren Schirm, der Regen tropft auf uns herab. Fast vergesse ich sie neben mir und spaziere still durch die Stadt. Ich schätze den Moment sehr und freue mich gleichzeitig auf die wärmende Bar.

Wir sitzen uns still gegenüber. Ich erkenne Leidenschaft in ihrem Blick, während sie an einem bunten Getränk nippt. Sie fragt mich, ob sie kosten kann. Von meinem Getränk.

Während wir uns schweigend gegenübersitzen, berührt ihr Knie meinen Oberschenkel. Knie berühren sich in Japan nicht einfach so, deswegen wusste ich, dass sie das so wollte. Sie nimmt einen weiteren Schluck aus ihrem Getränk, beugt sich zu mir nach vorn und flüstert mir ins Ohr.

»Und jetzt würde das Love Hotel kommen«, erklärt sie lächelnd.

»Jetzt käme der Sex.«

»Hm«, sage ich.

»Ohne Umschweife? Ist das nicht etwas unromantisch?«

»Na ja, es sind die Regeln.«

»Kann man da nicht ausbrechen?«

»Vielleicht?«

Ich glaube, dieses System ist etwas, was Japan ausmacht. Wir denken alle, dass die Menschen sich hier hinter ihrem Lächeln verstecken. Aber das machen sie nicht. Sie verstecken sich hinter nichts, weil sie nichts zu befürchten haben. Wer in einer Bar war, vorher etwas essen und dann im Kino, der geht einfach in ein Love Hotel. Da gibt es keine Ausnahmen.

Ich bezahle wieder unsere Getränke.

Wir laufen durch das mittlerweile nächtliche Shibuya. Die Menschen befinden sich in den Clubs und Bars um uns herum.

»Wir gehen zum Love Hotel Hill«, sagt sie.

»Okay«, sage ich.

Es gibt wirklich viele dieser Hotels in diesem Teil der Stadt. Jedes Haus ein Bumshaus, denke ich, während wir die Straßen entlanggehen. Unten an der Tür hängt ein Schild, das das Anmieten eines Zimmers für drei Stunden anbietet oder einen 24-Stunden-Aufenthalt ermöglicht. Es scheint mir, als würde man die Erwartungen an seinen Geschlechtspartner gleich mit mieten. Drei Stunden bedeutet Quickie. Vierundzwanzig Stunden bedeutet leidenschaftliches Zeit-miteinander-Verbringen. Drei Stunden, denke ich, das ist ziemlich lang.

Sie bezahlt das Hotel, dreht sich um, lächelt dabei.

»Ich will nicht mit dir schlafen«, sage ich. »Ich will einfach nur mal so ein Zimmer sehen«, erkläre ich weiter.

»Ja, ja«, sagt sie.

»Ich meine das ernst.«

»Ja!«, sagt sie jetzt bestimmter.

Wir gehen auf das Zimmer, es ist sauber und unspektakulär. Kein U-Bahn-Thema auf kitschigen Bildern, kein Mittelalter, wie man es aus den Japan-Reportagen kennt.

Einfach nur ein Bett, ein angeschlossenes Bad und ein Fenster. Der Grund, warum wir hier sind, ist eigentlich eindeutig. Sie setzt sich aufs Bett. Ich stehe am Fenster und blicke auf die verregnete Straße, drehe mich um und setze mich neben sie.

»Das war ein toller Abend, danke«, sage ich.

»Fand ich auch.«

Sie zieht mich zu sich und küsst mich plötzlich sanft auf den Mund. Ich habe ihre unheimlichen Speisen vergessen und auch den Knoblauch. Es ist mir egal. Ich bin froh, das Date gehabt zu haben, denn dieser Kuss fühlt sich anders an. Als hätte ich sie wirklich kennengelernt. Ich schalte meinen Kopf ab, ich glaube, zum ersten Mal auf dieser Reise. Das ist so viel mehr wert, als eine weitere Nummer abzureißen. Aber das weiß sie nicht, nur ich.

Sie zieht mich aus. Nimmt mir meinen Pullover, meine Hose, meine Unterhose und damit auch meine Scham. Alles funktioniert automatisch. Ich stehe nackt vor ihr. Sie küsst meinen Bauch. Ich lege meine Hände auf ihre Schulter. Sie zieht ihren Business-Dress aus, streift sich still die Kleidung vom Körper, bis sie ebenfalls nackt vor mir steht. Ich sehe ihren flachen Bauch, sie hat einen knabenhaften Körper, ihre langen, sportlichen Beine verstärken das Gefühl. Sie hat warme, zarte Haut. Ihr kleiner Busen steht streng von ihrem Körper ab. Ihr Hintern ist tatsächlich unjapanisch, weil vergleichsweise groß. Sie nimmt meine Hand und dirigiert mich ins Badezimmer, wo sie mich auf einen kleinen Holzhocker setzt. So sitze ich mit nacktem Po auf dem Hocker, und sie nimmt eine Dusche. Sie stellt das Wasser auf eine angenehme, warme Temperatur und beginnt mich zu duschen. Ich finde es aufregend, aber auch vertraut. Ich habe schon oft mit Frauen geduscht, sie eingeseift, ihre Haare gewaschen, ihre Achseln geküsst, während sie sich die Haare über dem Kopf zusammenbinden. Aber noch nie bin ich gewaschen worden. Ich stehe im Zentrum einer eigentlich gemeinschaftlichen Sexualität. Sie nimmt etwas Seife aus einem Spender und beginnt meinen Kopf einzuseifen, meine Brust, meine Achseln. Sie küsst die Stellen ohne Seife. Sie reinigt mich und meinen Penis.

Ich fühle mich sauber, obwohl ich nicht schmutzig war. Ich stehe auf, sie trocknet mich ab. Ich fühle mich, als ob ich zehn Jahre alt wäre, nach dem sonntäglichen Bad. Nur dass ich jetzt eine Erektion habe.

Sie kniet sich vor mich, ich halte mich an ihrem Kopf fest. Zärtlich. Ich bin in der Mitte von Tokio, um mich herum noch mehr Paare, die miteinander schlafen, lauter saubere Männer, die mit ihren sauberen Penissen herumlaufen und Sex haben.

Sie zieht mich aus dem Bad, zum Bett. Legt sich mit dem Rücken auf die saubere Wäsche und zieht mich zu sich. Ich lege mich auf sie, küsse sie, verbiete ihr mit meiner Zunge, dominant zu sein. Ich bestimme jetzt. Sie stöhnt leise.

Mein Rücken ist noch nass, vom Waschen. Ich küsse ihren kleinen Busen, rutschte an ihr herunter. Und stelle fest, dass sie dichtes, schwarzes Schamhaar hat. Sie ist nicht rasiert. Es sieht sogar so aus, als wäre ihr Schamhaar gekämmt. Nach unten gebürstet. Seltsam, denke ich und spüre ihre Erregung. Sie drückt mir ihr Schamhaar entgegen, ich soll es küssen, zögere aber. Ich bin so viele Haare nicht gewohnt.

Als wir miteinander schlafen, spüre ich, dass sich der Sex mit ihr anders anfühlt als mit anderen Frauen. Sie ist nicht etwa passiv. Sie stöhnt, aber erstickt. Leise japanische Worte kommen aus ihrem Mund, der die ganze Zeit offen steht. Ihre Hände halten sich an meinem Rücken fest. Jede ihrer Bewegungen scheint von Angst erfüllt, von Unterdrückung. Alles kommt mir ruckartig vor – ihr Stöhnen, ihr Körper, wie er sich bewegt. Alles erinnert mich an das roboterhafte Tanzen von Michi. Es ist ein System, ein sexuelles, das sie erfüllt. Sie bewegt sich genauso, wie man es aus den japanischen Pornos kennt. Der Sex ist wie ein japanischer Porno, nur dass die Klötzchen, die die Genitalien unkenntlich machen sollen, fehlen.

Ihr Körper gibt mir Wärme in dieser großen Stadt. Ich fühle mich ihr vertraut. Ich spüre, wie sie mit einem Finger den Schweiß auf meiner Schulter verwischt. Ich weiß nicht, ob sie gekommen ist. Sie wurde nur kurz lauter. Aber das machen Frauen manchmal, sie werden kurz lauter, und Männer nehmen das als Anlass, endlich kommen zu dürfen. Ich nehme das als Anlass, kurz innezuhalten. Sie anzusehen.

Ihre Nase, rot vom Sex. Ihre Wangen hellrosa, ihre Augen feucht und ihre Lippen glänzend. Sie ist nicht klassisch schön, hat aber eine eigene hingebungsvolle Schönheit, die ich in diesem Moment anziehend finde. Ich halte inne.

»Ich fahre morgen weiter«, sage ich.

»Das finde ich schade, daran können wir wohl nichts ändern. Oder? Also ist das deine letzte Nacht hier?«

»Ja. Eine Frage habe ich noch.«

»Ja?«

»Haben Japaner eigentlich wirklich alle so kleine Schwänze?«

Sie lacht. Dreht sich auf die Seite. Ihr Körper sieht aus wie ein asiatisches Saiteninstrument, ihre schwarzen Haare kleben an ihrem Rücken. Sie nimmt meine Hand und legt sie auf ihren Bauch.

»Leg dich an mich.« Ich liege hinter ihr. Nummer siebzig atmet jetzt schläfrig auf meine Hand.

»Ja, die japanischen Pimmel, die ich gesehen habe, waren winzig.«

Ich lächle.

AUSTRALIEN

Von Tokio nach Melbourne. Ein langer Flug. Während ich eingeschlossen von einer japanischen Schulklasse, die im Gegensatz zu unseren Schulklassen auf Ferienfahrt weder besoffen noch laut ist, über den Pazifik fliege, realisiere ich die weiten Entfernungen, die ich zurücklege. Acht Stunden Reisezeit, zwei Stunden Zeitverschiebung. Tausende Kilometer sind zurückzulegen, um den dicken Bauch der Erde zu überwinden. Ich finde das faszinierend und freue mich über meine kindliche Begeisterung, während ich ein japanisches Flugzeuggericht esse. Es besteht hauptsächlich aus Wasser und Reismatsch. Ich bin beruhigt, dass Flugzeugessen auch in Japan scheiße ist. Und nicht perfekt.

Ich habe in Japan nicht an sie gedacht. Mein emotionales Innenleben fühlt sich an wie ein aufgerissenes Knie. Langsam wird der Schorf fest, und wenn ich ihn abreiße, blutet es nicht mehr.

Doch in diesem Moment ist etwas anderes wichtiger. Ich mache mir Gedanken über Wesentlicheres: das Essen.

Essen im Flugzeug ist eine Unverschämtheit, ich bin nicht der Erste, der das feststellt, das ist mir klar. Solange man nicht in der ersten Klasse oder der Businessclass fliegt, bekommt man die winzigsten Portionen. Für wen sind die gemacht? Auf jeden Fall nicht für Menschen mit normalem Appetit.

Ich entwickle ein System, um im Flugzeug nicht verhungern zu müssen. Immer zwei Getränke bestellen, ein Wasser, einen Saft. Das Essen bloß nicht zu hastig hinunterschlingen. Erst die warme Hauptspeise, danach das winzige Brötchen. Die Butter unverschmiert in die Mitte legen. Dazu der Keks und das Stückchen Käse. Auch wenn es schwerfällt und der interkontinentale Hunger an den Nerven zerrt: Die fertig beschmierten Brötchen kommen in die Kotztüte und werden in das Fach am Vordersitz gepackt. Diese Brötchen sind perfekt für die Art Hunger, die meist drei Stunden vor der Landung überraschend zuschlägt. Aber keine Stewardess will einem dann Essen bringen.

Ich entwickle viele solcher Mechanismen auf meiner langen Reise. Wo kann man am besten auf Flughäfen heimlich rauchen: auf Behindertenklos. Lohnt sich duty-free? Nur in Dritte-Welt-Ländern. Der Sicherheitscheck am Flughafen dauert immer länger als erwartet. Feuerzeuge können nicht im Handgepäck versteckt werden. Wer lächelt und freundlich ist zum Sicherheitsbeamten, dem erlaubt man auch das Deo ohne Plastikbeutelchen drum herum. Es ist keine gute Idee, den Reisepass mit Bordkarte in den rückseitigen Taschen der Jeans aufzubewahren. Beides rutscht gern während des heimlichen Rauchens auf der Behindertentoilette heraus. Diese Aufzählung ließe sich endlos fortsetzen.

Das Alleinfliegen ist eine Sache für sich. Geschäftsmenschen machen das jeden Tag, wer aber eigentlich Urlaub hat und allein fliegt, fühlt sich ausgegrenzt. Manchmal, wenn es besonders wackelt, besonders schaukelt und knarzt, wünsche ich mir eine Hand, die ich festhalten kann. Sowieso habe ich das Gefühl, dass meine Flugangst immer schlimmer wird. Den Menschen um mich herum bereite ich oft ein großes Unbehagen. Ich atme laut ein und aus, während wir starten, und benehme mich wie ein Umländer, der von Berlin aus seinen ersten Flug nach Lloret de Mar antritt. Wenn das Flugzeug absackt, trete ich mit den Beinen aus. Und wie schon während des Flugs von Kiew nach Tel Aviv: Ich teile den Menschen gern mit, dass wir alle gleich in einem Feuerball aufgehen und wie eine kleine Sternschnuppe lichterloh brennend durch den Nachthimmel katapultiert werden.

Nur auf diesem Flug bin ich ruhig, weil ich mir einrede, dass japanische Fluggesellschaften nicht abstürzen. Wenn sie alles mit der gleichen Akribie machen wie auf dem Boden ihres Heimatlandes, kann mir in der Luft nichts passieren. Es ist mein letzter Gedanke, bevor ich beruhigt einschlafe. Und wenn ich aufwache, dann werde ich in Australien sein.

Eine gigantische Zeitspanne von sechs Tagen habe ich mir für Australien eingeräumt. Das ist natürlich ein Witz, ein Land, so groß wie Europa, in sechs Tagen bereisen zu wollen. Damit ich meine wenige Zeit nicht in traurigen Hostels verschwende, habe ich mich vorher auf einer Website angemeldet, die es Reisenden ermöglicht, auf der Couch ortsansässiger Menschen zu übernachten. Ich habe mich bei zwei Australierinnen eingemietet, was mir als der einfachste Weg erschien, jemanden kennenzulernen. Schluss mit Nachtclubs, jetzt aber endgültig.

Ich bin es leid, mich betrinken zu müssen, um den Mut aufzubringen, eine wild herumstreunende Frau zum Küssen zu überreden. Diesmal habe ich mich bereits im Voraus in die Gesellschaft eingegliedert.

Da meine Gastgeberinnen wissen, dass ich nur sechs Tage bleibe, haben sie mir angeboten, einen Miniroadtrip mit mir zu unternehmen. Die Great Ocean Road hinunter. In vier Tagen. Ich müsste keine Übernachtung zahlen, sondern bräuchte mich nur an der Miete für das Auto zu beteiligen. Süß finde ich das. Wirklich sehr.

Ich laufe mit meinem schweren Gepäck durch das heiße Melbourne. Im Vergleich zu den minus 4 Grad in Tokio fühle ich mich hier wie im Tropenhaus eines botanischen Gartens. Was fehlt, ist die Feuchtigkeit. Feurig brennt die Sonne direkt auf meine Haut, direkt durch das Ozonloch hindurch. Vermutlich mutieren meine Zellen in diesem Augenblick zu schwarzen Leberflecken. Ich habe keine Sonnencreme und lese überall Warnhinweise zur Schädlichkeit der Sonne. Um mich herum Australier, die alle aussehen wie Nachkommen von Engländern und Amerikanern. Weiße Waden, Frauen mit Tausenden von Sommersprossen auf den Schultern und im Gesicht. Die meisten Menschen haben hier nicht ein Kinn, sondern mehrere. Viele dicke Menschen, aber wie soll man sich bei einer derartigen Hitze auch sportlich betätigen? Lange laufe ich durch die Stadt, bis ich mich in ihrem Gitternetz zurechtfinde, ich muss weit raus, zum Haus der zwei Frauen. Es dauert ewig. Ich schwitze schwer, und die Träger meines Rucksacks schneiden in meine Schultern. Der Staub fliegt mir entgegen und lässt meine Kontaktlinsen knarzen. Ich überlege, meine Brille aufsetzen, aber die Hitze würde sie mir nur immer wieder von der Nase rutschen lassen. Ich müsste ständig mit meinem langen Zeigefinger wie ein Informatikstudent die Brille am Nasenbügel wieder hochschieben.

Schließlich erreiche ich das kleine Haus in einem ordentlichen Stadtteil von Melbourne. Ein gepflegter Vorgarten, der in der heißen Sonne versengt wird. Kleine weiße Steinchen weisen den Weg zur Tür. Ich klingle. Eine winzige Frau, ungefähr Mitte zwanzig, öffnet die Tür. Sie lächelt ein freundliches Lächeln. Weiße Zähne, blonde Haare, eine Strähne hinter dem Ohr, eine sauber gezeichnete Nase in ihrem Gesicht und ein mächtiger Busen, den sie mit Stolz vor sich herträgt.

»Hallo, ich bin Catherine, nenn mich einfach Cat, wenn du magst. Du musst Thilo aus Deutschland sein«, sagt sie herzlich.

»Ja, bin ich«, antworte ich etwas erschöpft.

Sie weist mir mit ihrer kleinen Hand den Weg ins Innere des Hauses. Ich rempele sie kurz mit meinem Rucksack an und höre sie kichern. Ein typisch australisches Haus, zumindest habe ich es mir so vorgestellt: helles Laminat, etwas lieblos eingerichtet, eine Küchenzeile und ein großes Wohnzimmer im Erdgeschoss. Alles ist praktisch und sinnvoll. Ein angeschlossenes Zimmer mit verschlossener Tür. In der oberen Etage schlafen die zwei Frauen.

Auf der Couch vor dem Fernseher fläzt sich eine weitere Blondine. Sie ist größer als die erste. Als ich das Zimmer betrete, blickt sie mich mit einem warmen, mütterlichen Gesicht an. Ihre kurzen Haare sind zu einem Zöpfchen gebunden, sie trägt weite Hosen und ein Top. Sie stützt sich mit ihren etwas kräftigen Oberarmen auf der Couch ab, um mich zu begrüßen. Ich stelle meinen Rucksack ab, sie kommt auf mich zu und schüttelt fest und sportlich meine Hand.

»Ich habe einen deutschen Namen: Lara«, sagt sie zur Begrüßung.

»Warum?«, frage ich und nehme an, sie wird nun gleich erzählen, dass sie deutsche Vorfahren hat.

»Ich habe deutsche Vorfahren«, sagt sie stolz.

»Ich bin ziemlich erschöpft von meinem Flug, kann ich mein Zeug nach oben bringen und mich duschen?«, frage ich die beiden und gucke sie dabei abwechselnd an. Ich bin mir nicht sicher, ob ich nicht vielleicht etwas unhöflich bin, weil ich mich gleich zurückziehen will.

»Klar!«, kommt jedoch von beiden sofort die Antwort.

Cat geht vor mir die Treppe hinauf, ich mustere ihren Hintern, er ist klein und passt nicht so recht zu ihrem üppigen Busen. Vielleicht fällt es mir auch nur auf, weil ich seit über einer Woche in Japan keinen einzigen richtigen Busen mehr gesehen habe. Lustig ist nur, dass mich eine Brust als solche nie sonderlich interessiert hat. Auch der Hintern und all die Merkmale, die Freunde gern aufzählen, sind mir meist irgendwie egal. Auf die Gefahr hin, verkitscht zu klingen: Manchmal, wenn ich nicht gerade betrunken in einem Club herumspringe, sind mir die inneren Werte einer Frau ziemlich wichtig.

Ich stelle meinen Rucksack in ein kleines Zimmer, in dem ein Doppelbett steht, das über und über mit Mädchensachen bedeckt ist. In einem Wandschrank wird mir Platz gemacht. Hunderte Paare an Schuhen, T-Shirts, Röcken, Hosen. »So viel Kleidung habe ich nicht mal in Berlin«, sage ich zu Cat. Sie lächelt und erzählt mir von ihrer Leidenschaft für Schuhe.

Ich dusche mich und lege mich auf eine Matratze neben dem Bett. Ich wache nur einmal kurz auf, als Cat und Lara spät in der Nacht in ihr Bett gehen. Ich höre sie tuscheln. Ich schlafe dazu wieder ein, bin froh, hier zu sein, und fühle mich aufgenommen und wohl. Ich denke, dass ich für sechs Tage Freunde gefunden habe. Und während ich auf der unbequemen und kleinen Matratze dahindämmere, stelle ich mir vor, wie ich mit einer der beiden schlafe. Einfach so, weil ich Lust dazu habe.

Australien ist ein unkompliziertes Land. Es ist noch immer so, als würde man sich in einer englischen Kolonie bewegen. Die weißen Gesichter, der seltsame Akzent, das sichere Gespür für unangenehmes Essen, selbst der noch immer latent vorhandene Rassismus gegen die Aborigines scheint mir hochnäsig englisch. So viele rote Haare, so viel weiße Haut – es ist kein Wunder, dass die Menschen hier Hautkrebs bekommen. Meine Hautfarbe erinnert mich mittlerweile an einen Portugiesen, die Australier, die direkt unter dem Ozonloch leben, sehen allerdings aus wie Isländer.

Und auch hier muss ich ausgehen, am Abend vor unserer Reise. Als wir die Great Ocean Road entlangfahren, entscheiden sich Lara und Cat, mir das Melbourner Nachtleben zu zeigen. Ich bin wenig begeistert, stelle aber fest, dass zwischen Cat und mir ein angenehm spannungsgeladenes, freundschaftliches Verhältnis entsteht. Ich beobachte sie immer mehr und fühle mich durch ihre kleine Körpergröße nicht verunsichert. Auch nicht dadurch, dass sie einen kräftigen Bauch hat. So wie viele Australierinnen und Engländerinnen. Ihr selbstbewusstes, offenes Wesen und ihr Gesicht, das mich immer öfter an Heidi Klum erinnert, sind mir sympathisch.

Es ist Nacht in Melbourne, die Straßen sind leer gefegt. Nichts zu sehen, vereinzelt laufen junge Menschen durch die hohen Straßen, die Ampeln blinken gelb, signalisieren, dass es nichts zu regeln gibt. Ein warmer Wind hebt die Laune und die Röcke der beiden Mädchen. Sie lachen viel, und wir trinken das australische Nationalgetränk der Alkoholiker, Obdachlosen und jungen Menschen: Goon. Ein entsetzlicher Wein aus einem 4-Liter-Kanister, den man wohl auch als Kopfkissen verwenden kann. Ich frage mich zunächst, wie das gehen soll, stelle aber fest, dass nach vier Litern von diesem Fusel selbst ein Kaktus als Kopfkissen herhalten könnte.

Melbourne ist am Tag und auch in der Nacht eine gesichtslose Stadt. Keine schmutzigen Ecken, nur hier und da liegen auf dem Boden verstreut Papierreste und Wohnungslose herum. Selbst die jungen Menschen, die mir entgegenkommen, scheinen ohne wirkliche Identität. Die meisten Männer spindeldürr und in Röhrenhosen, die Frauen, als wollten sie sich gegen diese Mode aus Europa wehren, kräftig und mit beachtlichen Schenkeln unter zu kurzen, glitzernden Röcken. Sie bewegen ihre Körper unsicher auf High Heels durch die Straßen und stehen an Clubs an, sind betrunken und laut. Sie sind oft nicht attraktiv, die australischen Frauen, mit ihren hochgeschobenen Nasen und den perfekten Haaren, den bunten Fingernägeln und Gesichtern. Ich frage mich, wann Frauen realisieren, dass man sich kein schönes Gesicht aufmalen kann.

Ich stehe in der Schlange des angesagtesten Clubs von Melbourne, *Sorry Grandma!*. Die Gesichter um mich herum sind sehr jung, es gibt Ausweiskontrollen am Eingang. Kitsuné legt heute Abend hier auf, was in Australien etwas Besonderes ist. Die Menschen in Australien leben am anderen Ende der Welt. Es ist wie ein riesiges Dorf. Sie kopieren alles, was aus Europa oder Amerika kommt. Bands, die im Rest der Welt nicht allzu erfolgreich sind, können sich hier wie unsterbliche Legenden feiern lassen.

Es ist sehr voll. Voller als in anderen Clubs, auch wenn die Musik genauso schlecht ist wie in Asien. Die Männer sind sehr betrunken, die Frauen stehen mit wackelnden Augen und schlotternden Knien an der Bar. Cat steht neben mir, ihr Gesicht reicht gerade so über die Theke, als sie einen Wodka mit Cranberrysaft bestellt. Ich bestelle das Gleiche und werde sofort vom Barkeeper als schwul gebrandmarkt. Cat, Lara und ich stehen am Rand der Tanzfläche. Es ist kein Platz, Glitter fliegt durch die Luft, hier gibt es keinen Nebel, sondern Papierfetzen, die mir ins Getränk fallen. Die Masse tanzt frenetisch. Zu Michael Jackson. Armer Kerl, denke ich, als ich die Musik des toten Mannes höre. Sony Music wird sich freuen.

Wir gehen zu dritt auf die Tanzfläche, es ist schauderhaft warm. Es scheint, als ob die Luft aus der Wüste direkt über unsere Köpfe geblasen wird. Ich kann nicht reden, es verklebt mir die Lippen, ich drehe mich zu den beiden Mädchen und signalisiere mit meinen Fingern am Hals, dass ich die Luft unerträglich finde. Sie lachen. Nehmen mich links und rechts an meinen Händen und ziehen mich tiefer in das Gewühl aus schwitzenden und riechenden Menschen. Rauchen ist in australischen Clubs verboten, und jeder hält sich daran. Das mag für Nichtraucher sicher angenehm sein, aber früher, als man noch rauchen durfte, roch es in den Clubs wenigstens nur nach kaltem Rauch. Heute riecht es nach Achselhöhle, nach verschwitzten, verzwirbelten Haaren und Poritze. Es ist schwierig, Spaß zu haben, trotzdem gebe ich mein Bestes und reibe mich an den nass geschwitzten Armen der Menschen um mich herum. Cat hebt ihre kurzen Arme über den Kopf, Lara blickt, wenig tanzend, etwas besorgt durch die Menge. Ich glaube, sie fühlt sich ähnlich wie ich. Unbehaglich, verklebt.

Ein Finger tippt mir auf die Schulter. Ich drehe mich langsam um, stoße dabei Gläser, Ellbogen und feuchte Nasen an. Eine Frau steht hinter mir, dunkle Locken, ein spitzes Gesicht, böse Lippen, schmal und verkrampft. Die erste sehr dünne Frau in Australien, denke ich.

»Ja?«, brülle ich durch die Musik und die Gläser vor unseren Nasen hindurch.

»Ich habe mich gefragt, ob du Australier bist«, brüllt sie zurück.

»Nein. Warum?« Und meine Stimme verabschiedet sich in den übersteuerten Bässen.

»Nur so.« Und schon verschwindet sie wieder. Manchmal gibt es Abende, an denen man viel Alkohol trinken kann und nichts geschieht, an denen man unzählige Gespräche führt und trotzdem vergeblich auf den Rauschzustand wartet. Kein gutes Gespräch, keine gute Musik, keine guten Menschen, kein guter Alkohol. Heute ist so ein Abend.

Meine beiden Australierinnen sind die Einzigen, die mir wirklich sympathisch sind. Sie haben sich der Musik hingegeben. Ich sehe ihre Stirnen glänzen und überlege, nach Hause zu fahren, traue mich aber nicht so recht, weil ich kein Spielverderber sein möchte. Ich trinke weiter und stelle mich neben Cat auf die Tanzfläche. Es gibt nichts Schlimmeres als stehende Menschen zwischen tanzenden Menschen.

Ich gehe zurück zur Bar, sehe dort das gelockte, dünne Mädchen und stelle mich neben sie. Sie lächelt. Ich bin erstaunt, dass sie offensichtlich im Gegensatz zu ihren australischen Mitmenschen einen vernünftigen Modegeschmack hat. Kein glänzendes Paillettenröckchen, kein Top, aus dem der Bauch wie ein gebackener Kuchen aus der Springform quillt.

»Wo kommst du her, dein Akzent klingt Russisch«, fragt sie mich an der Bar.

»Rate.«

»Italien?«

»Nein.«

»Spanien?«

»Nein.«

»Griechenland?«

»Nein.«

»Argentinien?«

»Nein, nein, nein.« Meine Haut muss wirklich sehr dunkel sein von all der Sonne.

»Aus Deutschland«, sage ich.

»Echt?«

»Ja.«

»Viele Deutsche sind gerade in Australien, machst du auch Work and Travel?«, will sie wissen.

»Nein«, sage ich schon wieder und erkläre ihr, dass ich nur sechs Tage an der Südküste Australiens reise.

»Aha«, sagt sie.

»Sprechen die Leute in Deutschland eigentlich Englisch?«, will das Mädchen wissen. Und nachdem sie das gefragt hat, will ich nicht mal ihren Namen wissen. In was für einer Sprache unterhalten wir uns denn gerade?

Ich werde müde und immer schlechter gelaunt. Ich winke schließlich doch die beiden Mädchen zu mir heran und frage nach dem Hausschlüssel. Ohne die Miene zu verziehen und voller Vertrauen geben sie mir die Schlüssel. Immerhin könnte ich ja auch ein Irrer sein, der jetzt ihre Wohnung ausraubt und an ihren Schlüpfern schnüffelt.

Erst als ich im Taxi sitze, der Fahrer mich fragt, ob er verbotenerweise eine rauchen darf und wir uns beide eine Zigarette anstecken, atme ich aus. Das hätte nicht sein müssen, heute Abend.

Es gibt eine Regel, das habe ich jetzt endgültig gelernt: Im Club lernst du keine Frauen kennen, sondern nur Muschis. Wer Menschen wirklich kennenlernen will, muss draußen suchen, bei Tageslicht und nüchtern.

Ich bin froh, dass wir endlich unsere Reise beginnen. Weil ich keinen Führerschein besitze, muss ich hinten im Auto Platz nehmen. Linksverkehr. Cat fährt. Sie hat den Sitz bis nach vorn gezogen, ihr kleiner Kopf steht knapp über dem Lenkrad, ihre Hände wirken, als würde ein Kind das Auto durch die leeren Straßen steuern. Melbourne schläft noch. Lara liegt mit einem Handtuch zwischen Fensterscheibe und Kopf auf ihrer Seite. Ihr Mund steht halb offen, sie döst. Ich habe genug Platz, lege mich zurück und stelle fest, wie die Landschaft sich verändert. Erst die Hochhäuser, dann endlose Stadtflächen voller Einfamilienhäuser und später die vertrocknete Grassteppe des australischen Hinterlandes. Ab und zu liegen breitgefahrene Tiere, die ich nicht identifizieren kann, auf der Straße. Gleich werden wir das Meer erreichen, die Küste Australiens. Ich bin aufgeregt. Aus dem Autoradio kommt unsere Musik.

Wir haben unsere MP3-Player angeschlossen. Im Kofferraum ein Zelt für drei, Essen, viel vom Fuselwein und zu wenig frische Unterhosen.

An der Küste schlagen die Wellen ungezähmt gegen die Felsen, ich bin jedoch überrascht, wie schnell meine Begeisterung verfliegt. Vermutlich sind das die Nebenwirkungen des hastigen Reisens. Ich sehe Naturschauspiele, Landschaften, Städte, Menschen, aber ich bin so schnell unterwegs, dass ich sie kaum verinnerlichen kann. Thailand und Laura liegen schon so weit zurück, dabei ist es gerade mal vier Wochen her. Kiew und Steph liegen noch weiter in der Ferne. Polen habe ich schon wieder vergessen. In der ungeheuren Abwechslung dieser Reise liegt eine Monotonie, die dazu führt, dass ich alles vergesse, alles schwammig wird, nichts Bedeutung hat. Vielleicht wird es anders sein, wenn ich wieder zu Hause bin, vielleicht wird mir die Tragweite meiner Reise dann bewusst werden. Ich hoffe es zumindest.

Der Wind zerzaust unsere Haare, ich stehe zwischen den beiden Frauen, und wir sehen uns die zwölf Apostel an. Die zwölf Apostel, die aus sieben seltsam geformten Steinfelsen im Meer bestehen. Ich lerne: Es waren mal zwölf, aber die großen Wellen haben ihren Tribut gefordert und die anderen fünf Felsformationen in den Ozean gerissen.

Wir fahren weiter, die Straße schlängelt sich durchs Hinterland, durch engbewachsenes Buschland, das sich mit satten Wiesen voller Schafe abwechselt. Wir sind die meiste Zeit still, hören manchmal meine, dann die Musik von Cat, die mütterliche Lara sagt immer, sie habe keinen besonderen Musikwunsch. »Schön muss es sein«, sagt sie zufrieden und rutscht auf ihrem Sitz in sich zusammen, stützt die Füße auf das Armaturenbrett und lächelt in die Landschaft. Meine Exfreundin hat mir einmal erklärt, alle Frauen seien Fotzen, auch sie selbst. Ich glaube, Lara ist keine dieser bösen Frauen, ich glaube, sie ist immer nett, immer lieb, immer freundlich. Sie ist keine schöne Frau, aber hübsch ist sie. Blaue Augen, die sicher umherblicken, eine von bösen Sonnenstrahlen gebräunte Haut und ein breites Kreuz, aber nicht unweiblich. Ich sitze auf der Rückbank und beobachte sie mit dem letzten Licht des Tages, das sich in ihrem Gesicht und in dem falsch eingestellten Rückspiegel reflektiert.

Wir campen unter einem Eukalyptusbaum voller bräsiger Koalabären. Der Campingplatz ist idyllisch gelegen, ich helfe beim Aufbau des Zeltes, wir freuen uns alle aufs Weintrinken, auf Goon, obwohl wir sehr wohl wissen, dass wir morgen einen fiesen Kater davon haben werden. Ich bin in Australien. Atme tief durch, so weit weg, an der unteren Hälfte dieser Erde. Ich kann die Entfernung von zu Hause spüren und genieße sie.

Der Goon geht um, jedoch nicht etwa in schicken Weingläsern. Ich halte mir den Kanister direkt über das Gesicht, schraube an der Öffnung und trinke Wein. Wir drei machen das so, bis uns ein angenehmes Gefühl der Berauschtheit erreicht. Es ist erstaunlich kühl. Die Koalabären sind jetzt weniger bräsig und atmen wie krebskranke Raucher über unseren Köpfen. Sie röhren asthmatisch, und wir lachen sie aus. Koalabären sind süß? Nur am Tag.

Es ist dieser angenehme Alkoholrausch, bei dem noch alle Sinne stimmen. Wir reden über Deutschland, über Australien. Die beiden können kaum glauben, dass es in Berlin gerade minus 15 Grad sein soll. Sie reden über ihre Exmänner und fügen mich in ihre Gespräche ein, als wäre ich ihr schwuler bester Freund.

»Wie sind deine Exfrauen so gewesen?«, fragen sie mich. Ich bin still, sehe auf den Boden und nippe an meinem Wein.

»Schwierig«, sage ich.

»Was heißt das?«

»Nun ja, ich hatte immer schwierige Frauen. Und eine wichtige, große Liebe, die ich nicht vergessen kann, die der Grund für meine Reise ist.« Ich verschweige lieber die Wette mit meinen Freunden.

»Erzähl uns von ihr«, sagen sie unschuldig. Und dann erzähle ich das erste Mal auf dieser Reise alles von ihr. Wie sie aussieht, ich zeige ihnen ein Foto, das ich heimlich mitgenommen habe, erzähle von den verrückten Reisen, die wir gemacht haben, und von dem exorbitant guten Sex, den wir hatten. Jedes Mal, wenn ich schweige, um Luft zu holen, röhren die Koalas dazwischen. Sie und die Mädchen hören mir aufmerksam zu, und der Goon wandert weiter. Wir trinken zu dritt an 4 Litern herum.

Irgendwann unterbricht mich Cat.

»Hattest du schon mal einen Dreier?«, will sie wissen. Und weil wir betrunken sind, scheint es eine normale Frage zu sein. Nicht mal Lara, die jedes Mal beschämt gekichert hat, wenn Sexthemen angeschnitten wurden, kichert jetzt, sondern sieht mich gespannt an.

»Ja.«

»Und?«

»Ist toll.«

»Mit zwei Frauen?«

»Nee, mit ’nem Freund und einer Frau, die wir auf einer Party kennengelernt haben.«

»Den *Devil's Threesome*?«

»Den was?«

»Na, den *Devil's Threesome*, zwei Männer, eine Frau. Den nennt man so, weil sich da die Eier berühren können, von zwei unterschiedlichen Männern.«

»Ist das schlimm?«, frage ich.

»Ich glaube, das mögen nicht viele Männer«, sagt Cat. Und dann erkläre ich ihnen, dass bei einem Dreier selten die Vernunft regiert und es herzlich egal ist, wenn einem die Eier des besten Freundes auf den Oberschenkel klatschen. Sie lachen beide.

Und ich muss pinkeln.

Cat steht auf, begleitet mich zur Toilette. Wir gehen unter den Koalas, die offensichtlich nicht nur nachts atmen, sondern auch kacken, zu den Campingklos. Sie läuft still neben mir, während ich mir vorstelle, sie gegen die Klowand zu drücken und sie zu küssen. Ich bin betrunken, sie ist es auch. Es gibt nichts zu befürchten, außer, dass dieser Kuss nach hinten losgeht und die nächsten zwei Tage zur Hölle werden. Eine Abfuhr und dann gemeinsam reisen, das sind keine guten Bedingungen, denke ich, während ich die Tür zum Klo aufstoße. Ich drehe mich um und will Cat, ein »Bis gleich« sagen. Ich sehe, wie sie vor mir steht, ihr Gesicht streng, es sieht aus, als würde sie mich gleich anspringen. Oder ich bilde mir das ein. Sie hebt ihre kleine Hand, drückt sie auf meine Brust und drückt mich auf die Männertoilette. Während ich rückwärts auf die Edelstahlwaschbecken zulaufe, küsst sie mich auf den Mund. Erst, als ich mit dem Rücken an einem Wasserhahn anstoße, drehe ich mich um, hebe sie auf die Spüle. Wir küssen uns auf dem Waschbecken, ich kann mein Spiegelbild sehen und ihren Rücken. Sie hält meinen Kopf fest. Ihr großer Busen drückt sich gegen meinen Oberkörper. Sie stöhnt leise, mit spitzem Ton in mein Ohr. Ich bin wenig erregt, während ich ihr Kleid, das aussieht wie eine getrocknete Distel, über den Kopf ziehe. Ordinär vom Alkohol nestelt sie an meiner Hose. Ich küsse sie, grob, ziehe an ihren Haaren. Ich glaube erkennen zu können, dass der Spiegel beschlägt.

»Kondom?«, flüstere ich.

»Gleich«, sagt sie.

Ich hebe sie runter, sie steht mit dem Rücken vor mir, ihr Kopf reicht mir ans Kinn. Ich drücke sie nach vorn und sie stützt sich mit den Händen am Rand des Waschbeckens auf, ich ziehe ihren Slip nach unten. Sie stöhnt, ich sehe ihre kleinen Pobacken, beuge mich über sie und küsse ihren Hals. Sie drückt ihren nackten Hintern gegen mein Becken. Greift nach hinten, unter mein T-Shirt, an meine Hose.

»Fick mich!«, sagt sie.

»Kondom«, sage ich betonter. Wo kommt eigentlich diese Vernunft her, frage ich mich, während sie vergeblich versucht, mit einer Hand meine Gürtelschnalle zu öffnen.

»Gleich«, sagt sie.

»Wie, gleich? Du kannst doch nicht ›Fick mich!‹ sagen, und dann holen wir danach das Kondom.«

Sie dreht sich um. Springt wieder auf das Waschbecken und will sich gerade den BH öffnen, als sie zusammenschreckt und einen spitzen Schrei von sich gibt. Ich drehe mich um, sehe Lara im Türrahmen des Männerklos stehen.

»Ihr wart lange weg, da dachte ich, ich guck mal«, sagt sie. Sie lächelt, schaut nicht böse, ich drehe mich verunsichert zu Cat. Es ist immer schwierig, in einer Dreiergruppe zu reisen, denke ich. Wenn eine Frau mit zwei Männern reist und den einen küsst, dann ist der andere eifersüchtig. Das wird bei Frauen nicht anders sein. Und hier geht es eindeutig um mehr als nur einfaches Küssen. Cat springt vom Waschbeckenrand, zieht sich ihre Distel wieder an und versteckt ihre roten Wangen. Lara sieht mich an, während Cat das Campingplatzbadezimmer verlässt. Ich bin verunsichert, es ist kein Blick voller Eifersucht und Missverständnis, sondern ähnelt dem Blick ihrer Freundin, ungefähr zwanzig Minuten vorher.

Ich vermute, der Alkohol hat uns alle freundlich gestimmt. Es gibt keinen Grund, eifersüchtig zu sein. Ich gehe auf Lara zu und küsse ihren Hals. Ohne Scheu legt sie ihren Kopf in den Nacken, meine noch von Cat feuchten Lippen schmiegen sich in die feinen Linien hinter ihrem Ohr. Sie will nichts sagen, kein unsicheres Kichern, nur ein leises Ausatmen höre ich. Plötzlich erscheint sie mir nicht mehr mütterlich, ihre stille Verwegenheit erregt mich sehr. Ich lehne sie vorsichtig, nicht so grob wie Cat, gegen die Wand neben den Türrahmen, hocke mich vor sie und ziehe ihre praktische Baumwollhose vorsichtig nach unten. Sie steht vor mir, trägt keinen Slip und hält meinen Kopf zwischen ihren Beinen. Noch immer sagt sie nichts. Sie ist so ruhig, ich warte darauf, dass ihre Stille in Erregung umschlägt. Gleichzeitig kämpfe ich mit der Wirkung des billigen Weins, jedes Mal, wenn ich die Augen schließe, beginnt sich alles zu drehen. Ich höre Lara atmen, immer schneller. Sie kommt. Ich stehe auf und küsse ihren weichen Mund. Sie legt ihre Hand in meinen Nacken und sieht mich gefährlich an.

Als wir ins Zelt zurückkommen, schläft Cat bereits. Oder sie versucht es, sie will nicht mit uns reden, ihre Scham scheint größer als erwartet. Lara legt sich neben sie, zieht ihr Oberteil aus, ihre Hose. Sie liegt nackt im Zelt, wir haben keine Taschenlampe, nichts, es ist finster, jedoch nicht so dunkel, dass ich ihre helle Haut nicht sehen könnte. Sie hat einen makellosen Teint, keine erhabenen Leberflecken, keine seltsamen Falten, weshalb sie sich nackt auch nicht schämen muss.

Sie legt ihre Hände hinter den Kopf, so dass ihr Busen nach oben rutscht. Mit ihrem Fuß signalisiert sie mir, dass ich mich zwischen ihre Beine legen soll. Wir schlafen miteinander, in vorsichtigen, ruhigen Bewegungen. Wir glauben, Cat würde davon nichts mitbekommen, aber das ist eine dumme Annahme. Über uns die Koalas, die atmen, neben uns Cat, die leise schnarcht. Ich höre von irgendwoher Zikaden. Wir schlafen aufeinander ein.

Still ist es am nächsten Tag im Auto. Die Landschaft ändert sich wieder von Buschland zu Küstenstreifen. Meterhohe Wellen schlagen von der Antarktis eisig abgekühlt an steinerne Wände.

Konzentriert und mit Restalkohol im Blut navigiert Cat das Auto durch die verschlungenen Straßen. Niemand von uns will reden, aber niemand scheint sich für das zu schämen, was gestern passiert ist. Warum auch? Keine Anspannung zwischen den beiden Frauen, ich finde das angenehm, auch wenn mich selbst beim Gedanken an letzte Nacht eine Mischung aus Scham und Erregung überkommt.

Glücklicherweise halten wir in kurzen Abständen mit dem Auto an, um Fotos zu machen. Die salzige Seeluft, der eisige Wind, der mir entgegenschlägt, lenken mich ab. Ich frage mich dennoch, was heute Abend passieren wird.

Wir fahren durch unzählige Küstenorte, allesamt identisch. Ein Restaurant, unzählige Hotels und ein Shop. Trotz der wunderbaren Landschaft überkommt mich eine seltsame Langeweile. Es ist, als hätte ich in meinem Leben schon Hunderte von Zehnmeterwellen gesehen, die ungebremst an einhundert Meter hohe Klippen aus gelbem Stein schlagen. Es fühlt sich an, als würde ich in Australien leben. Irgendwann bricht Cat das nachdenkliche Schweigen im Auto.

»Also ich fand's cool gestern. Und ihr?«, sagt sie gespielt selbstsicher.

»Ich auch«, sagt Lara und lächelt in den Rückspiegel, in der Hoffnung, dass ich es sehe.

»Ich nicht«, scherze ich, ein Witz, den niemand versteht. »Doch, doch«, hänge ich schnell an, um keine Missverständnisse aufkommen zu lassen. »Was machen wir heute Abend?«

»Keine Ahnung, dasselbe?«, fragt Cat. Wir lachen alle aufgelöst. Ich will trotzdem alle Ungewissheiten aus dem Weg räumen.

»Du weißt, dass Lara und ich gestern miteinander geschlafen haben, oder?«, frage ich, ohne Lara um Erlaubnis zu bitten, das Thema anzuschneiden.

»Ich bin nicht bescheuert«, antwortet Cat. Daraufhin lachen wir alle etwas unsicher.

Wir brauchen Ewigkeiten, um einen Platz für die Nacht zu finden. Erst als es dunkel wird, fahren wir auf einen uncharmanten Campingplatz nahe der windigen Küste. Hastig bauen wir unser Zelt zwischen den Dauercampern auf. Eine Hecke schützt uns notdürftig vor dem strengen Wind. Wir frieren. Ich habe nur Flipflops, keine warmen Schuhe, nicht mal Socken. Als wir vor dem Zelt sitzen, um zu Abend zu essen, beginne ich, mit den Zähnen zu klappern. Wir trauen uns nicht so recht, den neuen Kanister Goon zu öffnen, weil wir nicht wissen, was passieren wird. Wir reden wieder über Sex, während auf einem elektrischen Grill Fleisch brät. Wir haben keine Scham mehr. Null.

»Ich glaube, ich will mit euch beiden schlafen«, sage ich, ohne einen einzigen Schluck Alkohol im Blut zu haben. Beide beginnen zu überlegen.

»Das haben wir noch nie gemacht«, sagt Cat. »Aber der Gedanke ist sehr reizvoll, das gebe ich zu«.

»Finde ich auch.« Lara kichert wieder mütterlich beschämt.

Ich nehme den Kanister, öffne das Ventil und beginne, den vom Wind gekühlten Weißwein zu trinken. Er wärmt mich ein bisschen und gibt mir Sicherheit. Es vergeht noch Zeit, der Mond ist schon sichtbar und die Sterne scheinen hell durch das Ozonloch. Wir liegen zu dritt nebeneinander. Und schlafen miteinander. Wir sind nicht betrunken, ich halte mich an Händen fest, die ich nicht kenne, die mir trotzdem aber so vertraut vorkommen wie dieser Landstrich.

Am letzten Abend erreichen wir spät in der Nacht das Haus, ich muss zum Flughafen. Cat bringt mich hin. Sie hat sich kurz hingelegt, weil mein Flug erst um sechs in der Früh geht.

Ich bleibe wach, sitze auf der Terrasse des Hauses und rauche Zigaretten. In meiner linken Hand halte ich Nummer neunundsechzig und achtundsechzig. Ich rechne nach. Ich muss noch mit siebenundsechzig Frauen schlafen. Das schaffe ich niemals. Nie. Ich reise noch ungefähr sechzig Tage. Ich müsste also mit mehr als einer Frau am Tag schlafen. Unmöglich, denke ich und starre in den Nachthimmel. Was soll's, dann habe ich die Wette verloren. Ich zähle weiter, aber gewinnen werde ich deswegen trotzdem nicht. Cat kommt zu mir auf die Terrasse, sie steht im dünnen T-Shirt fröstelnd vor mir und sieht mich mit müden Augen an. Dann zieht sie sich an, und wir fahren still durch das noch schlafende Melbourne. Ampeln und leere Häuser passieren unseren Weg. Ich höre die Lichter am Auto vorbeirauschen. Als wir uns verabschieden, umarmt sie mich.

»Wir werden dich vermissen«, sagt sie.

»Ich euch auch«, sage ich, meine es sogar so. Wir küssen uns nicht. Ich steige aus dem Auto aus, in das Flugzeug ein. Suche mir einen Sitz, die Maschine ist kaum ausgebucht, vielleicht sind es zwanzig Passagiere, die sich auf 250 Plätze verteilt haben.

Am Ende des Flugzeugs, dort, wo man die Sitze nicht richtig zurückklappen kann, auf den Pechplätzen, auf denen man notgedrungen sitzt, wenn man zu spät eincheckt, in der letzten Reihe, sehe ich eine Frau. Sie ist die schönste Frau, die ich je gesehen habe. Sie sieht traurig aus.

FIDSCHI

Es ist mein Geburtstag heute. Ich werde 29 Jahre alt und habe nicht mal Angst davor. Einzig die Gedanken rattern, wie jedes Jahr. Was ich mit 29 erreicht haben könnte. Müsste ich nicht schon längst ein Kind haben? Müsste ich schon verheiratet sein? Ein Haus gekauft haben? Ich habe darauf keine Antwort. Ich rechne immer anhand des Lebens meiner Eltern – was haben sie gemacht? Mit 29? Mein Vater hat mich gezeugt, mit 29. Vielleicht sollte ich ein Kind machen, dieses Jahr. Geplant waren schon viele. Mit verschiedenen Frauen. Bescheuerte Teenietraumkinder, mit 18, man dachte, man bleibt für immer zusammen, aber die Realität hat uns getrennt. Dann Traumkinder von Erwachsenen, die aus Leidenschaft und Unvernunft gezeugt werden sollten. Aber nie gezeugt wurden. Ich denke an meine Freunde in Berlin, ich finde den Gedanken schön, dass sie noch im Gestern leben. Ich habe noch keine Glückwünsche im Posteingang, es sind zwölf Stunden Zeitunterschied zu Deutschland, mein Heute hat bei ihnen noch nicht angefangen. Ein wenig hatte ich gehofft, dass sie mir schreibt. Hat sie aber nicht. Und erstaunlicherweise, während ich hier, bei 30 Grad im Schatten, in einem Strandcafé sitze, stört es mich weniger. Die Zyklen, in denen ich an sie denke, werden länger. Es dauert, bis sich eine schmerzhafte Sehnsucht einstellt. Aber es ist eine neue Form von Sehnsucht. Nicht mehr: ich will sie wieder, sondern: was wäre passiert, wenn wir uns nicht getrennt hätten. Und ich habe nur eine Feststellung: Ich hätte diese Reise nie machen können, nie mich in Clubs langweilen, einen

Dreier in Australien haben können, ich wäre nie in Tokio mit einer Animierdame im Bett gewesen. Ich lächle und spüre, es wäre ein Verlust gewesen. Ich bin das erste Mal zufrieden. Irgendwie. Kann das Gefühl aber immer noch nicht fassen. Nable ich mich jetzt ab? Ist es so weit? Verliert meine Exfreundin an Dominanz in meinem Leben? Das Gefühl ist zu diffus, um es zu verstehen.

Die Sonne geht unter. Ich sitze in einem Hostel, der Name ist Smugglers Cove. Ein brauner Strand grenzt an meinen Tisch, und meine Beine sind ausgestreckt. Die Sonne scheint auf mich herab, aber es ist nicht idyllisch. Kurz zuvor wurde ich davor gewarnt, ins Wasser zu gehen. Ein großes Chemiekraftwerk pumpt seinen Schmutz direkt an den Strand. Das erklärt auch den Schaum, denke ich mir. Fidschi – vermeintlich das Paradies auf Erden. Hinter mir betrunkene Engländer, die sich johlend Spielkarten an die Stirn kleben und um die Wette Bier trinken.

Die Sonne verschwindet hinter dem Horizont. Es wird kühler. 30 Grad, 99 Prozent Luftfeuchtigkeit, die Menschen hier ächzen unter den Bedingungen. Es lässt sich als Tourist schwer etwas unternehmen in diesem Land, das gebeutelt wird von Diktatur und Armut. Ich frage mich, während ich meine Cola langsam weitertrinke und eine Zigarette nach der anderen rauche, wie die Reiseveranstalter darauf kommen, dass hier das Paradies sei. Ich finde es fast unverschämt. Fidschi ist ein Dritte-Welt-Land genau wie Haiti, die Menschen leiden.

Es ist dunkel, eine Show beginnt, Tänzer spielen mit Feuer, wirbeln Messer schnell und gefährlich um ihre Hände, sie rufen laut: »Bula!« Ständig und immer wieder: »Bula!« Ein Wort mit unterschiedlichen Bedeutungen. Es heißt: »Hallo, wie geht's dir, wie ist dein gesundheitlicher Zustand?« Sie fordern das Publikum auf, »Bula!« zurückzurufen. Es zögert. Es sind die Neuankömmlinge auf Fidschi, noch nicht gewohnt, wie man hier als Tourist lebt.

Ich habe eine Tour gebucht, die morgen beginnt. Mit einem Boot werde ich die Inseln abfahren. Sechs Nächte, drei Inseln.

Das macht man hier so, vom Erkunden der Hauptinsel wird abgeraten. Zu viel Armut, zu viel Kriminalität. Und während ich mit den Engländern in der Dämmerung sitze und meine zwölfte Cola austrinke, denke ich an die Frau im Flugzeug zurück. Ich will wissen, wer sie ist. Ich habe sie auf dem Flug immer nur kurz sehen können, hatte keine Möglichkeit, sie anzusprechen, sie zu fragen, wo sie herkommt. Es war ein seltsames Gefühl, als ich sie sah, dort hinten in der letzten Reihe. Ihr trauriges Gesicht, ihre dunklen, langen Haare, die sie wie ein Reisekissen um ihren Nacken gelegt hatte. Ihre Augen leer und schwarz, mit einem Ausdruck von Isolation, der sich unangenehm über die gesamte Sitzreihe legte. Sie wollte ganz offensichtlich nicht angesprochen werden, ich habe das akzeptiert, aber mein Bedürfnis war ein anderes.

Ich bin ständig auf die Flugzeugtoilette gegangen, nur um an ihr vorbeizulaufen, nur um sie kurz zu sehen. Eingequetscht zwischen drei Sitzen starrte sie aus dem Fenster, ihr Blick bohrte sich in den Südpazifik. Sie aß nichts, das etwas zähe Hühnchen blieb unangetastet. Ich wusste, ich will sie wiedersehen, und ich wusste, ich werde sie wiedersehen. Die meisten Touristen unternehmen eine Inseltour, und es gibt nur wenige Veranstalter. Die Wahrscheinlichkeit, dass ich sie wiedertreffe, ist deshalb groß. Ich lasse mir Zeit, und ihr.

Jemand unterbricht meine heimlichen Gedanken. Ich drehe mich um und sehe einen kleinen Mann, neben ihm ein großer Mann.

Sie stellen sich vor: »Hallo, ich bin Mayo, und das ist Adam. Wir sind die einzigen Slowaken in Fidschi.« Ich muss lachen und denke kurz darüber nach, ob er recht haben könnte. Ich glaube, er hat recht. »Können wir uns dazusetzen?«, fragt jetzt der lange Adam. Die beiden Männer sind sehr lustig, ganz sicher nicht dumm, sie bringen mich zum Lachen und haben in einer Tasche unter dem Tisch eine Flasche mit 70-prozentigem Rum.

»Der Alkohol, der hier ausgeschenkt wird, ist uns zu lasch«, erklärt Mayo.

»Ach so, stimmt ja, ihr seid ja aus Osteuropa, da bekommt ihr Schnaps anstelle von Muttermilch«, sage ich. Wir lachen uns ehrlich zu, sie bieten mir den Rum an, ich koste und stelle fest, dass ich vor solchem Alkohol kapitulieren muss. Er brennt und frisst sich meine Speiseröhre hinunter. Ich schüttle mich, die beiden schütteln sich osteuropäisch begeistert und geben mir noch ein kleines Glas. Wieder: Ich rüttle mit meinem Gesicht, und sie lachen.

Beide studieren in Australien und machen Urlaub auf Fidschi. Viele Australier machen hier Urlaub, gerade mal vier Flugstunden sind es in dieses arme Paradies. Ich sage ihnen, dass ich Geburtstag habe, und sie jubeln beide laut auf, stellen sich vor den Tisch und machen Lärm. Aber angenehmen Lärm, nicht britischen Suff-Pubcrawl-Lärm. Sie gratulieren mir und bestellen mir Bier und einen Cocktail – als Geburtstagsgeschenk. Ich entspanne mich und lege gemütlich die Beine übereinander.

»Weißt du was, wir gehen aus. Was hältst du davon?«, fragt mich Adam. »Wir kennen hier eine Einheimische, die wollte mit uns tanzen gehen, heute Nacht. In einem echten Club, nicht für Touristen.«

»Hm, ich weiß nicht«, sage ich und trinke mein Bier schneller. Ich habe einfach keine Lust auf einen weiteren Clubabend, ich mag den Abend lieber in Ruhe verbringen. Ich weiß nur noch nicht, wie ich es den beiden netten Typen sagen soll.

Im Prinzip freue ich mich nämlich sehr, die Slowaken kennengelernt zu haben. Sie sind sehr unterschiedlich, aber entsprechen der klassischen Beste-Freunde-Konstellation. Mayo ist klein und muskulös, hat ein freundliches, etwas dümmliches Gesicht und breite Schultern. Er ist der Frauenheld, aber einer mit gutem Humor. Adam ist dünn und lang, in der Schule war er wahrscheinlich der Typ, der jeden Computer reparieren konnte und trotzdem mit den anderen kiffen war. Er ist kein Nerd, aber er kennt sich eben mit uninteressanten Dingen aus. Ich wette, er ist ein passionierter Schachspieler.

Wir feiern meinen Geburtstag, obwohl wir uns nicht kennen. Ich genieße es, wildfremden Menschen inzwischen schnell vertrauen zu können. Das habe ich auf dieser Reise gelernt. Wir sitzen zu dritt am Tisch, als wären wir seit Jahren Freunde, erklären uns die Klischees, die uns über das Land des jeweils anderen einfallen. Ich muss ehrlich zugeben, dass es mir sehr schwerfällt, slowakische Klischees aufzutreiben. Alle fahren nach Prag, nur wenige nach Bratislava. Während wir weiter überlegen, wofür die Deutschen außer Hitler, Fußball und Michael Schumacher bekannt sind, stellt sich eine dunkle Frau an unseren Tisch. Sie ist die Frau aus Fidschi, die Adam und Mayo kennen. Sie erzählen ihr auf Englisch, dass ich heute Geburtstag habe, und sie lächelt.

»Na, dann haben wir noch mehr Grund, heute Abend tanzen zu gehen«, sagt sie.

»Wo geht ihr denn eigentlich hin?«, will ich wissen, nicht ohne etwas Unlust in meiner Stimme mitschwingen zu lassen.

»Steps Karaoke Nightclub, der größte Club in Nadi«, sagt sie.

»Moment«, sage ich und erzähle ihnen dann meine Geschichte von den zahllosen Nachtclubs. Sie hören mir aufmerksam zu, auch die Frau aus Fidschi. Sie finden meine Geschichten spannend, und ich finde das lustig. Als ich mit vom Reden trockenem Mund meine Erklärung beende, nicken alle drei beeindruckt.

»Wir sehen uns dann morgen«, sagen sie, ohne mich überreden zu wollen.

»Bis morgen?«

»Wir fahren morgen auf die Inseln, mit der Fähre.«

»Ach, wie cool, ich auch!«

»Deswegen bis morgen, wir gingen davon aus, dass du das auch machst, was anderes geht ja in Fidschi auch nicht.«

»Dann bis morgen.«

Meine Hoffnungen, die Frau aus dem Flugzeug auf dem Schiff wiederzutreffen, werden in dem Moment enttäuscht, in dem ich die Fähre zu den Inseln betrete. Nervös suche ich sie. Mit müden Augen und erschöpften Körpern nehmen Adam und Mayo mit mir auf dem Oberdeck Platz. Es ist ein bewölkter Tag, ungewöhnlich für Fidschi. Hier scheint doch, zumindest laut Reisekatalog, immer die Sonne. Wir fahren fünf Stunden, vorbei an Inseln so klein wie ein halbes Fußballfeld und so groß wie eine Kleinstadt. Bewaldet, mit hohen Hügeln, mitten im Wasser. Um uns herum Tiere und stille Natur. Wenn mir langweilig wird, blicke ich über die Reling, sehe Fische, Schildkröten im Fahrwasser des Schiffes treiben. Die Inseln sind satt, fett und grün. Ich glaube, unbekannte Geräusche zu hören, und denke zum ersten Mal, ja, das ist paradiesisch. Das Gefühl ist etwas schal, wegen des Diktators und der armen Menschen. Es ist vergleichbar mit dem Gefühl, das ich hatte, als ich in der Ukraine mit der Frau geflirtet habe. Es unterhält mich, auf Kosten eines Lebens, auf Kosten ihrer Träume.

Wir verlassen das arme Fidschi und bereisen den Teil, in dem nur Touristen leben. Eine Nacht in einem Schlafsaal kostet so viel wie ein Wochenlohn hier, ungefähr 12 Euro. Für ein Dritte-Welt-Land ist das sehr teuer. Die See braust auf, es ist wellig, die ersten Fahrgäste übergeben sich in kleine Tüten, die sie vor ihr Gesicht halten. An Deck lässt es sich eigentlich gut aushalten. Die Luft ist kühl, und der Wolkenschatten macht das Reisen oberhalb des Meeresspiegels angenehm.

Adam und ich unterhalten uns über die Rolle von Tito in Osteuropa, und ich freue mich sehr, nach Wochen belangloser Reisegespräche endlich wieder ein anspruchsvolles Thema diskutieren zu können. Die Zeit vergeht wie im Flug – was eine blödsinnige Redewendung ist, da ich schon ungleich langweiligere Flüge als diese Bootstour erlebt habe –, und erst als ein kleines Beiboot uns auf die letzte Insel der sogenannten Yasawa-Gruppe bringt, fühle ich mich gänzlich wohl. Trotz der Tatsache, dass ich die Frau unbedingt wiedersehen will.

Das kleine Boot stößt durch ein Korallenriff, kratzt die weichen und harten Wunderwesen der Meere kaputt und setzt an. Es ist eine winzige Insel, eine Gruppe von Hotelangestellten begrüßt uns mit dem Bula-Lied, sie klatschen in die Hände und sehen übertrieben fröhlich aus. Seltsam, denke ich und drehe mich zu den beiden Slowaken. Sie schütteln den Kopf, offensichtlich finden sie die maßgerechte Touribegrüßung ebenso ätzend wie ich.

Die Insel ist ungefähr 12 Quadratkilometer groß, sieht von oben aus wie eine Banane und wird in der Mitte durch einen Berg in zwei Seiten geteilt, auf der einen wohnen die Ausländer in einem einfachen Resort, auf der anderen Seite die Einheimischen und Hotelangestellten in noch einfacheren Hütten aus Stroh und Holz. Ein nur theoretisch vorhandener Sandstrand umrandet die Insel, dichter Dschungel macht es unmöglich, über das Gelände zu spazieren. Es ist einsam hier, denke ich, während ich mit geschultertem Gepäck in den Schlafsaal gehe. Ein riesiges Haus mit sechzehn Doppelstockbetten. Ventilatoren unter der Decke des imposanten Strohdachs drehen sich sinnlos um die eigene Achse. Es ist windig. Sehr windig auf dieser Insel, die Luft vom Ozean bläst über das Resort, verbiegt die Bäume und die Besucher. Ich werfe meinen Rucksack aufs Bett und gehe nach draußen. Höre das Meeresrauschen, sehe Liegestühle und vereinzelt Menschen, die auf ihnen herumfläzen und lesen. Die grobe Langeweile steht ihnen ins Gesicht gemeißelt. Ist ja auch kein Wunder. Wir suchen das Paradies und finden es hier auf Fidschi. Und was gibt es im Paradies dann zu tun? Hausarbeiten? Machen die Angestellten. Arbeiten? So ein Quatsch. Es gibt Alkohol, und es wird gefläzt. Hin und wieder wird ein Schnorchelausflug zu einem der Korallenriffe angeboten.

Die Versorgung ist rudimentär, das Leben auf den Inseln funktioniert nach strengen Regeln. Nachts darf nicht geschwommen werden, zu viele Touristen sind schon besoffen dem leuchtenden Plankton hinterhergeschwommen und ertrunken. Frühstück gibt es von sieben Uhr dreißig bis acht Uhr dreißig. Mittagessen um zwölf, Fünfuhrtee um fünf und Abendessen um sechs. Die Menschen klammern sich an diese Ereignisse des Tages. Zwischen diesen jeweils zum Tageshöhepunkt hochstilisierten Momenten der Nahrungsaufnahme wird geplant, in einer neuen Zeitrechnung. »Wollen wir bis zum Fünfuhrtee schwimmen gehen?« Ungefähr so.

Adam und Mayo sitzen mit mir auf einem schmalen Strandstreifen, der zweimal am Tag von der Flut verschluckt wird. Muscheln und Korallen machen es schwierig, barfuß ins Wasser zu gehen, wir sitzen mit angezogenen Beinen im gelben Sand und starren auf die unruhige Wasseroberfläche. Der Geruch von Salz und Fischen liegt in der Luft. Wir genießen den Moment der lauten Stille des Ozeans.

»Wisst ihr, ich habe im Flugzeug eine Frau gesehen«, unterbreche ich die Ruhe. »Sie war wunderschön, und ich hatte gehofft, ich würde sie hier wiedertreffen.«

»Wie sah sie aus?«, will Adam wissen.

»Schwarze Haare, dunkle Augen, sehr schlank, feine lange Hände, wie ein Äffchen«, erkläre ich. »Und traurig.«

»Hm«, sagt Adam. »Ich glaube, die ist hier auf der Insel!«

Während er das sagt, hebt er seinen Arm und zeigt auf das Gemeinschaftshaus am Steg, dort, wo es Essen gibt und abends gefeiert wird.

»Sie ist da drin? Bist du dir sicher?«, frage ich aufgeregt.

»Was, wenn nicht, dann bist du da hingelaufen, stellst fest, dass sie es nicht ist, und dann? Dann hattest du wenigstens eine Aufgabe«, sagt er sarkastisch. Er hat natürlich recht. Ich trenne mich für ein paar Minuten vom Meeresrauschen, stehe auf, klopfe mir den Sand von der Hose und spaziere wie zufällig in das Haus.

Und tatsächlich, da steht sie, an der Bar. Ich bekomme Herzklopfen. Ungeduldig dreht sie Geldscheine in der Hand. Sie stützt sich mit ihren zarten Armen auf der Theke auf. Ihr Blick geht unruhig durch das Gebäude. Niemand da, der ihr etwas verkaufen will. Offensichtlich hat sie Durst, sie hält eine Flasche Wasser in der Hand. Sie trägt ein rosafarbenes Kleid, ihre langen Beine sind dunkelbraun von der Sonne, ihre Arme ebenso. Ich sehe sie von hinten. Sie ist eine große Frau. Würde ich sie jetzt in Berlin, im Magnet Club, treffen, ich würde Jirka heranwinken und Stein und Adri, wir würden ihr auf einer Skala von eins bis zehn, wobei zehn das absolut Beste ist und eigentlich nicht existiert, eine Zahl zuordnen. Ich würde sagen neun, die anderen würden sich unter das Kinn fassen und sagen: Nee, das ist höchstens 'ne sieben. Nicht weil sie es denken, sondern weil jeder die Entdeckung des anderen relativieren will. Für mich ist sie eine neun. Ich zucke kurz zusammen. In meinem Leben gab es erst *eine* neun.

Ihre Schultern sind eingezogen, während sie wartet. Sie bewegt sich wie eine Frau, die nicht weiß, dass sie wunderschön ist. Ein Mann stellt sich hinter die Theke, blickt sie an. Ich höre zum ersten Mal ihre Stimme. Sie ist zauberhaft. Ein ernster Ton schwingt mit, und ich kann mir vorstellen, dass ihre Stimme anders klingt, wenn sie gute Laune hat. Sie bezahlt ihre Wasserflasche, öffnet sie hastig und trinkt daraus, während sie sich umdreht. Sie sieht mich, bleibt kurz stehen und beobachtet mich. Ich zucke zusammen, weil so offensichtlich ist, dass sie mich gerade ertappt hat.

Sie geht an mir vorbei und nickt mir zu. Ihr federnder Gang, ihre schmalen Hüften, die langen Beine, ihr makelloses Gesicht. Hier und da kleine Leberflecken, perfekte, dichte Augenbrauen. Dunkelrote Lippen, aber nicht von Lippenstift, sondern natürlich rot, umschließen die Öffnung der Flasche. Ich bin hin und weg. Der Kitsch von der Liebe auf den ersten Blick geht mir durch den Kopf. Als sie an mir vorbeiläuft, rieche ich ihre Haut. Kein Parfum, nur wenig Deo, etwas Creme. Sie riecht wie frisch aufgeschnittenes Marzipanbrot. Ich spüre, wie ich in den Knien schwach werde. Und ich habe noch nicht einmal mit dieser bezaubernden, traurigen Frau gesprochen.

Ich renne zurück zu Adam und Mayo, erzähle ihnen, dass ich sie gefunden habe und dass ich aufgeregt bin. Sie gratulieren mir.

»Also, mir wäre sie ja zu perfekt, ich hätte Angst vor ihr«, sagt Adam.

»Aber gerade das ist das Faszinierende. Sie ist eine so …, ich finde kein Wort dafür, bewegt sich anmutig, obwohl sie jeder beobachtet«, sage ich begeistert. Adam und Mayo blicken mich ungläubig an. »Entschuldigt, ich glaube, ich finde die ziemlich heiß«, sage ich.

»Ich merk schon«, sagt Mayo und schüttelt den Kopf. »Ach, ihr lustigen Deutschen, so kennt man euch überhaupt nicht«, fügt Adam hinzu. Ich spüre, wie sie hinter uns vorbeiläuft. Ich glaube zu spüren, dass ihre Blicke mich treffen. Es scheint so, als würde mir eine heiße Sonne in den Nacken brennen. Ich bin verführt, mich umzudrehen, versuche aber, standhaft zu bleiben.

»Alter, sie verunsichert mich, ohne dass ich sie angesprochen habe«, sage ich zu den beiden.

»Mann, mach nicht so einen Aufstand. Warte bis heute Abend, dann betrinken wir uns mit unseren Vorräten.« Mayo öffnet seine Tasche und stellt eine Flasche Rum, zwei Flaschen Wodka und eine Flasche Gin in den Sand. Ich ziehe meine Augenbrauen hoch. »Alles für heute Abend?«

Es wird Nacht über Fidschi, der Himmel zieht sich zusammen, und die Sterne schieben sich über unsere Köpfe. Das Abendessen ist ärmlich bescheiden. Es gibt Reis mit Nudeln und Kartoffeln. Eine seltsame Kombination, aber hungrig von der langen Reise und in Ermangelung von Einkaufsmöglichkeiten auf dieser Insel verschlingen wir das seltsame Abendmahl alle hastig. Die schöne Frau sitzt als Einzige allein an einem Tisch am Fenster und stochert lustlos mit einer Gabel in ihrem Kohlenhydrate-Abendbrot.

Ich versuche, nicht hinüberzusehen, und jedes Mal, wenn ich es doch tue, treten mich Mayo oder Adam unter dem Tisch.

»Du gaffst. Lass das, das ist ja total unheimlich.« Ich kann nicht anders, denke ich und sehe zu ihr hinüber. Sie steht auf, und es scheint, als würde etwas in dem Raum passieren: Sie verdrängt mit ihrer Anwesenheit jedes andere Geschehen, alles konzentriert sich auf sie. Selbst die Männer, die mit einer Frau reisen, mit ihren Frauen, blicken von ihren matschigen Tellern auf und beobachten sie. Die Frauen haben böse Gesichter. Ich weiß, welche Dialoge sie später führen werden.

»Findest du sie hübsch?«

»Na ja, hässlich ist sie nicht.«

»Ich finde sie nicht hübsch.«

Langsam geht sie, mit eingezogenen Schultern, zur Bar, bestellt einen Cocktail, saugt an dem Halm und setzt sich etwas abseits. Ihre Traurigkeit ist überdeutlich. Das reizt mich noch mehr. Ich will sie unbedingt kennenlernen, weiß aber immer noch nicht, wie ich es anstellen soll. Mir scheint es frevelhaft, sie besoffen, mit rollenden Augen, anzusprechen. Dazu würde mir vermutlich selbst dann der Mut fehlen, wenn ich Brennspiritus getrunken hätte.

Ich verbringe den Abend mit den gefährlich saufenden Slowaken, zwei Engländerinnen setzen sich zu uns, wir spielen Trinkspiele, bei denen ich mich zurückzuhalten versuche. Ich bin abgelenkt. Ich kann sie nicht sehen, meine Blicke gehen durch den Raum, suchen sie. Ich finde sie nicht. Ich habe Angst, sie zu verlieren, ohne je mit ihr gesprochen zu haben. Ein bisschen erinnert mich diese Situation an frühere Urlaube mit meinen Eltern, als ich noch sehr klein war und meine Sexualität vor allem in Gedanken stattfand. An den Pools der All-inclusive-Hotels gab es immer ein Mädchen, in das ich mich verliebte. Nie sprach ich mit ihr, zwei Wochen lang beobachtete ich sie hinter der Speisekarte, am Pool oder bei vergnüglichen Abenden vor der Hotelbühne. Aber nie wagte ich auch nur die kleinste Aufmerksamkeit auf mich zu lenken. Abends im Bett lag ich dann lange wach und dachte über das unbekannte Mädchen vom Pool nach.

Jetzt liege ich auf der oberen Etage meines Bettes und denke über die unbekannte, schöne Frau nach. Ich habe es tatsächlich geschafft, nüchtern zu bleiben. Ich weiß nicht, was ich tun soll. Ich rolle mich unruhig unter dem Ventilator hin und her. Ich überlege, wie ich sie ansprechen soll. Ratlos schlafe ich ein.

»Aufstehen!«, sagt eine Stimme zu mir. »Los, du musst aufstehen.« Ich blicke mit halb geschlossenen Augen durch den Schlafsaal. Draußen ist es noch morgendämmerig. Ich bin hundemüde. Dann gewöhnen sich meine Augen an das Licht, und ich sehe, dass sie vor meinem Bett steht. Ihre Brust schwebt hoch über der zweiten Etage des Doppelstockbettes. Sie ist so nah, dass ich ihre dunklen, besorgten Augen sehen kann. Sie hat sich die Haare zu einem Zopf gemacht, trägt einen Slip und ein T-Shirt. Sie scheint ebenfalls gerade erst aufgestanden zu sein. Ich bin verblüfft und sehe keinen Grund, warum sie morgens um sechs in der Früh neben meinem Bett stehen sollte.

Ich bin schwer verunsichert und kontrolliere schnell meinen Zustand. Vermutlich habe ich Mundgeruch, ich spreche also mit nach vorn gezogener Oberlippe, damit die Luft aus meinem Körper nach unten geleitet wird und ich sie nicht anmuffe. Ich habe eine Morgenlatte, deswegen richte ich mich halb auf. Ich versuche, in den ersten Sekunden des neuen Tages, der mit dieser wunderbaren Überraschung begonnen hat, wie ein richtiger Mann auszusehen: halb im Bett sitzend, mit einer hängenden Oberlippe.

»Was ist los?«, nuschle ich. Mein Herz klopft.

»In Chile gab es ein Erdbeben«, sagt sie.

»Häh? Chile? Das ist doch ziemlich weit weg, oder?« Und dann sagt sie ein böses Wort.

»Tsunami. Eine ziemlich große Welle ist auf dem Weg zu uns. Ich habe eine SMS von meiner Mutter bekommen. Sie rechnen mit 20 Metern.« Romantischerweise fühle ich mich für einen kurzen Moment geehrt, dass sie mich weckt, um mein Leben zu retten. Zwei Sekunden später empfinde ich nur noch schwere Aufregung und Spannung wegen der herannahenden Welle. Letztlich ist es also die Angst, die dazu führt, dass ich keine Rücksicht mehr auf meine Morgenerektion nehme. Ich springe auf, packe meine wichtigsten Sachen und gehe mit ihr nach draußen. Das gesamte Resort ist bereits auf den Beinen. Ich sehe weinende Freundinnen und besorgte Freunde. Ich sehe Adam und Mayo feixend am Wasserrand stehen. Sie bewegen sich, als würden sie surfen. Ich muss lachen. Ich drehe mich zur schönsten Frau, die ich je gesehen habe und die mir jetzt auch noch mein Leben gerettet hat.

»Wie heißt du?«

»Leah. Aber egal, komm jetzt.«

Wir gehen alle zusammen, in einer großen Gruppe, auf den einzigen Hügel der Insel. Oben sitzen bereits andere Touristen zusammengekauert. Ängstlich blicken sie auf das Meer. Einer hat ein Kofferradio und empfängt die neuesten Meldungen. Leah und ich setzen uns unter einen Telefonmast. Sie ist wieder still, blickt auf das Meer. Ich traue mich nicht, etwas zu sagen, traue mich auch nicht, mich über den Tsunami zu freuen, der mir die Möglichkeit gibt, mit ihr zu sprechen.

»Eine zwölf Meter hohe Welle hat gerade Hawaii erreicht und schwere Zerstörungen angerichtet«, sagt der Mann mit dem Kofferradio. Hawaii ist zwar weit weg, aber es ist dasselbe Meer, in dem auch Fidschi liegt. Ich sehe Leah an, blicke über sie hinweg zu Adam, er zuckt mit den Schultern. Ich sehe Leah wieder ins Gesicht, beobachte sie. So nah war ich ihr in den wenigen Tagen noch nie. Ein blonder Flaum ist auf ihrer Oberlippe erkennbar, erst sichtbar, weil sie so braun von der vielen Sonne ist, sie hat einen mehrfarbigen Leberfleck an ihrer rechten Wange und so dichtes schwarzes Haar, dass ihr gesamter Kopf von einem Nest umgeben scheint. Ich will daran ziehen, einfach nur so. Weil ich wissen will, wie es sich anfühlt. Mit angezogenen Beinen sitzt sie neben mir, legt ihren Kopf seitlich auf die Knie und sieht mir ins Gesicht.

»Was ist?«, sagt sie.

»Keine Ahnung. Ich habe ein bisschen Angst«, sage ich.

»Brauchst du nicht.«

In diesem Moment verkündet der Mann mit dem Kofferradio, dass die Ostküste von Neuseeland evakuiert worden sei, ebenso die Ost- und Südküste von Australien. Ich blicke sie wieder an.

»Und jetzt? Neuseeland und Australien liegen direkt hinter uns.«

»Echt?«

Von Geographie hat sie, wie viele Frauen, keine Ahnung. Ich mag das, da kann man sich als Mann ein bisschen wissend geben. Ich beginne ein Gespräch über Tsunamis, erkläre ihr, wie sie funktionieren, dass sie das Wasser wegsaugen, bevor sie auf das Festland einschlagen, dass die Welle, wenn sie in Hawaii 12 Meter hoch war, hier vielleicht nur noch 4 oder 5 Meter hoch sein wird und dass wir auf einem Hügel sitzen, der bestimmt 20 Meter hoch ist. Ich diskutiere mir logisch meine eigene Angst weg. »Uns kann nichts passieren«, versichere ich ihr, plötzlich selbstbewusst, ohne zu wissen, ob das richtig ist, was ich sage. Mein Wissen stammt aus dem Fernsehen und aus einigen populärwissenschaftlichen Büchern.

»Halten Korallen die Welle nicht auf?«

»Ich habe keine Ahnung«, muss ich zugeben.

Wir warten. Es ist zermürbend. Das Meer bewegt sich wie die Brust eines schlecht schlafenden Mannes. Die erste Aufregung über einen möglichen Tod zwischen Wellen und zerrissenen Korallen hat sich wieder gelegt. Die Freundinnen weinen nicht mehr, die Freunde sehen unbekümmert aus. Leah und ich haben nicht viel geredet, aber sie ist auch nicht weggegangen. Ich weiß nicht, warum, aber ich genieße die todesängstliche Stille an ihrer Seite sehr.

Und sie hat schreckliche Füße. Ich bin froh, wenigstens etwas weniger Perfektes an ihr gefunden zu haben. Ihre Zehen sind verschroben und die Nägel rumpelig. Sie hat große Füße. Ich bin mir sicher, dass ihre Füße so aussehen, weil sie zu oft versucht hat, zu kleine, feminine Schuhe anzuziehen. Bei diesem Gedanken muss ich innerlich kichern. Es ist bereits Mittag, ich laufe jetzt im Kreis über den Hügel, mit ihr. Wir reden immer noch nicht viel. Wir haben uns noch nicht gefragt, warum wir hier sind. Es ist schrecklich heiß, die Mittagssonne brennt ungeschützt auf unsere Köpfe herunter. Die schwarzen Haare von ihr dürften an die 50 Grad heiß sein. Ohne sie zu kennen, beginne ich mir Sorgen um ihr Gehirn zu machen.

»Pass auf deinen Kopf auf, sonst bekommst du einen Sonnenstich«, sage ich.

Sie lächelt zum ersten Mal.

»Hast du eine Mütze?«, fragt sie.

»Nein. Aber du kannst mein T-Shirt haben.«

Ich ziehe mein T-Shirt aus, hoffe, es riecht frisch, und gebe es ihr. Sie knotet daraus eine Mütze und setzt sie auf.

»Danke«, sagt sie.

Ich werde einen schweren Sonnenbrand bekommen, tausend neue Leberflecken. Ich schwitze, merke, wie mir die Schweißperlen den Rücken herunterlaufen. Ein Gecko läuft langsam durch den trockenen Sand. Ich will ihn fangen, bin aber viel zu erschöpft. Er wirft mir müde sein Schwänzchen vor die Füße, als ich nach ihm greifen will. Es zittert im Sand. Leah blickt erst mich, dann den Schwanz angewidert an. Wir sind aber beide zu erschöpft, wirklich darüber zu reden.

Inzwischen ist es 13 Uhr, rein rechnerisch müsste die Welle jetzt bei uns sein.

»Wollen wir runtergehen? Es ist, glaube ich, vorbei«, sage ich.

»Können wir machen.«

Ich stehe auf, mein Rücken ist krebsrot, die Haut spannt sich. Ich stehe vor ihr. Reiche ihr meine Hand, sie legt ihre schönen, langen Finger, ihre schmale Hand in meine, und ich ziehe sie nach oben. Sie steht nah vor mir, und ich kann sie atmen sehen und hören. Für einen kurzen Moment verbleiben wir in dieser Position. Mein Herz schlägt schneller.

»Wir gehen wieder runter, kommt wer mit?«, will ich wissen. Mayo und Adam schließen sich uns an, der Rest will warten, bis die Entwarnung aus dem Radio kommt. Sie läuft vor mir, noch immer trägt sie mein T-Shirt auf ihrem Kopf. Am liebsten würde ich sie jetzt umdrehen und küssen. Ich müsste mich auf Zehenspitzen stellen, da sie mindestens zehn Zentimeter größer ist als ich. Ich stelle mir vor, wie sie ihre Arme auf meine Schultern legen, ihren Kopf zur Seite neigen und meine Lippen suchen würde. Manchmal denkt man über das Küssen nach, obwohl dafür eigentlich keine reelle Chance besteht.

Sie läuft vor mir, den unebenen Weg nach unten, ins Touristendorf. Sie läuft grazil, als würde sie Ballett auf dem Geröll tanzen. Es ist die erste Frau, die ich auf dieser Reise treffe, die ganz und gar schön ist. Sie ist es. Einfach so. Ihr Anblick fühlt sich an wie bergab mit dem Fahrrad fahren. Wie Cola trinken und Zigaretten rauchen in Prag. Ihre Schönheit entspricht Momenten in meinem Leben, in denen ich durch und durch glücklich war. Ich merke, wie ich anfange zu träumen.

Wir sitzen zu viert im leeren Resort. Selbst die Mitarbeiter sind nicht hier, sitzen irgendwo, vermutlich in einem geheimen Bunker, der sie tatsächlich vor der Welle schützt. Vielleicht lachen sie über die doofen Touristen auf dem Berg.

Es ist 14 Uhr, als die Welle unsere Insel erreicht. Mayo, Adam, Leah und ich sitzen still auf der Brandung zum Strand. Unsere Füße im Wasser. Wir sind alle still. Sie schiebt ihre Füße in den Sand am Ende der Welt. Ich sehe kleine Muscheln zwischen ihren schwierigen Zehen. Das Meer ist ruhig, aber die Gedanken sind aufgeregt. Eine lächerliche 40 Zentimeter hohe Welle schlägt gegen die Körper von vier Menschen. Wir lächeln, weil wir leben. Weil wir heute Todesangst hatten. Zwei Menschen lächeln, weil sie sich wegen einer Welle kennengelernt haben.

Leah hat noch immer mein T-Shirt auf dem Kopf. Als die Welle uns erreicht, sind unsere Körper halb im Wasser. Ihre Hand, ihre lange, rutscht im Sand zu mir, legt sich vorsichtig auf meine. Ich bekomme einen Schreck. Ich drehe mich zu ihr, sie weicht meinem Blick aus. Es wird heiß in mir.

»Äh«, ist das Einzige, was ich sagen kann. Sie signalisiert mir, dass ich still sein soll.

Das Meer hat sich vollständig beruhigt, während in mir der vermutlich größte Orkan meines Lebens tobt. Ich will nicht aufstehen, weil ich nicht will, dass ihre Hand mich loslässt.

Wir bleiben im Wasser sitzen. Sehr lange. Wir sagen nichts. Adam und Mayo sind wieder im Resort. Sie trinken Rum und versuchen, betrunken Volleyball zu spielen. Wir stehen nicht auf. Bewegen uns nicht, so lange, bis unsere Füße und Hände, die Haut, die im Salzwasser ist, ganz schrumpelig werden. Es wird Nachmittag. Mein Rücken ist mittlerweile fürchterlich verbrannt.

»Oh«, sagt sie besorgt, »du hast einen schlimmen Sonnenbrand. Ich habe ganz vergessen, dass ich dein T-Shirt aufhabe.« Während sie das sagt, knotet sie ihre Haare frei. Ich sehe unter ihren Achseln schwarze Stoppeln … Ich mag Stoppeln, weil sie der Inbegriff des winzigen Makels sind, weil es menschlich ist und weil es pikt, wenn man eine Achsel küsst. Aber vermutlich könnte sie auch einen haarigen Leberfleck auf dem Rücken haben und ich würde sagen: Ich mag haarige Leberflecken.

Ich ziehe das T-Shirt an, trage ihren Geruch auf meiner Haut.

Ich habe die Wette gewonnen mit meinen Freunden, weil ich nicht darüber nachdenke, ob sie die Richtige ist. Sie ist einfach nur da. Hier und jetzt in meinem Leben. Am Ende der Welt treffe ich eine Frau, deren Name Leah ist, die mit ihrer Schönheit meinen Kopf zerstreut und mit ihrer Hand auf meiner im salzigen Wasser des Pazifiks gröbste Unruhe stiftet. Mehr als ein Tsunami.

»Ich fahre gleich zur nächsten Insel«, sagt sie. Ich schrecke zusammen.

»Welche?«

»Nacula.«

»Sehe ich dich wieder?«

»Wenn du dich beeilst, ja«, sagt sie, steht auf, streichelt mir über meinen Kopf, gibt mir einen Kuss auf die Wange. »Danke, dass du mich beschützt hast.«

»Äh, ja. Äh, keine Ursache«, stammele ich.

Ich sehe sie später ins Beiboot der Fähre steigen, den Geruch ihres Kopfes auf meiner Brust. Als würde sie ständig auf mir schlafen. Adam und Mayo klopfen auf meine Schulter.

»Siehste, so einfach war das. Brauchst nur einen Tsunami, schon hast du sie kennengelernt.« Sie reichen mir einen Schnaps, und ich sage: »Wir müssen heute Abend auf die nächste Insel …«

»Heute Abend? Aber unser Schiff geht doch erst morgen?«

»Egal«, sage ich.

Wir überreden einen Fischer, uns fast vier Stunden lang mit einem kleinen Kahn durch die Nacht zu fahren. Er will nicht mal viel Geld dafür haben. Das ist ungewöhnlich im sonst so teuren Fidschi – für Touristen teuer, für Einheimische extrem billig, aber trotzdem nicht bezahlbar.

Adam ist nicht begeistert, er hat Angst vor der improvisierten Nachtfahrt. Ich auch, aber es spielt keine Rolle. Ich will sie sehen, will nicht länger warten. Außerdem hat sie gesagt, ich solle mich beeilen, was auch immer das bedeuten mag. Ich weiß nicht, woher sie kommt. Ich weiß nicht, warum sie allein reist. Ich habe nicht mal eine Ahnung, warum sie so betrübt ist. Einen ganzen Tag waren wir zusammen, aber wir haben kaum miteinander gesprochen, und ich habe mich nicht getraut, die Stille zu durchbrechen. Einzig ihre Hand hat auf meiner im warmen Wasser des Südpazifiks gelegen, für Stunden, und das ist der Grund, dass ich tief in der Nacht über den offenen Seeweg zwischen zwei Inseln fahre.

Adam packt sein Zeug zusammen, Mayo besorgt Müllsäcke, die wir über unser Gepäck binden. Falls wir kentern – obwohl ich bezweifle, dass diese Müllsäcke unsere Sachen schützen werden.

Wir haben der Resortleitung von unserm Vorhaben erzählt und den Grund erklärt, warum der Deutsche, also ich, auf die nächste Insel will. Sie sind nicht begeistert und warnen uns, dass es Nacht sei und daher keine gute Idee. »Hier gibt es Haie«, sagen sie uns. »Hammerhaie. Unberechenbar und aggressiv.« Ich sehe Adam schlucken und Mayo fröhlich an seinem Schnapsglas trinken. Ich frage mich, wie diese Körper so viel Alkohol aushalten können. Und Mayo wirkt nicht mal besonders betrunken, eher aufgeregt.

Wir werfen unser Gepäck auf das schmale Blechboot, mit dem wir auf die offene See fahren werden. Die Nacht bricht herein. Die Resortleitung hat uns Brote geschmiert, was ich süß finde. Adam ist noch mal aufs Klo, ich glaube, er hat Durchfall bekommen, vor Aufregung. Und dann geht es los, das Schiffchen rutscht wieder durch die Korallen, reißt ihnen die Arme ab, und es ist mir egal, ich will sie sehen, ich würde vermutlich sogar einen Quastenflosser ermorden, wenn das die Bedingung wäre, ihren Geruch in meiner Nase aufzufrischen.

Der Motor brummt leise. Mayo ist eingeschlafen. Adam hat seine Angst abgelegt und hält eine Hand ins Wasser. Ich denke, wenn ich jetzt noch einen Hammerhai sehen würde, dann wäre der Abend perfekt. Die warme Luft saust an unseren Köpfen vorbei, der Fischer ist still und sagt nichts, weil er kein Englisch spricht. Er würde vermutlich auch schweigen, wenn er die Sprache perfekt beherrschte. Stattdessen navigiert er uns durch die gefährlichen Riffe, als wäre er ein Taxifahrer in einer großen Stadt, nur dass die Sehenswürdigkeiten hier stumm belebt sind. Dunkle

Inseln passieren unser Sichtfeld, leuchtende Fische und Quallen unter uns. Ein wolkenloser Himmel. Der Pazifik wird seinem deutschen Namen Stiller Ozean gerecht. Ich lege mich zurück und warte. Ein Blick auf meine Uhr verrät, noch zwei Stunden, dann ist es vier. Sie wird schon schlafen, denke ich, während ich meine Augen schließe und davon träume, was passieren kann.

Im anderen Resort weiß man bereits, dass wir kommen. Sprechfunk hat uns schneller auf die Insel gebracht, als wir das mit unseren Körpern geschafft haben. Wir legen an, es ist Ebbe, ich sehe, während ich den langen Pfad durch den Schlamm entlanggehe, riesige Krabben in ihren Löchern verschwinden. Die Tiere haben nicht damit gerechnet, dass jemand um vier in der Frühe hier entlangläuft. Adam und Mayo schlurfen erschöpft hinter mir her.

»Bula«, flüstern die Angestellten.

»Bula«, flüstern wir zurück.

Wir bekommen unsere Bettwäsche, und ich frage auf Englisch nach einer sehr schönen Frau. Sie sagen, sie sei in Schlafsaal zwei. Ich bitte die Angestellten, uns in Schlafsaal eins unterzubringen.

Während die beiden Slowaken sich müde ihre Zähne putzen, sitze ich auf der Veranda und bin nervös. Schon lange habe ich nicht mehr solch einen Blödsinn gemacht. Es ist, als hätte man das sommerliche Ins-Schwimmbad-Einbrechen nach Fidschi verlagert. Hier fährt man nachts durch den Ozean, um sich zu beweisen, was für ein verrückter, spontaner und unberechenbarer Mann man doch ist. Ich ziehe im Rhythmus der Zikaden an meiner Zigarette. In etwa einer Stunde wird die Sonne aufgehen. Ich will mit den ersten Sonnenstrahlen in ihrem Zimmer stehen und sie vorsichtig wecken, ohne dass sie erschrickt. Ich muss noch eine Stunde totschlagen, ohne dass ich müde werde. Noch eine Stunde. Das schaffe ich.

Ich zähle Grashalme, gehe Zikaden fangen, Geckos aufspüren, die tatsächlich nach folgender Methode fangbar sind: Man scheucht den Gecko an eine Hauswand, und dort läuft man so lange von links nach rechts, bis die kleine Echse mit den aparten Füßchen erschöpft davon ist, jeweils in die andere Richtung zu flüchten. Wenn sie dann schwer atmend an der Wand klebt, muss man nur noch mit seinen Händen gleichzeitig von links und rechts langsam auf den Gecko zukommen. Ein zarter Griff, schon hat man die Echse in der Hand und kann sie von nahem beobachten. Ich traue mich nicht mehr zu rauchen, weil ich nicht als lebender Aschenbecher neben ihrem Bett stehen will.

Ich rasiere meinen Reisebart, ich putze meine Zähne, ich dusche. Es ist wie ein Date, nur dass der andere nicht ahnt, dass wir verabredet sind. Ich rauche vor Nervosität doch noch eine weitere Zigarette und putze mir wieder die Zähne, und dann beobachte ich, während ich wieder auf der Terrasse stehe, wie der Tag beginnt. Die Sonne schiebt sich gemächlich wie eine dicke, liebe Frau hinter dem Rand der Erde hervor. Ich atme kurz tief ein, so wie vor meiner mündlichen Englischprüfung im Abitur, und gehe in den Schlafsaal zwei.

Ich stehe vor ihrem Bett, sie schläft oben, nicht unten, ihre Füße hängen an beiden Seiten herunter, weil sie keinen Platz hat. Ich fühle mich wie ein Spanner, weil ihre Decke auf dem Boden liegt, sie trägt einen kleinen Slip und einen Sport-BH, ihre Haut schimmert verschlafen verschwitzt. Ein langer, schmaler Arm liegt über ihrem Gesicht, die andere Hand in ihrem Schoß. Ihr Bauch hebt sich langsam, ein Flaum an ihrem Bauchnabel, ich erkenne an der Innenseite ihrer Oberschenkel rasierte, schwarze Stoppeln. Sie liegt so schutzlos vor mir, ich traue mich nicht, sie anzusprechen. Bis jetzt ist alles perfekt, bis auf ihre seltsame Schlafposition. Meist hat man ja Pläne, wie etwas sein soll, und dann kommt doch alles anders.

Ich lege meine Hand auf ihren Arm, zucke kurz zurück, rieche an meinen Fingern, ob sie vielleicht nach Rauch stinken, lege dann aber beruhigt meine Hand zurück auf ihren Arm. Sie reagiert nicht, ich streichle ihr Haar. Ich fühle mich extrem unwohl, wie ein Mann, der sich nachts in Schlafsäle schleicht, um an fremden Frauenbäuchen zu lecken. Sie wacht auf, ich spüre unter meiner Hand, dass sich ihre Muskeln anspannen. Sie öffnet ihre Augen, kneift sie zusammen.

»Moment, ich muss meine Brille aufsetzen«, flüstert sie. Und dann setzt sie ihre Brille auf, ihre bezaubernden Augen verwandeln sich in kleine Punkte. Huch, denke ich, das ist aber eine starke Brille. »Ich habe ziemlich schlechte Augen, Thilo«, sagt sie.

»Aber wieso weißt du dann, dass ich es bin.«

»Ich habe dich gerochen«, flüstert sie und sieht mich aus ihren Stecknadelaugen an. Sie lächelt.

»Bin ich pünktlich?«, frage ich.

»Ja, bist du«, sagt sie und rutscht auf ihrem Bett ein Stück nach vorn, löst sich aus meinem Griff, nimmt meinen Kopf in die Hand und küsst mich. Ohne Zunge. Verschlafen und mit einem etwas strengen Morgengeruch drückt sie mir ihre weichen Lippen auf den Mund. Es ist, als wäre ich nach einer langen Autofahrt im Sommer endlich an der Ostsee angekommen. Ich kurble das Fenster herunter und halte meinen Kopf heraus, die salzige Luft trocknet meinen von der Hitze des Autos feuchten Körper.

Sie lässt ihre Lippen auf meinen liegen. Ich bekomme eine Gänsehaut. Ich habe eine mächtige Erektion, was nicht weiter schlimm wäre, würde ich nicht kurze Hosen tragen und würde die untere Hälfte meines Körper sich nicht genau auf Höhe des unteren Doppelstockbettes befinden, in dem die ganze Zeit noch eine andere Frau schläft. Ich löse mich aus ihrem Kuss, halte inne und küsse sie wieder.

»Ich habe dich vermisst, ohne das, was ich vermisse, zu kennen.«

»Wie bist du hergekommen?«

»Ich habe einen Fischer überredet, mich herzufahren.«

»Vier Stunden?«

»Vier Stunden.« Sie lächelt.

»Ich bin nicht einfach, Thilo. Mir geht es nicht gut. Ich will vergessen. Wenigstens für ein paar Tage.«

»Gut«, sage ich. »Ich werde mich nicht trauen, ins Bett zu gehen. Ich will wach sein die nächsten vier Tage«, erkläre ich. Sie blickt mich verunsichert, aber zärtlich an.

»Schlaf noch ein bisschen, ich bin auch noch müde.«

»Danke«, sage ich, als hätte sie mir eine Absolution erteilt.

Ich öffne langsam meine Augen, an einem Ort, der immer mehr zum Paradies wird, obwohl die Menschen hier immer noch hungrige Bäuche haben. Aber ich denke mir, ich kann nicht helfen, außer mit meiner Anwesenheit. Ich entwickle eine dumme Touristenlogik. Wenn ich hier Essen kaufe, im Café sitze, Zigaretten bezahle, dann tue ich etwas für Fidschi. Vielleicht ist es aber auch so, als hätte man in Hitlerdeutschland Urlaub gemacht: Hätte man da am Alexanderplatz ein Stück Torte gegessen, hätte man auch bloß dem Führer geholfen. Sie steht jetzt vor meinem Bett wie gestern, nur dass sie diesmal nicht meinen möglichen Tod ankündigt. Diesmal sagt sie »Guten Morgen« und nimmt meine Hand. Ich bin glücklich, lasse mich mit verklebten Augen ins Bett zurückfallen und atme kurz aus.

»Guten Morgen, was machen wir heute, an Tag eins?«, will ich wissen.

»Wir gehen schwimmen«, sagt sie.

Sie läuft neben mir, ein Handtuch geschultert, ihre langen, schlanken Beine bohren sich in den Sand, lassen große Fußabdrücke zurück. Sie bewegt sich wie eine Aristokratin. Sie ist sehr schlank, über ihrer Bikinihose zeichnen sich scharf ihre Beckenknochen ab. Während sie läuft, erkenne ich zarte Muskeln, würde sie vor mir stehen bleiben, wäre ihr Po zu weit oben, sie ist etwas größer als ich. Wir könnten keinen Sex im Stehen haben.

Ich muss aufhören, sie so auf ihre äußere Erscheinung zu reduzieren, weil ich mir sicher bin, dass sie in ihrem Leben immer wieder auf ihre Schönheit beschränkt wird. Zu oft wahrscheinlich. Aber ich kann nicht anders. Ich finde gerade ihre sanfte modelartige Anmut, ganz ohne Arroganz, so schön. Sie ist die schönste Frau, die ich je in echt, von nahem, gesehen habe. Ihre Haut: rauh, aber makellos. Ihre Haare reichen bis über den Verschluss ihres Bikinioberteils. Ich lege meine Hand ängstlich auf ihren Rücken, während wir laufen. Ich spüre die heiße Sonne in ihrem schwarzen Haar. Sie spannt ihre Muskeln, und ohne dass wir viel Zeit haben verstreichen lassen, ist zwischen uns jetzt schon ein Vertrauen entstanden.

Sie setzt sich ihre Taucherbrille auf. Die Brille ist zu eng und zieht ihre Oberlippe nach oben, jetzt sieht sie aus wie ein schönes Kaninchen.

Wir schnorcheln. Es sind die einfachen Dinge, die man hier unternimmt. Schnorcheln, essen, lesen, vielleicht wandern. Mehr gibt es nicht zu erleben auf diesen Inseln. Ich werde mir bewusst, dass ich mit ihr sozial isoliert bin, es gibt nichts, womit wir uns auseinandersetzen müssen. Es gibt nur uns und die Langeweile. Wunderbar. Die Langeweile ist genau richtig. Leah schwimmt vor mir, mit kräftigen Zügen gleitet sie durch das Wasser, wirft einen flirrenden Schatten auf die Natur unter sich. Sie dreht sich um, deutet mit dem Finger nach unten, auf einen riesigen blauen Seestern. Ich tauche hinab, hebe ihn auf und lege ihr den Stern auf die Hand. Mit schneckenhafter Geschwindigkeit versucht der Stern, wieder ins Wasser zu gelangen. Wir lassen ihn fallen. Er segelt nach unten wie ein Blatt im Wind. Ich bin mir der absurden Kitschdichte meiner Erlebnisse bewusst, erfreue mich aber daran, statt wie sonst darüber herzuziehen. Sie schnorchelt weiter, ich interessiere mich mehr für ihren stromlinienförmigen Körper, der wie eine Seenadel durchs Wasser sticht. Ihr fester Po schlägt Wirbel im Wasser. Wir sind weit draußen, die Wellen bewegen sich durch unsere Körper. Ich ziehe sie zu mir, küsse sie wieder, schmecke das Salzwasser auf ihren Lippen. Wir sind gleich groß. Es gibt keinen Unterschied mehr, der sie vielleicht belastet. Sie legt ihre zarten Hände um meinen Hals und hält mich fest. Eine Erinnerung blitzt auf. Thailand, Laura, die menschlichen Bojen. Sie küsst die Erinnerung daran weg. Ihre warme Zunge erreicht mich. Ich halte mich weiter an ihr fest. Wie eine Schlaufe, zwei Körper, die umeinander gewunden sind, segeln wir durch das Wasser, während wir uns an diesen perfekten Küssen berauschen. Ich will nie wieder das Wasser verlassen, wieder werden unsere Hände und Füße schrumplig und sehen aus wie alte Pflaumen. Ich höre auf zu denken.

Mitten im Meeresrauschen höre ich plötzlich ihre Stimme.

»Du küsst wunderbar«, sagt sie.

»Das ist der beste Kuss meines Lebens«, sage ich. Und erinnere mich an die zahlreichen Frauen, die gesagt haben, ich küsse schrecklich. Ich habe mir schon oft darüber Gedanken gemacht, was einen guten Kuss ausmacht. Ist es die Fähigkeit, sich auf andere Menschen einzustellen? Oder ist es eher so, dass es Menschen gibt, die kusstechnisch eben zusammenpassen, sich aber erst finden müssen? In diesem Moment ist es mir egal. Wie zwei perfekte Zahnräder greifen unsere Küsse ineinander, anstelle von Schmieröl, Maschinenlärm und traurigen Arbeitern benutzen wir jedoch Spucke, Meeresrauschen und die unbekümmerten Fische um uns herum. Diese Maschine produziert ausschließlich Zuneigung.

Ich weiß noch immer nicht, warum sie traurig ist. Ich will es wissen, aber ich traue mich nicht zu fragen. Ich weiß auch nicht, woher sie kommt, ihr Akzent klingt britisch. Aber ich bin mir nicht sicher. Ich löse mich aus ihrer Umarmung, weil sich etwas unter uns bewegt. Ich wage einen Blick unter die Wasseroberfläche. Ein Tintenfisch. Vielleicht einen Meter zwanzig, also ziemlich groß. Sie ekelt sich. Ich bin fasziniert, tauche dem sich ständig färbenden Wesen hinterher. Der Tintenfisch pupst Tinte.

Ich lasse mich im Wasser treiben. Sie ist ein paar Meter von mir entfernt. Ich tauche zurück, an ihren Beinen, an ihrem Po entlang. Sie schließt die Augen, ich schwimme hinter ihr, schiebe ihre nassen Haare zur Seite und küsse ihren Hals, während meine Hände sich an ihrer Brust und an ihrem Bauch festhalten.

Wir werden miteinander schlafen, das steht fest, aber wir wissen noch nicht, wann. Ich weiß noch nicht, wann. Sie weiß es bereits.

Ich gehe zurück in den Schlafsaal, bereite mich für das Abendessen vor. Heute gibt es vermutlich Reis mit Kartoffeln, es herrscht das Gerücht, dass die Nudeln aus seien. Ich nehme mein Handy, habe es schon Tage nicht mehr beachtet und erkenne, dass ich zehn Nachrichten in Abwesenheit erhalten habe. Zehnmal sie. Schon wieder. Ich bin genervt. Ohne dass ich genervt tun muss. Sie war besorgt, in der ersten Nachricht, ob mir etwas passiert sei, wegen des Tsunamis, und sie wurde immer besorgter, als ich nicht antwortete. Ihre letzte Nachricht: »Ich sterbe vor Sehnsucht und Angst, habe ihn rausgeschmissen. Ruf mich an.«

Nichts regt sich in mir. Ich rufe sie an. Obwohl es teuer wird.

»Ja?«, höre ich eine unsichere Stimme.

»Hallo, hier ist Thilo«, sage ich selbstbewusst.

»Thilo …« Und dann sind wir still. Wir schweigen im Wert von 20 Euro. Von Fidschi nach Berlin zu telefonieren ist sehr teuer. Dann sagt sie: »Ich liebe dich.«

Ich bin weitere fünf Euro lang still.

»Ich werde dich auch immer lieben«, stammle ich.

»Ich, ich … Ich habe jemanden kennengelernt.«

Stille.

Sie legt auf.

Ich gehe Kartoffeln essen.

Erschöpft liegen wir im Schlafsaal nebeneinander. Wir müssen flüstern, um die anderen nicht zu wecken. Ein tropischer Sturm schlägt auf das Wellblechdach. Ich denke an das Telefonat zurück, aber es beschäftigt mich nicht. Krampfhaft suche ich nach Schmerz, nach Sehnsucht. Ich finde nichts.

Ihre Hand legt sich auf meinen Bauch, und ich fühle eine schwere Ruhe. Das Salz des Meeres klebt noch an meiner Haut und sticht mich, wenn ich mich bewege. Es ist ruhig im Schlafsaal, niemand bewegt sich, er ist auch nicht voll ausgebucht, einige Betten sind noch frei. Ich höre sie im Takt mit dem Ventilator atmen. Ihr Mund kommt meinem sehr nahe, ich lege meine Hand auf ihren langen Rücken und ziehe ihr Gesicht zu mir. Ihre weichen Lippen küssen mich auf meinen Hals, auf meine Schulter, sie sagt dabei nichts, und ich bin erschöpft. Es fühlt sich an, als hätten wir uns schon Hunderte Male geküsst. Die ersten Berührungen meiner Haut mit ihrem Mund, noch nie war sie dort, noch nie hat sie den Leberfleck gesehen, den man nur sieht, wenn ich meinen Bauch ins Licht halte. Während ich ihre trockenen Lippen an genau diesem Fleck spüre, habe ich das Gefühl, als würde ich ein letztes Puzzleteil in ein riesiges Bild legen. »Fertig«, möchte ich befriedigt sagen.

Ich fühle, wie die Sehnsucht meiner gesamten Reise seit meiner Flucht aus Berlin in diesem Moment zur Ruhe kommt. Ich lasse mich fallen, interessiere mich nicht mehr dafür, ob ich rieche wie ein Stockfisch, sondern lasse mich küssen.

Ich höre den Regen nicht mehr trommeln, aber ich spüre ihre Bauchschlagader an meinem Oberschenkel. Sie küsst meine Knie. Sie küsst meinen Oberschenkel. Sie küsst meinen Bauch. Ich nehme ihren Kopf, ziehe ihr Gesicht zu mir. Ich will etwas sagen, will aber auch die Zärtlichkeit nicht durchbrechen und halte den Mund.

Sie zieht sich aus. Ich bin aufgeregt, weil ich weiß, ich werde mit ihr schlafen, ich werde mit ihr Sex haben, nicht, weil mich meine Erektion antreibt, sondern weil ich sie einatmen möchte, weil ich mich an ihren Schultern festhalten will, weil ihr Schweiß auf meiner Lippe sein wird und ich ihre salzigen Arme küssen möchte. Ich höre sie schwer atmen, als ich meine Hände unter ihren Po schiebe und meinen Kopf vor ihren Schoß. Sie stöhnt. Ihre Beine sind so lang wie so manche andere Frau insgesamt, zumindest fühlt sich das so an. Nichts ist schwer an ihrem Körper, trotz der Menge an Körper, die es zu betasten gibt. Es ist wie mit diesen riesigen Schonern, die über Weltmeere reisen und sich elegant über die Wasseroberfläche bewegen, als würde es keinen Widerstand geben.

Ich frage mich, was sie lähmt, was sie so traurig macht. Während sie lauter stöhnt, ihre Hände sich an meinem Kopf festhalten und ich denke, dass sie kommt, höre ich sie meinen Namen sagen. Sie stöhnt es nicht gegen die Zimmerdecke, eher klingt es, als würde sie mich rufen. Ich bewege mich nach oben und frage in ihr verschlossenes Gesicht, was los sei.

»Ich fühle mich nicht wohl«, sagt sie.

Ich bekomme einen Schreck.

»Warum nicht?«, will ich wissen. Und sie dreht sich auf ihre Seite. Ich erkenne, dass ihr Rücken im Notlicht des Schlafsaals schweißnass glänzt. Ich küsse eine trockene Stelle hinein und bemerke, wie sie meinen Lippen ausweicht.

»Ich kann das nicht«, sagt sie.

»Was kannst du nicht, mit mir schlafen?«

»Nein, dir vertrauen. Vertrauen, im Allgemeinen. Ich möchte das nicht. Es fühlt sich nicht so an, wie ich es kenne. Es muss sich so anfühlen, wie ich es gewohnt bin.«

»Wie fühlt es sich denn an?«

»Fremd.«

»Und wie hat es sich angefühlt?«

»Vertraut.«

Ich erkläre ihr, dass ich ein fremder Mensch bin, dass es sich nie so anfühlen kann, wie sie es kennt, wie sie es schon mal erfahren hat. Als ich ihr das erzähle, realisiere ich, dass ich das seit Jahren schon so mache. Ich suche nach diesem einen Gefühl, das ich schon mal hatte, mit dieser einen Frau. Nach den Versprechungen, die man sich während des ersten Dates macht. Diesem Augenblick, in dem das einzige richtige Gefühl ist, sich zu vertrauen, von der ersten Sekunde an. Ich suche es schon so lange und befürchte, es in einer Frau gefunden zu haben, die mir nicht vertrauen kann, weil sie mich nicht kennt. Weil sie mich nie kennenlernen wird. Weil sie es nicht will.

Sie steht auf, verlässt mein Bett und redet nicht mehr mit mir. Obwohl sie ihr Bett neben mir hat, neben mir schläft. Wenn ich meinen Arm ausstrecken würde, könnte ich ihre Hand nehmen. Aber ich traue mich nicht. Ich spüre, dass sie meinen Berührungen aus dem Weg gehen würde, wie man auf der Straße einem großen Scheißhaufen ausweicht. Ich fühle mich fast, als hätte ich sie vergewaltigt, bin verstört.

Als ich aufwache, ist sie nicht mehr in ihrem Bett. Auch ihr Rucksack ist weg. Sie kann noch nicht die Insel verlassen haben, überlege ich panisch. Es gibt nur einen Weg von dieser Insel, mit der Fähre am späten Nachmittag. Sie muss also hier irgendwo sein. Ich sehe Mayo und Adam am Ende des Schlafsaals tief schlafen und überlege, sie zu wecken. Entscheide mich aber, die große Frau zu suchen. Ich muss sie finden, noch einmal will ich sie sehen. Ich glaube, ich will ihr sagen, dass ich in sie verliebt bin. Nach weniger als zwanzig Stunden Sehen und Berühren. Verzweifelt über die schroffe Abneigung in der letzten Nacht glaube ich, ein »Ich bin verliebt« könnte ihre Unsicherheit lösen. Ich verlasse den Schlafsaal, suche sie. Im Resort ist sie nicht. Ich hole mir eine große Flasche Wasser und Kartoffelchips. Mehr gibt es nicht. Ich könnte auch Reis und Nudeln mitnehmen, aber das erscheint mir etwas albern, auf einer Insel so groß wie vier Fußballfelder ein Rettungspaket für einen Tagesmarsch von 30 Kilometern zusammenzustellen. Chips und Wasser müssen reichen. Während ich meinen Rucksack packe, ungewaschen und ohne mir die Zähne geputzt zu haben, frage ich mich, ob es auch sein könnte, dass ich sie so anziehend finde, weil ich so weit weg bin. Weil ich in ihrer Zartheit ein Bedürfnis befriedigt fühle. Die Welt, die ich bis jetzt gesehen habe, war roh. Wenn ich mit Frauen geschlafen habe, dann weil ich Lust hatte, weil sie einen tollen Hintern hatten, einen schönen Busen. Vielleicht, ganz selten, weil sie mich fasziniert haben. Aber hier, auf Fidschi, diese Frau, mit ihr wollte ich nicht nur schlafen, ich wollte neben ihr schlafen. Ich frage mich, ob ich das denke, weil ich so weit von zu Hause entfernt bin, weil ich mich, ohne dass ich es spüre, einsam fühle und ihr warmer, großer, schmaler Körper, ihre Hand auf meiner Stirn, mir mehr Ruhe gibt als die wechselnden Bilder, die verschiedenen Körper, die anderen Reiseziele. Ich will, dass ihre Hand meine Hand hält, so wie im Wasser, vor nicht mal 24 Stunden. Wie ein verknalltes Mädchen spüre ich, wie Tränen in mir herumwandern. Ich bin besorgt und traurig zugleich, auch aufgeregt, weil ich sie sehen muss und will. Ich beginne, mich vor mir selbst zu fürchten, und frage mich, welchen Eindruck das wohl macht, wenn ein Typ, den man letzte Nacht noch verstoßen hat, mit Rotznase und verheulten Augen durch den Dschungel rennt – bepackt mit Wasser und Chips – auf der Suche nach einer Frau, deren Nachnamen er nicht mal kennt. Vermutlich ein unheimliches Bild.

Ich finde sie sehr schnell. Sie sitzt auf der anderen Hälfte der Insel, die nach nur fünf Minuten Fußmarsch zu erreichen ist. Dabei passiere ich die Unterkünfte der Angestellten. Einfache Strohhütten ohne Strom und fließend Wasser, gut versteckt vor den Blicken der Touristen. Müll türmt sich in der Siedlung, ein kleiner Junge spielt mit einem Hund. Beide beobachten mich und erkennen, trotz fehlender Lebenserfahrung, meinen wirren Blick. Sie drehen sich um, entfernen sich ängstlich von mir. Ich komme an tiefen Löchern vorbei, in denen sich dackelgroße schwarze Krabben verstecken, an einem Vogel, der hässliche Geräusche von sich gibt, und plötzlich sehe ich Leah dort sitzen. Sie streckt ihre langen Beine ins Wasser und dreht sich um, als ich laut fluchend in eines der Löcher falle. Die Chips fallen aus meinem Rucksack. Sie lächelt.

»Darf ich mich zu dir setzen?«, frage ich vorsichtig.

»Setz dich.«

Ich will wissen, was gestern los war. Noch während ich die Frage formuliere, hier in diesem verlorenen Paradies, hinter uns die armen Angestellten, noch weiter hinter uns die reichen Touristen, bereue ich es schon fast wieder. Weil ich weiß, sie wird mir eine traurige Geschichte erzählen, aber ich werde sie endlich erfahren.

»Mit wem hast du gestern gesprochen?«, sagt sie und verblüfft mich damit.

»Was, wie?«, stammle ich.

»Du hast gestern mit jemandem gesprochen, dein Gesicht, deine Stimme, es war eine Frau, oder?« Und während sie das sagt, weint sie.

»Ich wollte weg, ich wollte flüchten vor dem Betrug. Du bist nichts als eine Urlaubsgeschichte«, sagt sie und schneidet mich damit in zwei Hälften.

»Es war meine Exfreundin«, sage ich laut und bestimmt. Und leite damit ein, ein letztes Mal die Geschichte und den Grund meiner Reise zu erzählen. Ich lasse die Sexdetails aus, erzähle ihr aber, warum ich reise. Warum ich flüchte und jetzt, hier festgestellt habe, dass ich nicht flüchte, sondern vorwärts gehe. Sie hört mir aufmerksam zu. Ihr Gesicht ist verschlossen.

Ich lege sie auf den Rücken, es ist kein schöner Strand, hier am Ende der Welt, an dem ich befürchte, eine Frau gefunden zu haben, mit der ich nie zusammen sein kann. Das spüre ich, seit ich sie kennengelernt habe. Aber genau das ist es: Ich wollte endlich etwas anderes spüren. Ich fühle mich zu ihr hingezogen, nicht nur, weil sie schön ist, nicht weil sie eine majestätische Ausstrahlung hat, sondern weil ich das Gefühl habe, sie zu kennen, ohne dass sie mich an ihrem Leben hat teilhaben lassen.

Ich habe gemerkt, als ich mit ihr gesprochen habe, dass ich vorher immer das Extreme gesucht habe. Die Frau, die ich wollte, musste besonders schön, besonders klug, besonders besonders sein. Gefunden habe ich aber immer nur Schmerzen und Streit. Unüberwindbare Distanzen in einer Partnerschaft von perfekten Individualisten, die miteinander schlafen und versuchen, ihre irren Lebenspläne unter einen Hut zu bekommen. Mit ihr ist das anders. Ohne dass wir uns vertraut haben, habe ich sie schon an meiner Seite gesehen, wusste, neben ihr kannst du einfach nur liegen und vielleicht verfilzt sie scherzhaft deine Bauchhaare und lächelt dabei. Es ist nicht dieser ewige Wettbewerb zwischen den Geschlechtern. Ich wusste das, als wir unsere Haut im Meer zu feuchten Trockenpflaumen haben werden lassen. Ich wusste es, als wir unter dem frenetischen Trommelwirbel des tropischen Regens auf dem Blechdach versucht haben, miteinander zu schlafen.

»Ich kann das nicht«, sagt sie, rafft ihre Sachen, steht auf und geht.

Ich sitze lange am Strand, ich will nicht baden. Hinter mir die Krabben, die mit ihren Scheren schnappen.

Als es dunkel ist, gehe ich zurück ins Resort, Adam und Mayo sitzen wieder am Strand, wieder betrunken, sie winken mich zu sich.

»Sie ist weg«, sagt Adam.

»Nicht wirklich«, sage ich.

»Das soll ich dir geben«, sagt Mayo. Er gibt mir einen Brief, auf dem steht: Lies diesen Brief erst im Flugzeug.

Ich lese meine Mails, als ich wieder in der Hauptstadt Fidschis bin.

Sie hat geschrieben. Die aus Berlin. Sie liebt mich sehr, will mich zurück, verspricht mir eine richtige, wieder funktionierende Beziehung, wenn ich wieder da bin. Ich glaube ihr. Aber ich glaube mir nicht, als ich versuche, mich darauf zu freuen. Auf Berlin. Ich halte den Brief in meiner Hand, ich werde ihn erst öffnen, wenn ich im Flugzeug bin. Ich verspreche es ihr, ohne dass sie es mitbekommt.

NEUSEELAND

Lieber Thilo,

ich schreibe dir jetzt diesen Brief, weil es mir oft schwerfällt, die richtigen Worte zu finden. Unsere Zeit war kurz, aber ich habe sie genossen. Ich hatte das Gefühl, wenn wir beide nebeneinander gelegen haben, wenn wir im Wasser waren, dass ich ich bin. Ich habe mich wohl gefühlt, das erste Mal auf meiner Reise. Ich bin geflüchtet von zu Hause, weil ich nicht glücklich war. Weil ich immer nach einem bestimmten Schema handele, ganz unbewusst: Ich lerne Menschen kennen, ich fühle mich mit ihnen wohl, aber ich beginne zu zweifeln, wenn ich sie wiedersehe. Ich kenne mich. Die zweite Phase ist, ein Mann schläft neben mir, und er ist schön, wenn er schläft, aber ich will ihn nicht. Dann will ich ihn wieder, wenn er geht. Ich kann dagegen nichts unternehmen, ich wollte dir dies aber nicht antun. Weil ich weiß, es tut weh. Es tut mir auch weh.

Als du neben mir geschlafen hast, in der einen Nacht, als wir beinahe Sex hatten, war das schon wieder so. Ich habe den Tag genossen mit dir, deinen Händen auf meinem Körper, aber als es Nacht war, wollte ich weg. Ich mochte dich nicht mehr. Ich kann damit nicht umgehen, weiß aber, in deinem Fall hätte ich es gerne gelernt. Aber wir beide reisen, so viele Frauen, die du noch triffst, so viele Erlebnisse, die du noch hast. Die Frau, mit der du gesprochen hast. Ich kann nicht viele Worte Deutsch, aber eins, das ich kenne, ist Liebe. Warum sollte ich mich auf dich einlassen, welchen Wert habe ich da? Und ich dachte, nach meiner langen Reise, die deiner nicht unähnlich ist, hätte ich jemanden gefunden.

Habe ich aber nicht.

Du wirst mir fehlen, vielleicht fehle ich dir auch, aber es wird vorbeigehen. Es wird aufhören. Und irgendwann sind wir nur noch Erinnerungen. Ich kenne das. Vielleicht kennst du dieses Gefühl auch.

Ich hätte gern gewusst, wie du bist. Aber du warst so aufgeregt. So viel Kraft hast du in mich investiert, das hat mir gefallen. Wir kennen uns nur kurz und vielleicht habe ich mich verliebt. Ich weiß es nicht. Vielleicht hätten wir uns mehr Zeit geben sollen. Ach, ich weiß es doch nicht.

Leb wohl,
Leah

Ich habe mich tatsächlich daran gehalten, obwohl ich die letzten Tage auf Fidschi mehrere Male mit dem Gedanken gespielt habe, den Brief vorher zu öffnen. Habe ich aber nicht, und das erfüllt mich mit Stolz. Ich hatte das Gefühl, würde ich den Brief vorher öffnen, wäre das wie Betrug, ein unverzeihlicher Vertrauensbruch. Sie hat mich darum gebeten, ich habe mich daran gehalten. Aber nur, weil ich ihr so sehr vertraut habe. Aus keinem anderen Grund.

Ich halte den Brief von Leah noch ein bisschen fest, lese erneut, was sie geschrieben hat, und erfreue mich an den netten Botschaften ihres Briefes. Aber sie reichen nicht, die Wut, die in mir aufsteigt, zu bekämpfen. Ich werde nicht richtig schlau aus dem, was sie geschrieben hat. Ist sie nun verliebt? Hätten wir es schaffen können? Wer ist schuld? Ich habe so viele Fragen, die sie mir nicht beantworten kann.

Als das Flugzeug nach vier Stunden in Auckland auf dem Flughafen aufsetzt, bin ich so verzweifelt, dass ich alle meine Pläne für die Reise gefährdet sehe.

Eigentlich will ich beweisen, dass ich keine andere Frau mehr brauche, dass es auf dieser Reise außer ihr keine Frau mehr geben kann, die mich beeindruckt.

Am letzten Tag auf Fidschi, nachdem ich ihnen alles über sie berichtet habe, auch vom Brief, den sie mehrere Male versucht haben, heimlich zu öffnen, haben mir Mayo und Adam erzählt, dass Neuseeland der beste Ort ist, um jemanden zu vergessen, zu verdrängen. Das war mir neu, eher war Neuseeland für mich Natur, *Herr der Ringe*-Fans und seltsame Maoribräuche. Aber die beiden haben sich über meine Spekulationen nur lustig gemacht.

»Nach Neuseeland fährt man, um zu ficken«, sagt Mayo.

»Nach Neuseeland fährt man, um zu saufen«, erklärt mir Adam. Auch das ist mir neu. Ich solle mich über die Busunternehmen genauestens informieren, denn es gebe drei Firmen, die jeweils von unterschiedlichen Altersgruppen genutzt würden. Über Busunternehmen werde dieses Land nämlich erschlossen, erklären mir meine slowakischen Freunde, man stellt sich seine Tickets zusammen und entscheidet sich erst dann für eine Sorte Bus. Die Strecken sind die gleichen, die sexuellen Präferenzen jedoch komplett unterschiedlich.

Als ich in mein Hostel in Auckland einchecke, werden mir gleich die drei verschiedenen Kataloge in die Hand gedrückt. Das erste Unternehmen nennt sich Kiwi Experience. Wie mir Mayo und Adam verraten haben, wird es Fuckbus genannt – die grünen Fuckbusse von Neuseeland. Zielgruppe: Postabiturienten, ahnungslose Prästudenten und Engländer. Altersgruppe zwischen 17 und 22. Ich weiß, dass ich etwas unternehmen muss. Ich muss mich ablenken.

Ich entscheide mich für Stray, die auch Vaginaliners genannt werden. Hier trifft sich die Generation 25 bis 32. Wobei man mit 32 schon eher ein Rentner ist und sich eigentlich für das Busunternehmen namens Awesome Adventures entscheiden sollte. Gerüchten zufolge trifft man hier im Bus auf frisch geschiedene Ehefrauen, die abends mit roten Nasen über kalifornische Weine reden. Was mir unter den gegebenen Umständen zu langweilig ist. Ich nehme mir das erste Mal auf dieser Reise vor, keinen Sex zu haben. Dass meine Wette damit mehr als verloren ist, ist mir klar. Aber ich weiß nicht, was ich tun soll. Während ich im ersten Teil meiner Reise noch aufgeregt Frauen betrachtete, aber missmutig durch Clubs tigerte, habe ich jetzt das Gefühl, ich muss einer Frau treu bleiben, die ich möglicherweise nicht mehr sehe. Ich bin unsicher, ob es nicht eine Schnapsidee ist. Vielleicht sollte ich versuchen, sie zu vergessen, wie Männer das machen: mit Sex.

Ich bin losgereist, um eine zu vergessen, und reise jetzt, um eine neue zu vergessen. Fürchterlich, denke ich, als ich mich entscheide, mit dem Voucher für die Straybusse in der Tasche, Auckland zu erkunden.

Wieder eine dieser seltsamen europäischen Städte am anderen Ende der Welt.

Nichts ist hässlich, nichts schmutzig, nichts ist arm, was mir im Anschluss an Fidschis bedrohlichen Dritte-Welt-Charme nur sympathisch ist. Etwas ziellos stehe ich auf der Queen Street, der Hauptstraße Aucklands, die aussieht wie jede andere Hauptstraße von Städten, die nicht älter als 250 Jahre sind. Geschäfte, Starbucks, Souvenirläden, keine große Abwechslung. Ich blättere in meinem Reiseführer und überlege, wie ich diesen Tag totschlagen kann, in einer Stadt, die so mittelmäßig aufregend erscheint wie Liebeskummergeschichten von Unbekannten.

Ich kaufe mir ein Eis und spaziere, ohne größere Lust zu verspüren, zum größten unterirdischen Bahnhof der Welt, als mir eine Frau entgegenkommt. Eine sehr hübsche. Wir sehen uns kurz an, blicken uns sogar um, als wir uns passiert haben, Vanilleeis läuft über meinen Finger. Ich lächle sie an, sie lächelt zurück. Interessant sieht sie aus, eine große Frau mit einem hübschen, etwas fremdartigen Gesicht. Moment. Ich spüre Fidschi wieder in mir aufkeimen und das Bedürfnis, Leah zu sehen. Für einen kurzen Moment stelle ich mir vor, wie sie mit mir nach Neuseeland kommt, wir einen Bus ausleihen und ich mit ihr die Straßen erobere. Sie muss fahren, ich habe keinen Führerschein. Der Gedanke ist warm, und während ich mein Eis esse, stelle ich fest: Ich vermisse sie. Unendlich. Und ich vermisse die Frau aus Berlin. Nicht mehr unendlich, aber ich denke an sie. Was passiert, wenn ich wieder zurückkomme?

Die hübsche Frau von eben, so schnell sie mich passiert hat, so schnell vergesse ich sie wieder und betrete den Bahnhof.

Auckland ist auf die Rucksacktouristen vorbereitet. Rucksacktouristen wollen keine Kunstmuseen, wollen keine Theater. Rucksacktouristen wollen Bier, schlechte Musik und Geschlechtsverkehr. In keinem Land der Welt ist das so offensichtlich wie in Neuseeland. Im Hostel hängen Plakate und Werbung für die Bar im Keller des Hostels. Bier gibt es für wenig Geld und die Schnäpse umsonst. Ich höre zum hundertsten Mal die Playlist meines iPods durch und spiele mit dem Gedanken, mich heute Nacht, bevor es morgen losgeht, doch noch einmal abzulenken. Nicht Disko, nein, aber vielleicht irgendetwas essen in einer Bar. Ich will los, aber es dauert noch. Das steht in meinem Gesicht. Und ich bemerke immer mehr, dass mich Leah mit der gleichen Unruhe ins nächste Land geschickt hat, wie die Frau aus Berlin mich auf diese Weltreise gescheucht hat. Mit der einen musste ich allerdings sieben Jahre zusammen sein, um unruhig zu werden.

Unsicher stromere ich durch die Lobby des Hostels und entscheide mich dazu, doch in die Bar der Backpacker zu gehen. Die Globe Bar.

Damit die Verzweiflung nicht zu deutlich wird, überrede ich einen Engländer, der in meinem Doppelstockbett schläft – unten, nicht mit mir in einer Etage –, mit mir die Bar zu besuchen. Er ist dankbar, offensichtlich fühlt er sich ebenso verlassen und ahnungslos wie ich.

»Hi, ich bin Peter«, sagt er, und ich stelle fest, dass er nicht so stumpf wirkt wie die meisten Engländer, die ich auf dieser Reise getroffen habe. Und erneut stelle ich fest, dass ich meine mentale Vorurteilsschublade endlich mal ausmisten müsste, so gern ich sie und meine politische Inkorrektheit auch habe. Der Engländer ist Setbauer und hat für einen der *Herr der Ringe*-Filme gearbeitet, jetzt sucht er wieder einmal einen neuen Job. Deswegen langweilt er sich in Auckland. Und wir haben ein interessantes Gesprächsthema, da ich die Tolkien-Verfilmung mag und manchmal so tue, als hätte ich das Buch gelesen.

Als wir beide die Bar betreten, sehen wir uns mit ruhigen Blicken an, er, weil er die Bar schon kennt, und ich, weil sich das Setting von den anderen Stationen meiner Reise nicht im Geringsten unterscheidet. Es ist das gleiche Bild wie überall. An der Bar stehen die Männer wieder wie Cowboys, auf der Tanzfläche schrauben sich die Mädchen in die stickige Luft. Moment, so stickig ist es hier nicht, in Neuseeland herrscht Rauchverbot, zur Freude meiner Kleidung, zur Missgunst meiner Sucht.

Ich bestelle mir einen Gin Tonic und meinem neuen, britischen Setbauer-Freund ein Bier. Wir unterhalten uns weniger, als ich gehofft hatte, und deswegen verschwinde ich in meinem Gehirn und überlege, was Leah wohl gerade macht. Ob sie traurig herumsitzt, einem anderen Mann den Kopf verdreht. Ich drehe mich wieder zur Bar und bestelle einen weiteren Schnaps, als ich sehe, wie die Frau, die mir vorhin auf der Straße entgegengelaufen ist, den Club betritt. Sie ist in Begleitung zweier weiterer Frauen, und sie sieht mich. Ich sehe sie. Wir lächeln, blicken aber gleich wieder in andere Richtungen. Ich zeige fingerlos auf die Frau und frage den Briten, was er von ihr hält. Er nickt zustimmend. Das Gute an Männerkommunikation ist, dass sie manchmal ganz ohne Worte auskommt.

Ich bestelle mehr Schnaps, nehme mir vor, so schnell ich Leah kennengelernt habe, so schnell ich festgestellt habe, dass ich sie wollte, so schnell will ich sie wieder vergessen. Diese Frau von der Straße muss mir helfen. Auch wenn sie nicht will.

Wir wollen alle küssen, Orgasmen haben und vielleicht auch Kinder. Was ist daran so schwierig, den ersten Schritt zu wagen? Während ich vor dem Club auf und ab gehe, befürchte ich, durch mein hastiges Rauchen wie ein alter Aschenbecher zu riechen. Ich habe mir vorgenommen, wenn ich unten bin, zu fragen, wer sie ist. Wenn ich allerdings rieche wie ein Zigarettenstummel in einer Herbstpfütze, sind meine Chancen auf bekömmliche Kommunikation eher gering.

Ich kaufe mir Kaugummis, kaue meinen Muff fort und gehe mit eingezogenem Bauch mutig zurück in den Club. Da steht sie. Wieder an der Bar, sie trinkt nur Wasser, oder Wodka aus Wassergläsern, das kann ich nicht so genau erkennen. Aber sie hat keinen Spaß, also wird es eher Wasser sein. Ihre zwei Freundinnen flankieren sie wie dicke Panzer. Der Akzent der Mädchen ist deutsch. Sie jedoch spricht nicht. Dunkelrote Lippen, die sich nicht bewegen. Ich sehe, wie sich eins der deutsch schnatternden Mädchen von ihr löst. Trotzdem: Ich gehe direkt auf sie zu. Schiebe die Panzer beiseite, einer davon stellt sich aber wieder vor mich.

»Hallo, ich bin Janina«, sagt das Mädchen mit dem deutschen Akzent auf Deutsch zu mir.

»Hallo«, stelle ich mich abweisend vor. Und ich weiß, ich werde sie nicht mehr so schnell los. Wenn ich jetzt nicht reagiere, ich will die andere, sage ich streng zu mir selbst. Ich will Leah, deswegen will ich die andere, rede ich mir ein.

»Und was machst du so?«, fragt sie mich, die stille Schöne trinkt hinter ihr weiter Wasser. Sie ist so nah. Ich borge mir den Beruf des Engländers aus meinem Zimmer.

»Ich bin Setbauer und will für den neuen *Hobbit*-Film arbeiten«, antworte ich und stelle zugleich mich verfluchend fest, dass ich damit einen zu interessanten Beruf gewählt habe. Das könnte eine ganze Armada an Fragen nach sich ziehen.

»Echt?«

»Nee, künstlich«, sage ich schlecht gelaunt, entschärfe die nicht nur blöde, sondern auch unfreundliche Antwort aber mit einem holprigen Lächeln.

»Du, entschuldige, ich würde gerne mit der Frau reden, mit der ihr gekommen seid. Gehört sie zu euch?«

»Oh, das ist Aikiko«, sagt das *Herr der Ringe*-Mädchen.

»Sie kommt aus Schweden, ist heute in Auckland angekommen.«

»Hallo, Aikiko«, sage ich auf Englisch und schiebe mich an der Deutschen vorbei. Sie reagiert nicht, und ich sehe sie nicht mehr an.

Leah, verschwinde, Aikiko, sprich mit mir.

Warum bleibt sie in meinem Kopf, war sie nicht nur ein Urlaubsflirt? Will ich etwa mit Aikiko schlafen? Innerhalb von Sekunden hinterfrage ich den eigenen Wert meiner Erfahrungen mit Frauen, schiebe es aber einfach auf ordinäre Triebe. Schöne Frau ist gleichbedeutend mit Fortpflanzung.

Als das deutsche Mädchen gehen will und endlich auch geht, nutze ich die Gelegenheit und frage Aikiko, wer das war.

»Ich weiß nicht, wer sie ist, sie ist im Hostel einfach mit mir mitgegangen«, sagt sie als ersten Satz. Sie spricht sehr leise und sehr bestimmt, ich muss mein Ohr nah an ihr Gesicht halten, um sie zu verstehen.

Wir unterhalten uns, und ich beobachte sie, ohne dass sie es merkt. Ich bin gut geworden in diesem Beobachterspiel. Ich fühle mich ihr sofort vertraut, sie sich mir offensichtlich auch. Sie erzählt mir eine ähnliche Geschichte wie Cannelle, die ich vor Monaten in Polen kennengelernt habe, sie erzählt mir, dass sie sich von ihrem Freund getrennt hat. Sieben Jahre waren sie insgesamt zusammen. Ich höre interessiert zu, sie legt dabei eine Hand auf meinen Arm, blickt mich von unten zärtlich an. Ich lächle zufrieden.

»Wollen wir durch Auckland spazieren?«, frage ich und weiß, dass sie »Ja« sagen wird.

»Ja«, sagt sie.

Ich will aber mit einer anderen Frau spazieren gehen.

Es ist schon spät, meine Augen sind müde, ich bin froh, dass ich sie kennengelernt habe, sie lenkt mich ab. Wir sitzen beide am Hafen, auf einer Bank, sie erzählt, dass sie dreißig Stunden geflogen sei, um jetzt hier zu sein.

»Und am ersten Abend treffe ich dich, ich bin doch nicht vor den Männern geflüchtet, um gleich wieder einen kennenzulernen.« Ich nehme ihre Hand. Mehr nicht. Ich bin erstaunt, dass sie mich lässt.

»Ich fahre morgen früh in den Norden von Neuseeland, Bay of Islands und so. Sehen wir uns wieder, wenn ich wieder da bin?«, will ich wissen.

»Ja, das würde ich mögen«, sagt sie leise. »Ich bin müde, ich bringe dich zu deinem Hostel«, fügt sie hinzu.

»Danke«, sage ich.

Während sie vor mir läuft, sehe ich sie mir genauer an. Sie hat keinen schönen Gang, ihre Füße rollen seltsam ab, sie wippt, als hätte sie orthopädische Schuhe an. Ein flacher Po, aber schlanke Beine, ihr Rücken ist zart, das erkenne ich durch ihre grobe, funktionale Kleidung hindurch. Ich glaube, sie hat helle Haut, die von einem hellen Flaum bedeckt ist. Ihre Haare sind glatt und tiefschwarz, sie hat dunkle Augen und hohe Wangenknochen und sieht irgendwie asiatisch aus, ich kann es aber nicht zuordnen.

»Wo kommst du her?«, will ich wissen, als ich in ihrer Gesellschaft vor meinem Hostel eine letzte Zigarette rauche.

»Aus Schweden?«

»Nein, wo kommen deine Eltern her?«

»Ach, so meinst du das. Warum willst du das wissen?«

»Ich finde, du siehst nicht schwedisch aus.« Als ich das sage, lächelt sie wunderschön, ich beneide sie für ihre weißen Zähne und denke, wie so oft, ich sollte mit dem Rauchen aufhören.

»Meine Mutter ist Japanerin, mein Vater ist Schwede.«

»Wow«, sage ich. »Was für eine seltsame Kombination.«

»Schlaf gut«, sagt sie in einem Ton, als hätte sie diese Kombinationsbemerkung schon öfter gehört.

»Schlaf gut, ich melde mich bei dir.«

»Mach das, ich freue mich, wenn du wieder da bist.«

»Ich freue mich auch«, sage ich lächelnd.

Ich mag ihre zarte Art.

Zwei Stunden später sitze ich im Bus und sehe, wie Auckland hinter mir verschwindet. Vielleicht bin ich froh, dass ich gehe, ich bin mir nicht sicher. Vielleicht ist es gut, dass ich nicht mehr Zeit mit Aikiko verbracht habe. Aus meiner Sehnsucht wird Kummer, ich brauche Frauen, damit ich nicht traurig bin, denke ich, während ich auf der Autobahn, die irgendwohin führt, unterwegs bin. Als ich im quietschenden Doppelstockbett lag und meine Fantasie gegen das laute Schnarchen des dicken Setbauers antreten ließ, dachte ich über Aikiko nach. Sie ist geheimnisvoll, ohne dass sie es merkt. Die seltsame Mischung aus Japanerin und Schwede macht sie als Extrem interessant, und sie ist sehr ehrlich. Vielleicht liegt es am Englischen, aber immer wenn ich irgendetwas gesagt habe, eine Aufforderung formuliert habe, hat sie mit einem einfachen, sachlichen Ja oder Nein geantwortet. Diese Direktheit, diese Ehrlichkeit hat mir imponiert. Und während jetzt, hier in diesem roten Straybus, vorn ein vermeintlich lustiger Brite als Tourguide Witze reißt, sitze ich in der letzten Reihe und fahre über eine lange Brücke. Ich sehe Auckland verschwinden, Tausende Segelboote im Wasser vor der Stadt. Irgendwo in dieser Stadt läuft Aikiko herum. Und irgendwo anders auf dieser Welt ist sie. Nicht die aus Berlin, die Neue, Leah.

Leah ist die Neue, das beschließe ich, und ich werde alles tun, damit sie die Neue bleibt.

Die Landschaften verändern sich, die Wiesen sehen wieder so gekämmt aus, Schafe säumen die Umgebung wie Sommersprossen die Gesichter, damals in Australien. Ich bin müde, schlafe ein und fühle mich, obwohl weit weg von zu Hause, nicht weit entfernt. Vielleicht liegt es daran, dass die Landschaft aussieht wie England. Nicht mal ein bisschen uneuropäisch aussieht. Ich genieße das. Dieses Vertraute in meinem Kopf. Und wenn ich die Augen öffne, ebenso Vertrautes.

Zwei Nächte, drei Tage habe ich, um ein Gefühl zu bekommen für Neuseeland. Ich fühle mich keiner Frau mehr moralisch verpflichtet. Ich habe das erste Mal das Gefühl, ich bin losgelöst, von zu Hause, von mir, meinen Ängsten und der Zukunft. Kurz bevor ich auf den Serpentinen des neuseeländischen Hinterlands einschlafe, lege ich meine Hände in den Schritt, lächle zufrieden.

Ich bin nicht betrunken, um mich herum sind es jedoch alle. Ein dunkler Wald voller Leuchtkäfer grenzt an unser Hostel, die Natur ist viel schöner als die Unterkunft – wie so oft, was, auch wie so oft, allerdings niemand hier sehen will. Das Base Hostel, so heißt die Kette in Neuseeland, ist voller vergnügungssüchtiger junger Menschen. Ich bin der Älteste, mit 29 Jahren. Die anderen sind Anfang 20, und die wenigsten von ihnen wissen, was sie in ihrem Leben machen sollen, weshalb sie in ihrer Heimat einen Kredit aufgenommen haben, damit sie reisen können. Namenlose Amerikaner, die eine Bierbong, also einen Trichter und einen Schlauch, mitgebracht haben, trinken eine Dose Bier nach der anderen. Innerhalb von Sekunden verschwindet das Getränk im Gehirn der amerikanischen Touristen. Das Verhältnis zwischen Einheimischen und Touristen ist in etwa ausgeglichen. Das Dorf, in dem ich übernachte, besteht aus einer Straße mit Hostels und einer Straße mit Hotels, dazwischen eine Straße mit Souvenirläden. Die Jugendlichen hier werden Koch oder Angestellte im Hotel. Vor mir, an meiner Bierbank, neben einem Chlorpool, sitzt eine echte Maori. Ich finde das aufregend, sie ist wirklich, wirklich dick, was aber dem Schönheitsideal der Maori entspricht.

Wir unterhalten uns getrennt voneinander, ich mit einer Gruppe Israelis, die nicht nach Thailand oder Indien wollten, sie mit ihren einheimischen Freunden, die allerdings keine Maori sind. Ihre Haut ist dunkel, ihre Haare hat sie streng nach hinten gekämmt, ihr Gesicht ist warm und freundlich. Die Eigenarten ihres Volkes sind mir am Nachmittag in einer Maori-Show vorgeführt worden, ich habe der Show aber nicht geglaubt. Genauso wenig, wie ich glaube, dass sie sich mir gleich mit aufgerissenen Augen und herausgestreckter Zunge vorstellen wird. Den Touristen wird gern gezeigt, wie toll die Maoris in die neuseeländische Gesellschaft eingegliedert sind. Ich ahne aber, dass das Verhältnis ähnlich kompliziert ist wie das zwischen den Aborigines und den weißen Australiern. Die Ureinwohner sind eine Minderheit und werden auch so behandelt. Ich höre aus dem Dialog mit ihren Freunden immer wieder Sätze wie: »Na ja, du bist ja auch Maori, du musst nicht arbeiten …«

Ich drehe mich zu ihr, ohne Angst, aber ich habe auch das Gefühl, bei ihr kann ich nichts verlieren. Es ist einfach nur ein harmloser Plausch, es wird mich nicht gefährden und auch nicht meine neue Sehnsucht.

»Wie heißt du?«, will ich wissen. Schon wieder ein Name, den ich mir hoffentlich merken werde, eine Person, von der ich mal reden werde.

»Aroha«, sagt sie. Und fügt gleich hinten an, als wäre ich auf einer Maori-Veranstaltung für Touristen: »Das bedeutet Liebe.«

»Ich heiße Thilo und das bedeutet nichts«, sage ich.

Sie hört nicht auf zu lächeln, und wir entscheiden uns dafür, eine Cola zu teilen.

»Eine Cola bitte«, sage ich zum Barkeeper.

»Mit Whisky oder Wodka?«, fragt er.

»Äh, nur eine Cola, ohne alles.«

»Ohne alles?«, fragt er mich ungläubig.

»Ohne alles«, und sogleich erklärt er mir, dass es hier nicht üblich ist, Softdrinks ohne Alkohol zu kaufen.

Ich gehe mit meiner Cola in der Hand zurück zu Aroha. Sie wartet, redet nicht mehr mit ihren Freunden. Als ich mich zu ihr setze, werfe ich ihr von der Seite einen Blick zu. Sie ist wirklich sehr dick. Aber nicht armutsdick, nicht von unzähligen 1-Euro-Burgern und Fernsehen dick, sondern es scheint mir, als sei sie dick geboren. Sie hat einen satten Körper, ein weiches Gesicht und einen schweren Busen, der sich gegen ein Muskelshirt drückt. Ich finde ihr Dekolleté beeindruckend, obwohl ich nicht auf dicke Frauen stehe. Ich mag dicke Frauen einfach nicht, die dicken Frauen, die ich bis jetzt kennengelernt habe, waren immer so grob, so laut, so unbedingt anders als andere Frauen, nur um von ihrer Dickheit abzulenken. Dicke Frauen sagen Sätze wie: »Ich genieße jedes Pfund an mir.« Das ist meist weder anziehend noch wahr.

Aroha jedoch sieht zufrieden aus.

»Wo kommst du her?«, will sie wissen.

»Aus Deutschland«, sage ich.

»Oha, das ist weit weg.«

»Ja, aber so weit auch nicht, gerade mal zwanzig Stunden mit dem Flugzeug.« Ich vertraue ihr sofort, auf eine freundschaftliche Art, ihr sanftes Gesicht gibt mir Ruhe, und ich vergesse für einen kurzen Moment den Schmerz, den Leah in mir zurückgelassen hat. Sie fragt mich viele Dinge über Deutschland, und erst als sie wissen will, ob es in Deutschland auch so etwas wie Maoris gebe, werde ich stutzig.

»Wie meinst du das?«

»Na ja, habt ihr auch bestimmte Leute, die sich die Touristen ansehen? Ich meine Ureinwohner?«

Ich überlege und verneine dann ihre Frage. Nur kurz stelle ich mir bayrische Dirndlfrauen in einer Touristen-Variété-Show vor.

»Wie ist das mit den Maoris hier?«, will ich wissen. »Ist das wie mit den Aborigines in Australien?«

Sie schweigt kurz, stützt ihre Arme auf die Bierbank und trinkt Cola.

»Nein. Es ist anders. Aber nicht besser. Maoris arbeiten hier entweder in den Shows für die Neuseelandreisenden oder gar nicht. Wir werden sehr vorsichtig unterdrückt, die Regierung will keine offenen Auseinandersetzungen, wie sie die Aussies mit ihren Aborigines haben«, erklärt sie mir.

»Aber trotzdem, leicht ist es nicht, wir sind eine Minderheit, und viele Neuseeländer lassen uns das auch spüren. Wir werden nicht unbedingt wie Menschen zweiter Klasse behandelt, aber irgendwie auch nicht wie ein Teil der Gesellschaft. Es ist schwierig zu beschreiben, weil es sehr unterschwellig vor sich geht«, erklärt sie mir weiter. Ich höre ihr aufmerksam zu, weil es mich immer noch erstaunt, dass die Ureinwohner eines Landes als Menschen zweiter Klasse behandelt werden. Im 21. Jahrhundert.

»Komm mit«, sagt sie und nimmt meine Hand. »Ich will dir was zeigen.« Ich versuche, mir meinen Triumph, innerhalb kürzester Zeit bei ihr gelandet zu sein, nicht in meinem Gesicht ablesen zu lassen. Insbesondere, weil ich nicht weiß, ob das überhaupt ein Erfolg ist. Wir verlassen das Hostel durch das stählerne Eisentor. Es ist eine dunkle Nacht, die Sterne sind klar zu erkennen. Es ist empfindlich kühl. Im Hintergrund zeichnen sich Berge ab, im Vordergrund ist das Meeresrauschen zu vernehmen. Sie läuft zielstrebig in den Dschungel, der hier nicht Dschungel heißt, sondern nur Wald. Es ist stockfinster.

»Ich habe Angst im Dunkeln«, sage ich atemlos und bin tatsächlich verängstigt.

»Musst du nicht haben.«

»Leben hier keine giftigen, gefährlichen Tiere?«, will ich wissen.

»Nee, die leben alle in Australien.« Ich bin nur mittelmäßig beruhigt. Der Trampelpfad durch den Wald wird immer enger, lange Äste streifen mein Gesicht wie Hände von Studenten in den Geisterbahnen zu Weihnachten. Ich fürchte mich, will aber die Fassade meiner Männlichkeit aufrechterhalten. Ich laufe hinter ihr her und denke, dass sie für ihre Fülle ziemlich schnell unterwegs ist.

Wir erreichen eine Höhle, die von innen leuchtet. Ein unheimliches grünes Licht strahlt nach außen, und ich frage mich, woher es kommt, ich denke an *Akte X*-Folgen, in denen Menschen Opfer von unheimlichen Ritualen werden, weil sie anderen Menschen zu sehr vertrauen.

»Vertrau mir«, sagt Aroha.

»Okay, okay«, flüstere ich.

Sie steigt über natürliche Stufen in die Höhle hinab und setzt sich hin. Ich stehe hinter ihr. Ich muss meine Augen zusammenkneifen, so hell strahlt es. Die Farbe erinnert mich an diese fluoreszierenden Klebesterne, die man als Kind geschenkt bekam. Ich bin beeindruckt und will wissen, was es ist, ich gehe nah an die Wand und stelle fest, dass die Höhle von Käfern zum Leuchten gebracht wird. Von Glühwürmchen.

»Das ist wunderschön, warum zeigst du mir das?«

»Ich wollte, dass du es siehst, und normalerweise müsstest du dafür Geld bezahlen. Du bist aber seit Tagen der erste Tourist hier, der sich nicht betrinkt. Und das ist mir sympathisch.«

Sie kann nichts für meinen Kummer, und ich will sie auch nicht benutzen, damit es mir bessergeht, sie ist, anders als die meisten Frauen, so ohne Probleme. Das imponiert mir, und ich entscheide mich, meinen harschen Ton einzustellen.

»Eigentlich wollte ich mich aber betrinken.«

»Warum?«

»Ich habe ein bisschen Liebeskummer und wollte heute eine Frau küssen, vielleicht auch mit ihr schlafen«, gestehe ich.

»Hm.«

»Hm.« Wir schweigen, ich setze mich neben sie, und wir sehen uns die Käfer an. Es ist wunderschön, aber es ist auch unheimlich. So viele Insekten über meinem Kopf, hinter mir und vor mir. Das Licht, das sie ausstrahlen, scheint nicht natürlich, obwohl es natürlicher nicht sein kann.

Ich drehe mich zu Aroha, sie hat die Augen geschlossen, ihre dunkle Haut, die gar nicht so dunkel ist, leuchtet grün. Kein gutes Licht, um attraktiv auszusehen, denke ich.

Ich beuge mich leicht nach vorn und küsse ihren kräftigen Hals, sie drückt ihn gegen meinen Mund. Ich mag ihren Geruch. Sie riecht sauber. Sie legt eine Hand auf meinen Oberschenkel, langsam dreht sie ihren Kopf zur Seite, ich bin jetzt nah vor ihrem grünen Gesicht. Sie legt eine Hand an meine Wange und streichelt mein Ohr. Ich schließe meine Augen und suche ihre Lippen.

Wir küssen uns auf den Mund, zärtlich, ein schöner, solider Kuss an einem schönen, außergewöhnlichen Ort.

»Wir mussten gar nicht flirten«, flüstere ich.

»Warum auch«, flüstert sie.

»Wusstest du, dass wir uns küssen würden?«, frage ich.

»Irgendwie schon, ich hatte aber keine Lust mehr auf das ewig gleiche Spiel.«

»Wie funktioniert das?«

»Trinken, blabla, küssen, ficken.«

»Ach so«, sage ich einem Ton, als wüsste ich nicht, was sie meint.

Als sie aufsteht, sehe ich wieder ihren dicken Po, ich finde es sogar ein wenig aufregend, weil ich weiß, ich habe noch nie in meinem Leben mit einer so kräftigen Frau geknutscht. Sie streichelt mein Gesicht, als sie vor mir steht. Ich versuche, sie zu umarmen, mein Kopf ruht auf ihrem großen, weichen Bauch, ihr Busen drückt an meinen Kopf. Ich sitze, sie steht. Ich spüre, dass wir beide die Nähe gerade mögen.

»Komm mit«, sagt sie wieder, nimmt meine Hand und zieht mich aus der Höhle. Bis zu sich nach Hause. Sie ist die Nummer siebenundsechzig, Leah habe ich nicht mitgezählt.

Wir liegen beide in ihrer Wohnung, in ihrem Bett. Sie ist nackt, wir haben noch nicht miteinander geschlafen, werden es aber gleich tun. Das Fenster ist geöffnet, ich höre Vögel und das Meer, und ich spüre, dass der nächste Tag anbricht.

»Findest du mich schön?«, fragt sie, als sie nackt vor dem Bett steht, meinen Bauch küsst und mir ein Kondom in die Hand drückt.

»Ja«, sage ich und muss nicht mal lügen. Ihr Körper mag zwar dick sein, aber er ist nicht hässlich. So viel Haut, so viel Busen, so viel Po, es überwältigt und erregt mich zugleich. Es fühlt sich auf eine abstrakte Art an, als würden zwei Frauen vor mir stehen.

Ich ziehe sie zu mir herunter, und trotz ihrer Mächtigkeit bewegt sie sich grazil. Der einzige Unterschied zu einer dünnen Frau ist, dass die Federn ihres Bettes mehr quietschen.

»Warum findest du mich schön?«, fragt sie.

»Ich glaube, weil du die schönste dicke Frau bist, die ich kenne«, antworte ich ehrlich. Sie lächelt und küsst meinen Bauch, meinen Oberschenkel, ich klemme meine Arme hinter den Kopf und sehe mich im Zimmer um. Es ist ein ärmliches Zimmer, sie hat mir vorher, als wir zu ihrem Apartment gegangen sind, erzählt, dass sie viel arbeiten muss, um es zu finanzieren. Sie will studieren, jung ist sie noch, fast zehn Jahre jünger als ich. Sie arbeitet tagsüber in einem Hostel, in der Nacht in einem Restaurant.

Ich denke darüber nach, während sie mir gekonnt einen bläst. Wir spüren beide, dass es sich anfühlt, als hätten wir seit einem halben Jahr eine heimliche Beziehung. Ich schäme mich, als sie sich aufrichtet und ein Schamhaar aus ihrem Mund fischt. Es erinnert mich daran, dass ich mir seit Deutschland nicht mehr mein Schamhaar gestutzt habe.

Sie nimmt mir das Kondom aus der Hand, rollt es über meinen Schwanz und küsst mich lange, ich schmecke meinen Schwanz und ihre Spucke und drehe sie auf den Rücken. Ihr riesiger Busen steht vor mir, ich weiß nicht, was ich tun soll, fasse unbeholfen die Brust an, lege meinen Kopf darauf, sie legt ihre Hände auf meine Haare und streichelt mich. In dieser Zärtlichkeit, ohne sie zu unterbrechen, beginnen wir, miteinander zu schlafen. Kein aufgeregtes Alkoholgeficke, einfach nur wacher, aufmerksamer Sex. Ich bin zufrieden, während ich sie leise atmen höre, weil ich das Gefühl habe, sie nimmt mir all die Unruhe, die ich in Fidschi eingeatmet habe. Ich atme ihr meine Unruhe hinter das Ohr, spüre, wie sie ihre kräftigen Beine um meine Hüfte schwingt.

Als ich komme, sind wir nicht laut. Sie kneift in meine Arschbacke, ich atme kurz schwer aus und will auf ihr, in ihr einschlafen. Sie lässt mich. Ich hätte mir mein Hostelbett sparen können, denke ich gemein und ziehe sie fester unter mich. Sie lässt mich für einen kurzen Moment vergessen, weil die Zärtlichkeit, die sie mir gibt, schöne Erinnerungen wachruft.

Es brennt. Es tut so weh. Das erste Mal habe ich bemerkt, dass etwas nicht stimmt, als ich auf einer Raststelle, zurück auf dem Weg nach Auckland, pinkeln war. Jetzt sitze ich auf der Rückbank des roten Straybusses und beiße vor Schmerz auf meine Unterlippe. Es tut so sehr weh. Um genau zu sein: Mein Penis tut weh. Es fühlt sich an, als würde ich von innen heraus kleingemahlenes Glas pinkeln. Kleine Steinchen, scharfkantig und böse, rollen durch meine Harnröhre in das Pissoir. Ich traue mich nicht weiterzupinkeln, trenne den Urinfluss mit einem Muskelzerren ab und humple verletzt in den Bus. Und jetzt sitze ich hier. Ich weiß genau, was ich habe. Es ist kein Geheimnis, was passiert ist, wenn man Schmerzen während des Pinkelns hat. Ich habe einen Tripper, und während ich das feststelle, gehe ich die Frauen durch, mit denen ich geschlafen habe. Ich habe immer verhütet – bis auf einmal. In Thailand. Jetzt werde ich bestraft, und zeitgleich mit dem höllischen Schmerz in meiner Harnröhre erinnere ich mich auch wieder an Laura. Ich verfluche mich, dass ich so leichtsinnig war. Greife zu einer Flasche Wasser, die ich in meinem Sitz vor mir habe, und trinke doch nicht. Mehr trinken, mehr pinkeln.

In Auckland holt mich Aikiko vom Busbahnhof ab. Wir hatten das via Mail abgeklärt, und ich kann bei ihr schlafen, in ihrer Studentenwohnung. Keine Gemeinschaftsduschen, ein bisschen Privatsphäre – darauf hatte ich mich gefreut. Meine letzte Nacht in Neuseeland wollte ich mit der Frau verbringen, die ich vor drei Tagen noch sehr aufregend fand. Nur ist es auf Reisen so, dass in drei Tagen viel passiert. Unter anderem vergisst man Menschen. Ich habe sie nicht vergessen, sie ist nur in den Hintergrund getreten. Mit schmerzendem Penis steige ich aus dem Bus, sehe sie, wie sie an dem Halteschild steht und wartet. Als sie mich erkennt, beginnt sie zu lächeln. Ich ringe mir ein Lächeln ab.

Nicht nur, dass ich eine Geschlechtskrankheit habe, nicht nur, dass ich mit Aikiko nicht nackt in einem Bett herumliegen kann, hinzu kommt, dass ich mich schäbig fühle. Geschlechtskrankheiten sind ein Stigma, das meine Sexualität erschreckend wahllos erscheinen lässt, erschreckend hässlich fühle ich mich gerade. Mit tropfendem Penis, in der Mitte von Auckland. Ich entscheide mich, erst in Buenos Aires zum Arzt zu gehen. Aus dem einfachen Grund, weil ich mich nicht traue, Aikiko zu erzählen, dass ich krank bin und zum Arzt möchte. Ich will die Zeit lieber mit ihr verbringen.

Wir gehen zu ihr nach Hause, in eine kleine Wohnung im obersten Stockwerk eines Studentenwohnheims, Empire Building heißt es. Eine weiße Wohnung, die aussieht wie ein Schlafwagenabteil in einem Zug – alles ist funktional, alles ist wenig gemütlich.

»Kann ich mich kurz auf dein Bett legen?«, frage ich vorsichtig. Es dämmert schon und ich bin erschöpft.

»Selbstverständlich. Willst du was trinken?«

»Äh, nein danke«, sage ich, wieder weise vorausdenkend.

Ich lege mich auf das Bett, lasse mich erschöpft fallen. Aikiko setzt sich auf die Bettkante, ich spüre, wie sie mich beobachtet.

»Kann ich mich zu dir legen?«

»Ja«, sage ich und habe Angst, dass sie mit mir schlafen will. Ich weiß nicht, was ich tun würde, wenn sie meine Hose aufmacht, meinen Mund küsst. Sage ich dann: »Nein, lass das?«

Aber sie legt sich nur zu mir, legt ihren Kopf auf meinen Oberarm und ihre Hand auf meinen Bauch. Es ist, trotz des beschämenden Gesundheitszustands, schön. Ich entspanne mich und lege meine Hand auf ihren zarten Rücken. Sie hat einen zerbrechlichen Körper, wie eine Japanerin. Aber von der Erscheinung einer Europäerin. Ich höre sie leise ausatmen und spüre ihren warmen Atem an meinem Hals.

»Ich finde das gerade sehr schön«, sage ich.

»Ich auch.«

Ich spüre, dass sich unsere Münder nicht bewegen, während unsere Gedanken wild schreien. Nach außen hin ist es still, nach innen sehr laut. Sie wird denken: »Was kommt als Nächstes?«, und ich kann nichts anderes denken als: »Bitte nicht meinen Penis anfassen.«

Sie stützt sich auf ihre Ellbogen und blickt mich an, spitzt ihre Lippen. Küsst meine Stirn, ich schließe die Augen und würde sie gern leidenschaftlich über das Bett schubsen, aber ich kann nicht. Ich richte mich auf und küsse vorsichtig ihre Lippen, sie atmet aus. Wir spüren beide eine Vertrautheit, und es macht mich glücklich.

»Lass uns schlafen«, sage ich.

»Gut«, sagt sie enttäuscht.

Als ich am Flughafen meinen Pass abstempeln lasse, um das Flugzeug nach Buenos Aires zu besteigen, sind achtzehn Stunden mit Aikiko vergangen. Zweimal musste ich pinkeln, ich habe nichts getrunken, und wir haben uns viel geküsst. Wir waren uns sehr nahe, sind auf eine Insel gefahren, die Auckland vorgelagert ist, haben auf der Fähre nebeneinander, Händchen haltend, geschlafen. Ich habe ihr vertraut, sie hat mir vertraut. Ich wusste, wir wollten miteinander schlafen, aber wir haben es nicht getan.

»Ich habe drei Kondome dabei, ich dachte, wir würden Sex im Wald auf dieser Insel haben«, hat sie gesagt. Ich habe nur verlegen gelächelt und um Enthaltsamkeit gebeten.

Manchmal macht man so etwas, um die Spannung aufrechtzuerhalten, manchmal aber auch wegen einer unangenehmen Geschlechtskrankheit.

Sie hat mich zum Flughafen gebracht, wir haben uns geküsst, als wären wir ein liebendes Paar. Und jetzt stehe ich, mit ihrem Geschmack in meinem Mund, vor der neuseeländischen Einreisebehördedame. Ich reise weiter, ich werde Leah eine E-Mail schreiben, im Flugzeug. Ich muss sie wiedersehen.

Die Frau vor mir stempelt den Ausreisestempel in meinen Pass. Ich drehe mich um, sehe Aikiko hinter der Glasscheibe. Sie winkt mir zu, ich winke zurück.

BUENOS AIRES

Mit schlimmen Schmerzen im Unterleib erreiche ich Buenos Aires. Zwölf Stunden Flug, viermal bin ich auf die Toilette gegangen, viermal habe ich in den schmalen Toilettenspiegel geblickt und meine verzerrte Grimasse gesehen. Ich muss unbedingt zum Arzt, denke ich, und dabei habe ich wirklich Angst vor Buenos Aires und dem Nachfolgeziel Rio de Janeiro. Nicht nur einmal auf dieser Reise wurde ich vor diesen Städten gewarnt. Buenos Aires, da wird man überfallen, sie brechen nachts ins Hostel ein und halten dir eine Waffe an den Kopf, nur um an dein Geld zu kommen und an deinen iPod. Ich mochte die Vorstellung nicht, mit brennender Harnröhre, wimmernd vor Angst im Bett zu liegen und düsteren Verbrechern mein Geld in die Hand zu drücken.

Rio soll noch härter sein, arme Klebstoffkinder, die es an die Hosentaschen der reichen Reisenden zieht. Um es zusammenzufassen: Alles, was ich bis jetzt über diese beiden südamerikanischen Städte gehört habe, hat mit Verbrechen und Gewalt zu tun.

Aber zuallererst muss ich diese gewalttätigen Bakterien loswerden.

Ich stehe müde und verloren am Flughafen in Buenos Aires, seit über vierzig Stunden ist für mich Freitag, ich habe die Datumsgrenze überschritten und bin damit, irgendwie, in der Zeit zurückgereist. Zumindest auf dem Papier. Ich war nicht in der Lage, meine Flugzeit auszurechnen, soundso viele Stunden Zeitunterschied zu Neuseeland plus Sommerzeit abzüglich Flugzeit.

Im Kopf habe ich mich auf eine ungefähr 50-stündige Reise vorbereitet. Das war natürlich Quatsch.

Ich nehme ein Taxi und sage: »Dermatologist?«

Der Taxifahrer sieht mich seltsam an, zuckt mit den Schultern und fährt los. Er ist jung, vielleicht achtzehn Jahre alt. Und er spricht kein Wort Englisch, was ihn allerdings nicht davon abhält, tiefgründige Gespräche über sein Land mit mir führen zu wollen. Oder über seine Frau. Oder über seine Arbeit. Oder über dumme Touristen. Ich habe nicht die geringste Ahnung – ich spreche kein Spanisch.

Wir fahren auf breiten Straßen, die wie Brücken über die Stadt gebaut wurden, es ist heiß, mein Arm lehnt auf dem heruntergekurbelten Fenster, und ich versuche, mich mit dem Gestank des Nachmittagsverkehrs von meinem Penis abzulenken. Während ich zwanzigspurige Straßen passiere, warte ich darauf, dass wir an einer Ampel halten und kaltblütig ausgeraubt werden. Ich stelle mir vor, wie ich wegen des dann fehlenden Geldes nicht zum Arzt gehen kann und schließlich der einzige Mensch der Welt sein werde, der an einem Tripper stirbt. Oder sich umbringt, um den Schmerzen zu entkommen.

Als wir den Arzt erreichen, bezahle ich mit zitternden Händen, aus Angst vor dem, was gleich kommen mag. Mein Taxifahrer nickt mir freundlich zu, ich nicke zurück.

Verschwitzt und mit Flugmuff unter den Achseln stehe ich vor einem herrschaftlichen Haus. Die Stadt erinnert mich bisher an Paris. Die Häuser sehen ähnlich aus, sind aber viel kleiner. Mein Finger drückt auf einen goldenen Knopf, wie automatisch öffnet sich die Tür unter leisem Summen. Das erste Mal in Südamerika – ich bin ja auch noch nicht lange hier –, und bisher fühle ich mich sicher. Ich erkläre der nicht Englisch sprechenden Krankenschwester meine Symptome, sie sieht mich fragend an, gibt mir einen Zettel zum Ausfüllen und schickt mich in das leere Wartezimmer.

Knarzender Dielenboden, ein Kronleuchter und Flügeltüren. Seltsam, denke ich, so sehen Arztpraxen in Buenos Aires aus? Ich warte. Nichts passiert, ich höre den Straßenverkehr von draußen, es ist ein Rauschen wie vom Meer, meine Hände schweißnass zwischen meinen beiden Beinen. Ich blicke unsicher umher.

In Deutschland eine Geschlechtskrankheit zu haben ist schon schlimm genug, da sitzt man stundenlang in einem Wartezimmer, überall betretene Gesichter und die Einsicht: Ich hatte unverhüteten Sex. Aber wie ist das in Südamerika? Mein Name wird aufgerufen, und ich erschrecke kurz. Vielleicht ist das auch wie in dem Film *Der Marathon-Mann*, vielleicht ist das ein alter deutscher Naziarzt, der mir gleich meinen Schwanz abschneiden wird, um damit irgendwelche Experimente zu machen? Ich meine, Buenos Aires und alte Nazis, das wäre jetzt nicht unbedingt ungewöhnlich.

Als ich die buschigen Augenbrauen und das freundliche, südamerikanische Gesicht meines Arztes sehe, bin ich beruhigt. Kein Nazi, nur ein Arzt.

Er weist mich auf die Untersuchungsbank und fragt mich auf Englisch, was ich für Probleme hätte. Ich erkläre es ihm, ohne Umschweife. Keine Zeit für Geplänkel, denke ich erschöpft.

Ich weiß nicht, woran es liegt, aber Ärzten erzähle ich gern Geschichten, und während er die richtigen Utensilien sucht, erzähle ich diesem Arzt von meiner Reise, von Laura und dem unverhüteten Sex, von der Sorglosigkeit, von Küssen am Strand, er hört mir aufmerksam zu. Dann sagt er: »Bitte mal die Hose herunterziehen, das könnte kurz ziepen.«

»Wie, kurz ziepen?«, frage ich.

Er holt hinter seinem Rücken eine Art Pfeifenreiniger hervor. Ich erschrecke.

»Was machen Sie damit?«, will ich wissen.

»Ich werde einen Abstrich aus Ihrer Harnröhre machen«, erklärt er mir, als wäre es das Normalste der Welt. Für ihn ist es das vielleicht auch, für mich steht es auf der Liste der absurden Alpträume etwa an sechster Stelle. Kurz hinter nackt in der Schule sitzen und mit der eigenen Mutter schlafen.

Ängstlich kralle ich mich in der nicht unbedingt hygienischen Leinendecke auf der Untersuchungsbank fest. Er nimmt meinen Penis, der sehr klein geworden ist, zwischen seine Finger und steckt ein Stäbchen hinein. Ohne Handschuhe. Das wundert mich ein bisschen, aber ich bin ja auch nicht im Vivantes-Klinikum, ich bin in Buenos Aires.

»Haben Sie keine Angst, dass ich irgendwelche anderen Krankheiten habe?«, frage ich ihn.

»Nein, Sie sind ein Tourist«, antwortet er.

»Sie haben kein Aids oder so was, das sehe ich.« Ich vermeide ein Gespräch über die Prädiagnostik von Aids durch lediglich augenscheinliche Beobachtungen.

»Au«, sage ich und untertreibe damit.

»Das war es schon«, sagt der Arzt mit einem zufriedenen Gesicht. Ich fühle mich missbraucht. Er dreht sich um, geht in ein anderes Zimmer und kommt kurze Zeit später wieder.

»Sie haben einen Tripper«, sagt er liebevoll. Das war mir von vornherein klar gewesen.

»Ist nicht weiter schlimm, hier nehmen Sie dieses Antibiotikum für vierzehn Tage. Vier Stück am Tag, immer vor dem Essen. Gegen den Schmerz verschreibe ich Ihnen noch ein Mittel, aber in drei oder vier Tagen sollte der Spuk vorbei sein.«

Er sagt es in einem Ton, in einer mitfühlenden Art, als wäre ich sein Sohn. Als hätte ich einen Schnupfen.

Und weil ich meine Familie so lange nicht gesehen habe, würde ich ihn sofort in den Arm nehmen. Aber er ist ein Arzt, und ich habe einen Tripper. Ich werde ihn nicht anfassen. Das wäre wohl eine Überschreitung der Grenzen, denke ich und bin trotzdem zufrieden.

Ich nehme eine Schmerztablette, verlasse die Praxis und stehe auf der Straße, irgendwo in Buenos Aires. Ich höre in mich hinein, ob der Schmerz nachlässt, vertraue aber grundsätzlich auf die Tabletten.

Ich setze mich in ein Café, bestelle einen Milchkaffee und bin trotzdem unruhig. Ich habe nichts anderes mehr im Kopf als sie. Das ist so billig, denke ich. Ich trage das diffuse Bild weiter, wie es sein könnte, wenn ich nun mit ihr, mit Leah, in Buenos Aires wäre. Ich vermisse sie immer stärker. Immer mehr. Ich habe mich noch nicht bei ihr gemeldet. Ich werde es aber noch tun. Ich werde ihr schreiben.

Ich mache eine wesentliche Feststellung: Ich habe nicht nur die Angst vor den Frauen verloren, ich habe nicht nur festgestellt, wie unwichtig diese Wette geworden ist, ich habe die Angst vor allem verloren. Die Einsamkeit am Anfang der Reise, vor der ich mich so gefürchtet habe, ist verschwunden, ist jetzt einem aufregenden Gefühl gewichen. Die Einsamkeit wurde ersetzt durch Wissensdurst, Neugier.

Ich bin glücklich, trotz Penisschmerz, trotz rasanten Liebeskummers wegen Leah, wegen Aikiko, wegen anderer Frauen, die nun nur noch Freunde bei Facebook sind, aber keine Freunde im echten Leben.

Meine Sorgen bewegen sich in einem kleinen Rahmen. Während ich zu Hause, in Berlin, ein Kind, eine Frau, Ruhe und Langeweile wollte, habe ich auf dieser Reise gelernt, nichts mehr zu wollen, sondern nur noch zu suchen. Wo schlafe ich heute Nacht, wie viel ist die Abhebegebühr, was kostet ein Essen. Essenzielle Sorgen auf einer Reise, die immer ruhiger wird. Und etwas Neues ist dazugekommen. Aber es fühlt sich an wie eine Bereicherung.

Während ich das denke, rauche ich, strecke meine Beine aus und trinke noch mehr Kaffee. Selbst die angsterfüllte Frage, wo werde ich schlafen, scheint wie verschwunden. Vielleicht liegt es aber auch daran, dass ich im *Lonely Planet* von einem Hostel am Ende dieser Straße gelesen habe. Milhouse Hostel oder so ähnlich.

Ich bezahle, nehme mein Gepäck und spaziere entspannt zum Ende der Straße.

Das Erste, was mich verwundert, ist eine Klingel an der Tür, nur ein kleines Schild weist darauf hin, dass sich in diesem Haus ein Hostel befindet. Normalerweise, im Rest der Welt, sind Hostels, im Gegensatz zu Hotels, laute, offene Gebäude, aus denen verkaterte junge Menschen wanken, von denen eine gewisse Lebensfreude ausgeht. Hier ist das nicht so. Das Nächste, was mich nicht mehr nur verwundert, sondern verunsichert, ist ein dicker Securitymann, der mir öffnet.

»Check-in da drüben«, brüllt er mir in mein freundliches Gesicht.

»Aha«, sage ich mit eingezogenen Schultern.

Die Schmerzmittel haben bereits zu wirken begonnen. Ich kann wieder pullern und sitze demnach mit noch friedlicherem Gesicht vor einer schönen Rezeptionistin. Sie blickt mich so streng an, als hätte ich nicht nach einem Zimmer, sondern nach Geld gefragt. Überhaupt ist das Hostel alles andere als freundlich, ich stelle mir so einen Bunker vor, der vor Atombomben schützen soll. Ein großer Gemeinschaftssaal, grün dekoriert, weil wohl morgen St. Patrick's Day ist oder irgendein anderes irisches Fest. Die Leute dösen mit den Köpfen auf den Tischen. Es riecht nach Rauch, das Deckenlicht taucht alles in einen unangenehmen Gelbton, ich fühle mich trotzdem wohl.

»Ich brauche ein Bett im Schlafsaal«, sage ich selbstbewusst. Auch das hat sich geändert. Am Anfang habe ich noch in Hotels gewohnt, weil Schlafsäle für mich Armut bedeutet haben, heute sind Schlafsäle das Facebook der Realität, hier lernt man Menschen kennen, knüpft Freundschaften, man zeigt sich Fotos und Frauen, die man erobert hat. Hier postet man seinen Status in Echtzeit, während die anderen auf ihren Betten sitzen und grinsend zuhören. Ich ziehe den Schlafsaal mittlerweile der Suite vor.

Wortlos drückt sie mir einen Schlüssel in die Hand, sie ist hübsch, denke ich, als sich unsere Finger berühren, während ich ihr das wenige Geld für vier Übernachtungen in die Hand drücke. Aber nicht hübscher als sie, die Neue in meinem Leben. Für einen kurzen Moment halte ich inne. Fühle mich irre, habe das Gefühl, ich stalke in Gedanken einer Frau hinterher, die davon nichts weiß. Nichts wissen kann.

Und während ich die nächste schöne Frau sehe, frage ich mich, was die Schönheit von Leah für mich bedeutet. Nichts, wirklich nichts, und ich muss mich nicht mal belügen. Es verblasst, wie sie aussieht, es wird weniger wichtig. Wie sie sich anfühlt, ihr sanfter Körper. Viel mehr erinnere ich mich an ihren Geruch, wie ihre Hände in meinem Haar lagen und auch, ja, die unerfüllte Sehnsucht, mit ihr zu schlafen. Ich erinnere mich daran, dass ich mich zum ersten Mal seit Jahren aufgehoben fühlte.

Sie ist klein, vielleicht einen Meter sechzig, hat schwarze Haare, die eigentlich Locken sein wollen, aber vermutlich jeden Morgen mit einem heißen Stab zu glatten Haaren gemacht werden. Sie ist nicht dick, aber kräftig, kompakt sagt man wohl, wenn man nett sein möchte. Aber ihr Gesicht ist von außerordentlicher Schönheit, helle Haut, mit fein gezeichneten Wimpern und einem kräftigen roten Mund.

Kein Lippenstift, der Mund ist tatsächlich so rot. Er wirkt fast pornographisch, ihre Lippen sehen aus wie zwei Kissen, die man mit dem Finger sanft eindrücken kann. Ihre Augen sind groß und schwarz, eine kleine Nase, die jetzt, hier am späten Nachmittag in Buenos Aires, etwas glänzt. Das ist zu entschuldigen, es sind immerhin 30 Grad. Während ich sie beobachte, steht sie auf, dreht sich weg und sagt: »Folge mir, ich zeige dir dein Zimmer.«

Ich kann sie riechen, sie riecht gut, und vor allem sehe ich ihren enormen Busen, ihre schmale Taille. Ich will mit dem schlechtgelaunten, schwarzhaarigen, großbusigen Mädchen Zeit verbringen, einfach Zeit. Unschuldig. Glücklicherweise muss ich nicht nach ihrem Namen fragen, den trägt sie als Schildchen auf ihrer rechten Brust.

Isabel.

Ein Tag ist vergangen, Isabel weiß, wie ich heiße, und ich kenne ihren Namen, ohne dass wir uns vorgestellt haben. Es ist St. Patrick's Day. Männer mit grünlackierten Fingernägeln trinken grünes Bier, es ist entsetzlich. Feiertage für Männer sind immer mit Bier verbunden, und ich muss Gin Tonic trinken, weil ich Bier immer noch hasse. Der Gin Tonic ist allerdings auch grün gefärbt, und somit falle ich nicht unangenehm auf. Ich sitze in einer Gruppe Israelis, die genauso wenig mit irischer Sauf- und Feierkultur anfangen können wie ich.

Wir reden über die heiße Rezeptionistin.

»Die hat ziemlich geile Titten«, sagt einer der Israelis.

»Ja, schon, aber ich glaube, die hat Haare in der Arschritze«, sagt der nächste.

»Warum?«, will ich wissen.

»Guck dir mal ihre schwarzen Haare an.«

»Stimmt.«

Wir schweigen.

»Aber sie bläst bestimmt gut mit diesem Mund«, wendet der Erste wieder ein. Wir nicken alle still und lüstern. Die Stille wird erst unterbrochen, als einer fragt, woher ich komme.

»Aus Deutschland.«

Das lüsterne Schweigen wird zu betretenem Schweigen.

»Dein Opa hat meinen Opa im KZ verprügelt«, sagt einer scherzhaft.

»Nee, kann nicht sein, mein Opa saß auch im KZ«, sage ich. Wir lachen.

Wir reden über den Holocaust. Betrunken und fröhlich, ohne Angst. Ich mag dieses Gespräch, es erinnert mich an Israel. Ich mag diese Offenheit. Ich mag die Fragen. Ich fühle mich wohl, obwohl das Thema nicht unbedingt die logische Folge eines Tittengesprächs ist. Aber als Männer funktionieren wir eben sehr ähnlich, deswegen interessieren wir uns neben der grusligen Geschichte meines Landes auch für Brüste.

Isabel tritt an unseren Tisch und fragt giftig, ob wir noch etwas trinken wollen.

»Wir wollen, dass du gute Laune hast«, sagt wieder einer, grinst verlegen und bestellt, nachdem Isabel »Fick dich« geantwortet hat, ein grünes Bier.

»Ich will noch einen Gin Tonic«, sage ich.

Sie sieht mich an, länger als die anderen. Sie blickt an mir herunter und zeigt mit ihrem Finger auf meine Schuhe.

»Ich mag deine Schuhe.«

»Ich weiß, ich mag sie auch.«

»Arrogant bist du.«

»Weil ich meine Schuhe mag?«

»Weil du sagst: ›Ich weiß.‹«

»Aber warum sollte ich sie tragen, wenn ich sie nicht mögen würde?«

»Stimmt«, sagt sie betont gelangweilt, dreht sich noch bewusst gelangweilter von unserem Tisch weg und geht davon.

Ich habe versucht, ebenso grimmig zu wirken wie sie. Und offensichtlich funktioniert es. Als sie sich umdreht und geht, sehe ich sie trotz des kleinen Schauspiels lächeln. Ich bin zufrieden.

Das Hostel füllt sich mit Menschen. In Buenos Aires wird viel ausgegangen und gern gefeiert, und selbst der irische St. Patrick's Day ist Anlass genug, dass die ganze Stadt auf den Beinen ist. Ich erfahre von einer betrunkenen Irin, die sich neben mich gesetzt hat, dass es hier die größte Parade außerhalb Dublins gibt. Ich mag die Frau nicht sonderlich, sie ist sehr besoffen. Ihre schmalen Augen rollen herum, sie rutscht unruhig auf ihrem Stuhl umher. Als würde ihr Po jucken.

Sie ist mindestens 35 und hat eine riesige Warze an der Wange, und während sie mir irgendwas erzählt, über ihre Heimat und über Männer im Allgemeinen, muss ich unablässig ihre Warze beobachten, sie wackelt, wenn sie lacht. Ich spüre, wie sie mich beobachtet, und ich spüre, wie sie mich küssen will. Das ging schnell, denke ich.

Sie redet weiter, ein feiner Film aus Bier und Spucke hat sich bereits auf meinen Unterarm gelegt. Sie hat eine feuchte Aussprache. Ich mache einen abweisenden Witz darüber, habe aber keinen Erfolg. Im Augenwinkel beobachte ich Isabel, wie sie unzufrieden Biere an Tische bringt, sich auf den Busen starren lässt. Sie fühlt sich unwohl. Sehr. Ich mich auch. Am liebsten wäre ich mit Leah zusammen und weit weg, am wichtigsten ist mir jedoch, dass ich von dieser Irin wegkomme und überhaupt von den sich anbahnenden Sauf- und Fickgeschichten verschont werde, und vielleicht finde ich mit Isabel ein ruhiges Eckchen.

Plötzlich beugt sich die Warzenfrau nach vorn, sie kommt meinem Gesicht gefährlich nahe. Es gelingt mir nicht, mich rechtzeitig nach hinten zu beugen, kurz vor meinem Mund bleibt sie stehen, wartet eine Sekunde und drückt mir dann einen leidenschaftlichen Bierkuss auf den Mund. Ich erschrecke, stoße mein grünes Getränk um und spüre, wie ihre Zunge in meinen Mund spaziert, als wäre er eine Sehenswürdigkeit in Buenos Aires. Ich erschrecke noch mehr, als sie meine Hand nimmt und zwischen ihre Beine legt. Sie ist feucht, und mir wird zunehmend schlechter.

Ich habe meine Augen immer noch geöffnet und sehe Isabel, wie sie mich und die Warze beobachtet. Ich setze entsetzt ab.

»Ähm, sorry, das geht nicht.«

»Warum?«, lallt die Irin.

»Da hinten steht meine Freundin.« Ich zeige auf Isabel, die erkennt, dass ich irgendetwas über sie erzähle. Sie hebt ihre Hand, und ich sehe das internationale Erkennungszeichen der Abneigung: einen Stinkefinger.

»Jetzt ist es wohl nicht mehr deine Freundin«, sagt die Irin und spitzt wieder ihre feuchten Lippen. Ich schiebe sie von mir.

»Doch!«, sage ich bestimmt.

»Du kannst mich ficken, wenn du willst«, sagt sie so nebenbei, als würde sie mir erklären, dass Irland ein schönes Land ist.

»Ich will dich aber nicht ficken.«

»Schade«, sagt sie schmollend und schließt dabei ihre Augen, um wieder zu einem Kuss anzusetzen.

Ich stehe auf, drücke mich vorbei an den vielen Menschen, die nach Schweiß und Freude riechen, gehe auf Isabel zu, lege ihr meine Hand auf die Schulter. Sie dreht sich um.

»Hast du ein Problem?«, will ich wissen.

»Nein.«

»Warum hast du dann böse geguckt?«

»Ich dachte kurz, du seist irgendwie anders.«

»Anders?«

»Ja, anders.«

Es ist der nächste Morgen, ich habe einen entsetzlichen Kater. Ich erinnere mich daran, dass die Warzenfrau mir noch mehrere Male in die Hose fassen wollte. Ich erinnere mich auch daran, dass ich Isabel gesagt habe, sie solle meine Freundin sein. Ich wollte diese Frau aus Irland nicht küssen, und Isabel musste mir dabei helfen. Sie lächelte erneut, als ich ihr das Spiel vorschlug. Sie sagte: »Wenn ich deine Freundin sein soll, müssen wir uns dann auch küssen?«

»Nein«, habe ich geantwortet.

»Es reicht, wenn du ab und zu neben mir stehst und ich dir in die Hüfte fassen darf.«

»Okay, das kannst du machen.«

Ich merkte, dass wir uns nicht unsympathisch waren.

Von diesem Zeitpunkt an stellte sie sich alle zwanzig bis dreißig Minuten neben mich und drückte mich an ihren großen, festen Busen. Ich erinnere mich, dass ich immer betrunkener wurde und irgendwann sogar die irischen Lieder mitgesungen haben. Ich hatte unschuldigen Spaß, schlenderte zu der Gruppe Israelis, um einen jüdischen Witz zu hören, und dann zu Isabel, um ihr in die schöne Hüfte zu greifen. Jedes Mal, wenn ich das tat, senkte sie ihren Blick. Ich wusste, ich wollte sie nackt sehen.

Und ich wusste jetzt, fast am Ende meiner Reise, es sollte kein Problem mehr sein, irgendwen irgendwann nackt zu sehen. Es sollte sich nur noch besonders anfühlen.

Ich finde einen Zettel in meiner Hosentasche, Isabel hat ihn mir geschrieben. Auf ihm fragt sie, wo wir uns treffen, zur Fortsetzung unseres Beziehungsspiels.

Ich habe eine Verabredung, vielleicht auch ein Date. Aber ich kann mich nicht erinnern, darüber mit ihr gesprochen zu haben. Ich kann mich eigentlich überhaupt nicht daran erinnern, wie ich in mein Bett gekommen bin. Ich erschrecke mich, als ich vor dem Badezimmerspiegel stehe. Nicht nur, dass ich nicht weiß, wie ich in mein Bett gekommen bin, ich weiß auch nicht mehr, wann ich mir grünen Lippenstift aufgetragen habe und wer mir dieses Kleeblatt auf die Stirn gemalt hat.

Ich rasiere mich zum ersten Mal seit langem wieder, ich will heute Abend gepflegt aussehen. Ich habe mich verändert, mein Gesicht ist schmaler geworden, meine Augen sanfter, die ernsten Falten sind kaum mehr zu erkennen, mein Kinn ist kantig, meine Hände sind warm, während ich mir Creme ins Gesicht schmiere. Meine Lippen sind kräftig und dunkelrot. Ich sehe trotz des Besäufnisses gestern Abend gesund aus und zufrieden, mein Gesicht zeigt, wie ich mich fühle. Das Weiß meiner Augen sieht sauberer aus als für gewöhnlich, meine Pupillen bewegen sich wach und aufmerksam. Meine kurzen Haare sind länger geworden und heller. Dunkelblond, fast. Eitel bin ich gerade, während ich mir mit einer Pinzette, die ich im Duschraum gefunden habe, die Nasenhaare zupfe.

Sie trägt ein enges Kleid. Ihr Busen ist nach oben geschoben. Sie hat makellose Haut. Ihr Rücken ist frei, ich erkenne, nachdem sie sich umgedreht hat, einen hellen Flaum auf ihrer Wirbelsäule. Sie weiß, dass ich sie beobachte, Stein, aus Berlin, würde sagen, sie hat einen Hintern aus Zement.

Sie erklärt mir den Abend.

»Erst gehen wir in ein Restaurant.«

»Was werden wir essen?«

»Steak natürlich!«

»Okay.«

»Dann treffen wir uns mit Freunden in einer Wohnung, dann trinken wir was, und später gehen wir tanzen.«

»Wann ist später?«, will ich wissen.

»So gegen drei.«

»Gegen drei?«

»Ja?«

»So spät?«

»Ja, musst du morgen arbeiten?«

»Nein.«

Buenos Aires bei Nacht ist anders als am Tag. Die Temperatur ist erträglich, die Menschen sitzen in den Cafés auf den Straßen, essen ölige Speisen und mit Ei gefüllte Blätterteigbrötchen. Sie trinken Bier aus riesigen Flaschen. Jeder trinkt Alkohol. Überall. Die Häuser sind beleuchtet und strahlen ihren Jugendstil auf die Straße. Die Menschen wirken ausgelassen und glücklich. Die Armut der Stadt ist in der Dunkelheit nicht zu erkennen, niemand will das jetzt sehen.

Isabel nimmt, während wir auf dem Weg zu ihren Freunden sind, meine Hand. Ich denke nicht mehr darüber nach und streichle ihren kleinen Daumen, während wir laufen. Unser Spiel vom Vorabend ist bereits Normalität geworden.

»Warte«, sage ich, als sie auf den Klingelknopf zur Wohnung ihrer Freunde drücken will. Sie dreht sich um, steht vor mir, ist viel kleiner als ich. Ich trete auf sie zu. Beuge mich vor. Schließe meine Augen.

Ich spüre nicht ihre großen, weichen Lippen, sondern einen kleinen Finger, der sich auf meinen Mund legt.

»Noch nicht«, sagt sie lächelnd. »Wir Frauen in Buenos Aires sind nicht so leicht zu bekommen«, erklärt sie mir.

»Wie, was, das will ich genau wissen«, sage ich und versuche meine peinliche Berührtheit damit zu überdecken.

»Na ja, in Argentinien muss der Mann um eine Frau kämpfen, wir sagen hier oft ›Nein‹, meinen aber häufig ›Ja‹. Er muss immer und immer wieder buhlen und kämpfen. Ich mag dieses Spiel nicht, aber ganz dagegen wehren kann ich mich auch nicht.«

»Danke, dass du mir das erzählst. Also war das eben kein Korb?«

»Nein.«

Als sie nein sagt, stellt sie sich auf ihre kleinen Zehenspitzen und küsst mich. Ihre weichen Lippen sind wie ein Kissen, das ich als Kind auf mein Gesicht gelegt habe, um mich nicht zu fürchten. Sie küsst perfekt, denke ich zum zweiten Mal auf dieser Reise. Ihre Lippen sind groß, aber fest, ihre Zunge ist unaufdringlich, ihr Mund schmeckt nach Minze, Zigaretten und Eibrötchen. Klingt nicht gut, ist es aber. Ihr Kuss ist so, wie Buenos Aires mir erscheint. Gefährlich und doch vertraut.

Innerhalb kürzester Zeit habe ich mich an die Stadt gewöhnt, und innerhalb von Sekunden habe ich mich an Isabels Lippen gewöhnt. Sie küsst weiter, ihr Finger liegt unter dem Klingelknopf. Ich drücke sie an die Tür, sie atmet leise aus, ich traue mich nicht, ihren Busen anzufassen. Will es aber. Eigentlich wollte ich spielen, aber dafür ist keine Zeit.

Wir küssen uns immer noch. Einfach nur küssen, nichts anderes.

»Wow«, sagt sie.

»Ja«, sage ich.

Sie klingelt. Wir gehen beide die Stufen zur Wohnung ihrer Freunde hinauf, ich lege meine Hand auf ihren festen Po, sie kichert. Ich küsse ihren nackten Rücken, spüre die Härchen auf meiner Lippe. Sie atmet schwer aus. Und dann betreten wir die Wohnung ihrer Freunde und unterbrechen die Suche unserer gegenseitigen Nähe für zwei Stunden.

In diesen zwei Stunden sitze ich ungeduldig auf dem Boden, alle reden Spanisch, Freundinnen kichern Isabel zu, blicken mich dabei an, es klingt, als würden sie alle Mentholbonbons lutschen und dann die Wörter durch ihren frischen Atem drücken. Niemand spricht Englisch, ich verstehe kein Wort. Deswegen langweile ich mich schnell. Ich stehe auf, tippe mit meinem Finger am Bücherregal entlang, gehe in die Küche, esse noch mehr ölige Speisen, und weil ich mich so langweile, versuche ich mich an einem Riesenbier. Und scheitere. Nach neunzig Minuten habe ich gerade ein Glas getrunken, neben mir steht immer noch fast ein Liter Bier und ich renne ständig zum Klo.

Kurz bevor wir gehen, signalisiert mir Isabel, dass ich in die Küche kommen soll.

»Wenn du mich küssen willst, sei vorsichtig, mein Exfreund ist da, er ist sehr eifersüchtig.«

»Gut, dass du mich warnst, ich kann es kaum erwarten, dich wieder zu küss… Au!«, rufe ich plötzlich.

»Au?«

»Ja, au. Mein Bauch.« Ich habe auf einmal schreckliche Magenkrämpfe.

»Was ist los, Thilo?«, will sie wissen.

»Ich weiß es nicht.«

Im gelben Licht der Straßen sehe ich, wie die Stadt sich verändert, die herrschaftlichen Häuser verwandeln sich in hässliche, riesige Plattenbauten. Tausende Fenster, vor denen Abermillionen Schlüpfer im lauen Nachtwind trocken. Ich liege im Taxi. Mein Kopf in Isabels Schoß, sie sieht unglücklich zu mir nach unten. Streichelt meine feuchte Stirn.

»Was ist los?«, fragt sie.

»Ich glaube, es ist das Antibiotikum. Ich hatte eine kleine Infektion«, untertreibe ich. Auch wenn es mir schlechtgeht, muss ich ihr ja nicht erzählen, dass ich mit einem Tripper eingereist bin.

An Kreuzungen hält der Taxifahrer nicht, er fährt durch, was mich verwundert.

»Es ist nicht so gut, hier zu halten«, erklärt mir Isabel.

»Warum?«

»Ach, an Kreuzungen werden wir gerne mal überfallen. Taxi bedeutet Geld.«

Ich richte mich auf, sehe aus dem Fenster. Sehe abgerissene Gestalten am Straßenrand, die vermutlich Heroin nehmen.

»Ich habe ein bisschen Angst«, gebe ich zu.

»Brauchst du nicht, ich pass auf.« Ich glaube ihr.

Ich liege in Isabels Bett, in einem kleinen Zimmer am Rande von Buenos Aires. Hier sieht es anders aus als in der Innenstadt. Isabel liegt neben mir, ihre Eltern schlafen nebenan. Sie hat mir einen Kamillentee gebracht und eine Wärmflasche für meinen Bauch.

Ich weiß, dass ich fiesen Durchfall von dem Antibiotikum bekommen werde, ich komme mir vor wie Spud aus *Trainspotting*.

Isabel bleibt wach, sie sitzt auf einem Stuhl, neben dem Bett, sie streichelt abwechselnd meinen Kopf, dann meinen Bauch, der gefährlich blubbert. Mir geht es nicht schlecht, aber ich habe eben Bauchschmerzen. Bauchschmerzen sind wie Kopfschmerzen, man kann damit leben, aber Freude hat man vorübergehend keine mehr.

»Es tut mir leid, dass ich dir unseren Abend versaut habe«, sage ich.

»Ist nicht schlimm.« Sie küsst meinen Mund. Ob man nach Durchfall aus dem Mund riechen kann? Ich küsse zurück, ohne eine Antwort auf diese Frage zu haben.

Sie streichelt mich, als wäre ich ihr Kind. Ich fühle mich – zugegebenermaßen irgendwie ödipal – zu ihr hingezogen. Sie rettet mich. Ich weiß, es würde mir wirklich schlechtgehen, wenn ich jetzt allein im Hostel liegen würde.

»Danke, dass du da bist.«

»Meinst du, ich kann mich zu dir legen?«

»Ja, lass mich aber erst Zähne putzen«, sage ich und meine damit eigentlich auf Toilette gehen.

»Klar.«

Als ich wiederkomme, liegt sie nackt auf dem Bett. Sie hebt die Bettdecke, holt mich unter sie, deckt uns beide zu. Ich lege meinen Kopf auf ihren großen Busen, sie streichelt durch mein kurzes Haar. Ich höre es knistern. Ich küsse ihre Brust. Sie atmet schwer.

»Nicht«, flüstert sie.

»Ich weiß, ich kann eh nicht«, flüstere ich zurück. »Darf ich meine Hand zwischen deine Beine schieben, während ich einschlafe?«

»Na gut.« Sie dreht sich zur Seite, ich klemme mich hinter ihren kleinen Körper. Die Wärmflasche brauche ich nicht mehr, sie wärmt mit ihrem Po meinen Bauch. Das reicht.

Ich genieße diesen Moment, und eigentlich müsste ich dem Tripper und dem Antibiotikum dankbar sein. Ich schlafe ein, eine Hand auf ihrer Brust, die andere Hand in ihrem Schoß.

Sie drückt sich fest in mich.

Vertraut.

Und unten auf der Straße schießt jemand auf irgendwas oder irgendjemanden. Ich höre Reifen quietschen.

»Mach dir keine Sorgen, wir sind hier sicher«, ist das Letzte, was sie mir zuflüstert, während sich ihr Atemrhythmus verlangsamt.

»Schlaf gut«, sage ich. Sie schläft schon, ich sehe vor dem Fenster ihre Schlüpfer auf einem Drahtgestell in der Nachtluft wedeln.

Am nächsten Morgen geht es mir besser, viel besser. Sie steht vor dem Bett, ich liege noch, meine Hand auf dem Bauch, einen Arm unter dem Kopf. Ich beobachte sie, wie sie mich mustert.

»Du bist ein bisschen dünn«, sagt sie.

»Ja, ich bin viel gereist, da nimmt man ab, schnell und viel.«

»Dann sollte ich auch mal reisen.«

»Warum, denkst du, du bist dick?«

»Na ja, hier und da könnte ich schon ein wenig abnehmen«, sagt sie und pikt mit den Fingern in ihre Hüfte.

Ich finde das sehr lustig in diesem Moment, springe auf und will mich duschen.

»Wo kann ich mich duschen?«, frage ich.

»Halbe Treppe runter«, sagt sie. Das erinnert mich an Erzählungen meiner Eltern. Verrückt, denke ich. Sie gibt mir Pflegemittel und einen Kuss auf meine Schulter, ihre weichen Lippen schmiegen sich an meine neuen Schultermuskeln. Ich schließe die Augen und drücke ihren Kopf an meine Brust. Wir bleiben einen Moment so stehen, ich blicke aus dem Fenster, vorbei an ihren Slips, auf eine enorme Grünfläche. Kinder spielen Fußball, der Sonne nach muss es Mittag sein. Auf der Straße keine Spuren einer Schießerei. Ich bin beruhigt, ich hatte Angst, ich würde am Morgen die Kreideumrisse eines Erschossenen auffinden.

»Was machen wir heute?«, frage ich, als ich mit nassen Haaren wieder in ihrem Zimmer stehe. Den Rest der Wohnung traue ich mich nicht zu erkunden, ich höre spanische Stimmen aus den anderen Zimmern, ein vollgestellter Flur, dunkle Ecken, und ab und zu bellt ein Hund. Es ist keine Wohnung, in der man sich wohl fühlt, eher ein Ort, an dem arme Menschen notdürftig leben. Jede Zimmertür hat ein Schloss, nicht wie bei uns zu Hause Schlösser, die man als Kind mit einem Schraubenzieher aufgemacht hat, damit man nach der Schule heimlich *Alf* gucken kann, nein, richtige Schlösser, die rattern und klacken, wenn der Schlüssel umgedreht wird.

»Wir spazieren durch Buenos Aires, würde ich sagen.«

»Okay.«

Wir laufen Hand in Hand durch den schönen Teil von Buenos Aires, durch Straßen, die aussehen, als wären sie eigentlich aus Paris und würden hier nur kurz Urlaub machen. Ich frage Isabel, ob es ein Staatsmuseum gibt, sie nickt, ruft ein Taxi herbei, und wir fahren zu einem großen Park, dem das Museum angeschlossen ist.

»Warum willst du das sehen?«, fragt sie mich.

»Na, in Deutschland gehen auch alle ins Museum, um sich die Geschichte des Landes anzusehen. Eure Geschichte ist doch ebenfalls ziemlich wild, ziemlich spannend.« Sie nickt und scheint mein Interesse zunächst nachvollziehen zu können.

Wir gehen gemeinsam durch die Ausstellung, ich lerne, wie Buenos Aires groß geworden ist, sehe Hunderte Fotos von spitzbärtigen Männern. Isabel läuft zumeist still neben mir, übersetzt mir die Tafeln, die ausschließlich auf Spanisch sind, und erklärt mir die Zusammenhänge. Das Museum ist leer, niemand da außer uns beiden. In einem Raum voller Porzellanmünzen stelle ich mich hinter sie, küsse ihren Nacken, sie legt ihren Kopf zur Seite, zeigt mir ihren Hals. Meine Hand liegt auf ihrem Bauch, die andere am Gummizug ihres Rockes. Sie drückt ihren Po gegen mein Becken, steht dabei aber, aufgrund ihrer Größe, auf Zehenspitzen. Sie hat die Augen geschlossen, und ich habe einen Steifen. Sie bemerkt es. Ihr großer Busen unter meiner Hand. Würde jetzt jemand in den Raum kommen, sähe es aus, als würden wir extrem langsam Lambada tanzen. Ich schiebe meine Hand zwischen ihren Rock und Bauch, aber über dem Slip. Sie stöhnt leise, dreht sich um und küsst mich mit ihren großen, weichen Lippen. Ich atme in ihrem Mund aus, stöhne ein wenig, muss dabei nicht mal schauspielern und fasse ihren Po an. Zement, denke ich wieder. Ich setze ab, nicht, weil ich nicht weitermachen möchte, sondern, weil ich eine Frage habe.

»Das hier ist doch der letzte Raum, ich habe das Gefühl, hier fehlt ein wesentlicher Teil der Geschichte. Was ist mit Allende und diesem Typen, der geputscht hat, wie heißt der?«

»Jorge Rafael Videla«, sagt sie enttäuscht, ich glaube, sie dachte, ich unterbreche, um etwas anderes zu fragen.

»Es wurden doch Tausende politische Gegner umgebracht und gefoltert, warum findet man im staatlichen Museum für Landesgeschichte nichts darüber?« Isabel zuckt noch enttäuschter mit den Schultern.

»Warte mal kurz«, sage ich und gehe zu einem der gelangweilten Wärter am Ausgang.

»Wo finde ich denn Informationen zu Jorge Rafael Videla und den Foltertaten?«, will ich wissen und frage auf Englisch.

»Ich spreche kein Englisch«, antwortet der Mann auf Spanisch.

»Ich spreche kein Spanisch«, sage ich auf Spanisch.

Isabel steht hinter mir und schüttelt mit dem Kopf. Sie drückt sich an mir vorbei und fragt den Mann, was ich wissen will. Er antwortet auf Spanisch, ich erkenne an seinem Gesicht, dass ihm das Gespräch unangenehm ist. Er will darüber nicht reden, kleine Schweißperlen bilden sich auf seinem Gesicht. Isabel dreht sich zu mir und erklärt, was ich vermutet habe: »Sie haben hier keinen Raum, in dem es um die Verbrechen der argentinischen Regierung geht«, sagt sie.

»Warum?«, frage ich.

Sie fragt wieder den Mann. Er wirkt wütend.

»Er will darüber nicht reden, aber er meinte, es gebe ein Museum dafür.«

»Wo?«, fragt sie ihn auf Spanisch. Er hebt seinen Finger und zeigt aus der Tür, in eine unbestimmte Richtung.

»Irgendwo da«, sagt Isabel lachend.

Er will ganz offensichtlich nicht, dass wir uns das Museum ansehen.

Wir verlassen gemeinsam das Museum. Wir sind beide enttäuscht – sie, weil ich Sex gegen Politik eingetauscht habe, und ich, weil ich nichts darüber in Erfahrung bringen konnte, was hier mal wirklich passiert ist.

»Was wollen wir als Nächstes machen?«, will ich schon wieder wissen und denke, dass ich mit meinem Fragespiel vermutlich wie ein Viertklässler auf Klassenfahrt klinge.

»Ein Steak essen?«

»Du machst Witze, oder? Wir haben gestern zwei Steaks gegessen und heute schon wieder? In Deutschland esse ich vielleicht dreimal im Jahr ein Steak. Ich kann doch nicht in zwei Tagen drei Steaks essen.«

»Vier. Wir gehen doch heute Abend bestimmt auch wieder essen, oder?« Ich freue mich, dass wir offensichtlich noch den Rest des Tages miteinander verbringen werden, fürchte mich aber auch vor den Fleischmengen, die ich noch zu mir nehmen soll. Ich stelle mir vor, wie ich möglicherweise Leah wiedersehe und einen unansehnlichen Fleischbauch vor mir herschiebe. Während wir das Museum hinter uns lassen, nimmt sie meine Hand. Ihre Enttäuschung aus dem Museum scheint sie überwunden zu haben. Es ist Sonntag, die Sonne scheint, es ist ein schöner Tag. Wir flanieren, schlendern, sie erzählt mehr von sich. Manchmal bleiben wir in einer Straße stehen, setzen uns in ein Café und trinken. Irgendwas. Wir rauchen. Sie lacht, und ich sehe sie an und fühle mich wohl.

Es ist Nacht, ich habe zum ersten Mal auf dieser Reise Souvenirs gekauft, die ich aber vermutlich verlieren werde, weil ich keine Lust habe, sie zu schleppen, es wird langsam dunkel, und die Gesichter verändern sich wieder. Wieder sitzen alle Menschen in Bars, trinken Alkohol. Unmengen davon. Isabel und ich gehen ins Kino.

Wir sehen einen Film über amerikanische Bombenentschärfer im Irak. Ein schrecklicher Film. Aber er ist trotzdem spannend. Mein Arm liegt auf ihrer Schulter, meine Hand an ihrer Brust. Ich streichle die weiche Haut, während sie Popcorn isst. Und einen riesigen Hotdog. Die isst man hier, im Kino, mit viel Zwiebeln.

»Ist mir egal«, denke ich mir, als eine Bombe auf der Leinwand hochgeht.

Kurz bevor der Film zu Ende ist, flüstere ich Isabel ins Ohr.

»Was machen wir jetzt?«

Ein Bombenentschärfer schneidet irgendwelche Kabel durch.

»Sex?«

Die Bombe detoniert trotzdem.

Ich werde ernst.

»Ich weiß nicht«, sage ich unsicher. Und bemerke, dass ich Leah vernachlässige. Die mütterliche Nähe nimmt mir meinen Kummer.

»Ich kann nicht.«

»Warum?«

»Da gibt es jemanden anderes«, sage ich. Das erste Mal benutze ich sie, um mich zu schützen. Ich würde tatsächlich liebend gerne mit Isabel schlafen. Aber ich will nicht. Plötzlich kommen all die Erinnerungen hoch. Ich wehre mich gegen das schnelle Vergessen, das auf Reisen so typisch ist. Ich habe ein Land gesehen, Frauen, und sie sind nach kürzester Zeit verschwunden. In meinen Erinnerungen. Ich will Leah schreiben. Ich werde ihr schreiben, dass ich sie sehen will. Bald. Noch auf dieser Reise, die langsam zu Ende geht. Und ich will, dass sie mit ihr beendet wird.

Wir verlassen das Kino, ich will ein Taxi herbeirufen.

»Ich will ins Hostel«, sage ich.

Sie guckt mich traurig an.

»Dabei wollte ich dir ein Telos zeigen.«

»Ein was?«

»Ein Telos.«

»Was ist das?«

»Wenn man Sex möchte, dann mietet man sich ein Hotelzimmer für ein paar Stunden.«

»Das gibt es auch in Japan«, sage ich und fühle mich an Aoki erinnert. Aoki ... es fühlt sich an, als wäre das Jahre her. Dabei trennen uns nur Wochen und Tausende Kilometer.

Während ich zügig zum Hostelcomputer gehe, redet Isabel traurig mit ihren Kollegen. Sie beobachten mich. Mir steht der

Schweiß auf der Stirn. Ich fühle die Sehnsucht und will sie ihr schreiben. Der Cursor blinkt, jetzt muss ich nur noch das Richtige senden.

»Liebe Leah,

ich habe deinen Brief im Flugzeug gelesen, ich habe ihn nicht richtig verstanden. Was bedeutet er, was willst du mir damit sagen?

Ich vermisse dich. Ich vermisse die Zeit, ich vermisse sogar Fidschi, obwohl das Land so arm und langweilig ist. Ich bin gerade in Buenos Aires. In einem Hostel, Milhouse oder so ähnlich heißt es. Es ist warm hier und schmutzig, aber ich habe keine Angst mehr. Und trotzdem: Jede Sekunde denke ich an dich, jede Minute. Wenn ich durch die Straßen laufe, ein Steak nach dem anderen esse. Ich bin satt, aber will dich. Wo bist du?

Du hattest recht. Ich will dich wiedersehen. Ich will keine anderen Frauen mehr sehen. Gestern habe ich bei einer anderen Frau geschlafen. Sie war schön, ich hätte gern mit ihr schlafen wollen. Aber es ging nicht. Ich wollte dich. Deine Hände in meinem Nacken, deine dunklen Gedanken, bis sie verschwunden sind. Es ist nicht so, dass meine Gedanken nur bei dir sind, es ist nicht so, dass ich nicht lebensfähig bin, nur weil du existierst. Aber es ist so, dass mein Leben schöner ist, seit ich dich kenne. Ich habe die Welt gesehen, den sicheren Teil, und nun will ich dich. Ich will keine T-Shirts, keine Hüte und Souvenirs mitnehmen. Nach Hause. Ich will dich mitnehmen. Komm mit.

Meld dich bei mir.

Thilo«

Ich klicke auf »senden«. Und sacke zusammen. Ich zünde mir nervös eine Zigarette an und rauche. Ich starre auf den Posteingang. Sehe viele Mails meiner Freunde, meiner Familie. Jetzt erst.

Ich sehe auch eine Mail von ihr. Aus Berlin. Klicke sie an und lese. Ich weiß nicht, wie ich reagieren soll.

Ich antworte kurz. »Melde mich, wenn ich wieder in Berlin bin.«

Jirka hat geschrieben: »Und, wie viele haste durchgeflochten?« Stein hat geschrieben: »Hattest du oft Durchfall?«, und auch Adri hat eine Nachricht geschickt. Er will wissen, wo die Welt zusammengehalten wird, ob ich mir schon mal Gedanken über Fraktale gemacht habe, und meint, dass ich das neue Buch über endlose Schleifen lesen solle.

Ich antworte allen drei wahrheitsgemäß, und für einen kurzen Moment denke ich sogar über Fraktale nach.

Isabel steht hinter mir.

»Telefon für dich«, sagt sie.

»Häh?«, sage ich. Sie reicht mir ein Telefon.

»Hallo?«

»Hallo, hier ist Leah.«

RIO

Es ging alles so schnell. Leah saß in einem Internetcafé in New York, in etwa der gleichen Zeitzone, in der ich mich befinde. Sie las meine Mail, sie suchte die Telefonnummer des Hostels raus und rief an. Einfach so. Solch ein Maß an Spontaneität habe ich ihr nicht zugetraut.

»Ich vermisse dich«, sagt sie. Und ich sage das Gleiche. »Ich will dich sehen, wirklich.« Und dann erzählt sie mir, was passierte. In kurzen, knappen Sätzen. Es reicht mir, ihr Stimme zu hören, es fühlt sich an, als würde sie neben mir sitzen und mit mir über etwas Belangloses sprechen. Mein Geist, der eben noch so unruhig war, noch so getrieben von dem Bedürfnis, endlich zu vergessen, kommt zum Stillstand, nur durch ihre Stimme. Und dabei erzählt sie mir nichts Belangloses.

»Ich weiß nicht, was das mit uns ist«, sagt sie am Telefon.

»Ich auch nicht, ich weiß nur, ich vermisse dich, als wärst du, ich habe keine Ahnung«, sage ich. Ich habe eine Erektion während des Telefonats. Das ist mir ein wenig unangenehm.

»Ich habe eine Erektion«, sage ich.

»Ist nicht schlimm«, antwortet sie und kichert 8000 Kilometer lang. Das längste und schönste Kichern, das ich je gehört habe.

»Wo fliegst du hin?«, frage ich sie.

»Nach Hause. Und du: Rio, New York, Island.«

»Ich bin schon weg, wenn du in New York bist.«

»Ja.« Und dann sind wir einen Moment still.

»Was ist dein Lieblingsland auf der Reise?«, fragt sie mich.

»Island.«

»Aber da warst du doch noch gar nicht.«

»Doch, ich war da schon einmal, es ist das schönste Land der Welt.«

»Warum?«, will sie wissen.

»Die Menschen sind dort so abweisend, niemand interessiert sich für dich. Die Landschaft ist hässlich. Aber schön. Ich finde das aufregend.«

»Du bist komisch, irgendwie seltsam«, sagt sie.

»Und du bist schön«, flüstere ich. Wieder Kichern, dann Schweigen.

»Wollen wir uns in Island treffen?«, frage ich vorsichtig, weil ich Angst vor einem zögerlichen Nein habe.

»Ja«, sagt sie selbstbewusst, »wann kannst du da sein?« Ich überlege, geplant waren sechs Tage Rio und sechs Tage New York.

»In zwölf Tagen«, sage ich.

»Das ist zu lang.« Ich verkürze meine Aufenthalte, lasse New York ausfallen, überlege ich und erkläre es ihr dann.

»Stört das nicht deine Reise?«, fragt sie neugierig.

»Du hast meine Reise schon genug gestört«, sage ich.

Ich bin unruhig und schlecht gelaunt, als ich Rio erreiche. Ich will weiter, so schnell es geht. Es sterben viele Menschen in Rio. Ständig wird irgendwer erschossen, entführt oder ausgeraubt. Man kann wohl, sogar wenn das Hotelzimmer weit oben ist, die Schüsse aus den Favelas hören und sehen.

Das Telefonat mit Leah hat 20 Euro gekostet. Das Umbuchen der Flüge – ich rechnete mit 100 Euro – fast 1000. Es war nichts mehr frei für Umbucher. Also musste ich mir neue Tickets kaufen. Es war egal. Es ist egal, weil ich bald weiterkann. Aus zwölf Tagen wurden zwei Nächte und dann ein Flug: Rio – New York, vier Stunden Aufenthalt.

Ich fühle mich nicht sicher, als der Taxifahrer mein Gepäck nimmt, er hat gelbe Augen. Hepatitis. Die Straße zum Flughafen ist Ziel von Überfällen, ist ja auch logisch, die Menschen kommen mit vollen Taschen und gehen mit vollen Taschen. Kein Safe, in dem sie ihre Pässe verstecken können. Rio hat ein ähnliches Problem wie Buenos Aires. Während allerdings die Hauptstadt Argentiniens mit Taschendieben und Überfällen zu kämpfen hat, schlägt sich Rio mit rotznäsigen Drogenabhängigen, echter Armut und Verzweiflung herum. Touristen werden überfallen, so ist das nun mal.

Ich passiere Polizeistreifen, die am Rand der Autobahn die Straßen kontrollieren, überquere eine Brücke, die einen riesigen See oder Fluss überspannt. Obwohl es Nacht ist, stehen hier Menschen. Sie angeln sich aus dem schlierigen Wasser ihr Abendbrot. Dabei stehen sie mitten auf der Autobahn.

Das Taxi hält vor dem Hostel. Es ist in der Nähe der Copacabana, in einem Stadtteil, der Botafogo heißt. Hier wohnen wohl mehrere Politiker, reiche Leute, dadurch sind die Straßen durch Kameras und private Wachmänner gesichert.

Ach, das gefällt mir alles nicht, auch nicht, dass die Copacabana, der wohl tollste Stadtstrand der Welt, nur fünfzehn Minuten entfernt ist.

Mein Zuhause für die nächsten drei Nächte ist ein altes, zweistöckiges Haus mit einem schmalen Eingang. Wieder nur eine Klingel, nicht mal ein Schild, das darauf hinweist, dass hier in diesem winzigen Haus 130 Reisende schlafen sollen.

Alles aus Sicherheitsgründen. Hostel Raids, so nennt man das, sind in Rio beliebt. Nachts brechen vermummte Männer ein, bedrohen die Gäste und nehmen die Wertsachen. Besser nicht werben als Hostel. Es ist wie das Licht in der Nacht. Es verwirrt die Motten, lockt aber auch stechende Insekten an.

Eine Sicherheitstür, eine zweite und eine steile Treppe muss ich passieren. Diesmal keine hübsche Rezeptionistin, ein müder

Mann blickt mich müde an, fragt, ob ich reserviert hätte. Ja, sage ich und vermisse Buenos Aires.

Er zeigt mir einen engen Raum, 12 Doppelstockbetten. 24 Menschen auf vielleicht 40 Quadratmetern. Ich atme müde aus.

Selbst dieses beständige Mit-Menschen-zusammen-Sein, nie alleine, immer Kommunikation, nervt mich gerade, ich möchte nicht erzählen, wohin ich gehen werde und woher ich komme. Ich will einfach nur in das sichere, kalte, kühle Island. Ich frage den Rezeptionisten, ob er nicht noch einen kleineren Schlafsaal hätte.

»Sicher«, sagt er. »Kostet aber ein bisschen mehr.«

»Okay.«

Es ist noch heißer in Rio als in Buenos Aires. Drückende schwüle Hitze, die sich wie eine milchige Glasglocke über die salzige Luft vom Meer legt.

Ein Viererzimmer, zwei Doppelstockbetten, kein Fenster. Das Zimmer ist knapp sieben Quadratmeter groß.

Ich bin allein. Niemand wollte das Zimmer. Ich bin glücklich, dass ich allein bin, vermisse aber Leah. Und wünsche sie mir in mein Bett.

Es ist so heiß, der Ventilator dreht sich, das Zimmer wird nicht belüftet, wie denn auch, ohne Fenster. Ich liege noch einen Moment wach. Ich habe eigentlich keine Lust mehr, Frauen kennenzulernen. Habe keine Lust, ihnen Marken unter das Kopfkissen zu schieben. Oder vielleicht doch? Ich weiß es nicht. Es ist so heiß, mein Rücken klebt an meinem Herbergsschlafsack fest. Ein unangenehmes Gefühl, besonders, weil die Matratze darunter mehrfarbig im Halblicht des Zimmers schimmert. Es ist ein wenig schmutzig, würde ich vorsichtig sagen.

Ich springe aus meinem Hochbett und habe sofort sandige Füße. Da mein Zimmer kein Fenster hat, weiß ich nicht, wie spät es ist. Ich bin einfach aufgewacht, lag wach und wollte los. Ich habe die

Ruhe in meinem Zimmer sogar etwas genossen, die Intimität, die entsteht, weil nicht zwanzig fremde Menschen das Zimmer teilen.

Ich nehme mein Handtuch, binde es um meine Hüften und gehe ins Bad. Es ist geschäftig, auch wenn das Hostel eng ist, viele Menschen auf wenig Raum. Manche sitzen um einen Fernseher und sehen *Family Guy*-Folgen, andere schreiben auf ihren Laptops Mails nach Hause oder laden Fotos aus der Favela hoch. Im Frühstücksraum, im Übrigen der einzig schöne Raum in diesem Hostel, steht ein großer Billardtisch. Drei junge Männer spielen Pool. Morgens. Das verwirrt mich, weil Billard sogar abends langweilig ist. Aber jetzt?

Ich drehe um, gehe zurück zu den Duschen. Gemeinschaftsduschen, wie früher in der Schule. Also kein Onanieren. Alles ist eng in diesem Hostel. Wenn man auf die Toilette geht, stoßen die Knie an die Tür, im Frühstücksraum piksen sie einem mit dem Queue ins Gesicht. Aber jetzt duschen. Ich rieche immer noch nach Flugzeug, und meine Haut klebt von der Nacht. Und der schwülen Hitze.

Ich öffne den Duschvorhang und sehe einen Kaltwasserregler, aber keinen Warmwasserregler.

»Hm«, denke ich. »Und nun?« Am Duschkopf ein riesiger Knubbel mit einem Schalter, darauf Piktogramme. Ein dunkler Kreis, ein halbdunkler Kreis und ein durchsichtiger Kreis. Ich schalte das eisige Wasser an, stehe nackt, mit zusammengeschrumpeltem Schwanz, frierend unter der Dusche. Kalt.

»Scheiße!«, rufe ich laut. Mit zitternden Händen fasse ich an den Schalter, lege ihn um, auf dunkel. Innerhalb von Sekunden kommt 70 Grad heißes Wasser aus der Dusche, hüllt das kleine Bad in Dampf.

»Verdammt«, fluche ich leiser. Drehe das Wasser ab und stelle den Schalter auf die Mittelposition. Es knallt.

Und blitzt. Aus dem Duschkopf kommen Funken, ich spüre ein unangenehmes Kribbeln in meinen Füßen und einen festen Ruck in meinem Arm, ich rutsche aus.

»Verfickte Scheiße!«, rufe ich jetzt wirklich laut. Ich habe tatsächlich einen Schlag bekommen, einen elektrischen.

Ich liege nackt auf dem Badezimmerboden, diesmal schmerzt nicht mein Penis, sondern mein Arm und meine Beine. Ich lege meine Hand auf den Brustkorb, habe Angst, dass mein Herz aus dem Rhythmus gekommen ist. Ist es aber nicht. Es schlägt noch immer gleichmäßig. Ich kontrolliere meine Hände. Keine Brandwunden. Trotzdem befürchte ich, dass diese Elektrizität mir geschadet hat. Ich entscheide mich, noch ein wenig in der kalten Pfütze liegen zu bleiben, als sich die Tür öffnet. Einer der drei Billardspieler steht mit einem Handtuch auf dem Arm und einer Flasche Shampoo in der Hand im Türrahmen.

»Äh …«, sagt er und guckt auf meinen geschrumpelten Penis.

»Ich, äh, ich habe, glaube ich, einen Schlag bekommen«, stammle ich.

»Im Ernst?«, fragt er plötzlich auf Deutsch. Er reicht mir seine Hand. »Hallo, ich bin Laurits.«

»Ich bin Thilo«, sage ich benommen. Während wir gemeinsam duschen, was uns beiden seltsam heiter-homoerotisch erscheint, erklärt er mir die Funktionsweise brasilianischer Duschen.

»Die haben hier kein Warmwasser, sondern benutzen solche Durchlauferhitzer. Du musst da echt höllisch aufpassen, es gehört fast zum guten Ton einer Brasilienreise, einen Schlag in der Dusche zu bekommen.« Gut, denke ich, dann habe ich also schon eine Touristenattraktion abgearbeitet.

»Woher weißt du so was?«, will ich wissen.

»Ich war mal ein Jahr in Rio, als Austauschschüler. Ich liebe diese Stadt und jetzt zeige ich sie zwei Freunden aus Deutschland. Du hast sie vielleicht gesehen, wir haben im Frühstücksraum Billard gespielt. Und was machst du hier?«, fragt er mich, als er sich die Haare einseift. Ich erkläre ihm für den Rest der Duschzeit den Grund der Reise, dass ich jemanden kennengelernt habe, dass ich meine Zeit hier eigentlich absitze und nur noch einen Tag habe.

Ich rede viel, wir stehen lange unter der Dusche, bis unsere Finger ganz schrumpelig sind.

»Geil«, sagt er und lacht das zufriedene Lachen eines noch nicht erwachsenen Mannes.

»Kann ich mich euch anschließen?«

»Klar.«

Wieder in der Küche, noch immer mit zitternden Händen vom Stromschlag, stellt mir Laurits seine Freunde vor.

»Das ist Tobi.« Ein dicker Junge mit noch spärlichem Bartwuchs und freundlichem Gesicht lächelt mich an. Er schwitzt, wie es sich für einen dicken Jungen gehört, ordentlich. Ich glaube sogar gesehen zu haben, dass er ein Stofftaschentuch für seine Stirn dabei hat.

»Und das ist Johannes.« Ein sportlicher, rotblonder, auf Erfolg getrimmter Deutscher blickt mich spöttisch an. Ich bin verblüfft, wie viel Strenge von seinem Gesicht ausgeht. Er drückt mir fest die Hand und stellt sich selbst vor.

»So, wann geht's los?«, fragt Johannes.

»Gleich?«, frage ich vorsichtig.

»Gut, aber hopp, ich will keine Zeit verschwenden.«

Ich stelle fest, dass ich mich mit den Jungs sofort gut verstehe, sie erinnern mich an Stein, Adri und Jirka. Alle drei so unterschiedlich, ich erkenne gleich, dass dies die Grundlage ihrer Freundschaft ist. Laurits, der Sicherheit gebende Anführer, Johannes, der knallharte Leistungssportler, und Tobi, der Zarte und Zerbrechliche, der immer gehänselt wird und wurde.

Während wir uns auf dem Weg zum Zuckerhut befinden, erfahre ich mehr über die drei. Alle studieren in Saarbrücken Psychologie und, als würden sich ihre Charakteristika in ihren Berufen fortsetzen, interessieren sich alle drei für verschiedene Bereiche der Psychologie. Der Sportler wird der pragmatische Organisations- und Arbeitspsychologe, der knallhart nicht mehr funktionierende Arbeiter aus einer Firma weisen wird. Laurits will in die Forschung, und Tobi, der still neben uns läuft, interessiert sich für den geisteswissenschaftlichen Aspekt der menschlichen Psyche. Ich finde diese Kombination an Menschen und die sich daraus ergebenden Gesprächsthemen äußerst spannend und gleichermaßen entspannend. Ich bin froh, mit den drei Psychologen durch die sengende Hitze Rios zu spazieren.

Tobi entschwitzt seine Stirn, Laurits lacht über einen fiesen Witz von Johannes, und ich fühle mich wohl. Fast bin ich ein wenig verblüfft, denn wir verstehen uns, als wären wir schon lange Freunde, dabei haben wir nicht nur einen großen Altersunterschied, sondern sind auch in unterschiedlichen Kreisen sozialisiert worden. Aber es klappt, für einen kurzen Moment denke ich, dass es nicht nur einfacher ist, auf Reisen Frauen zu vertrauen, sondern auch Männern, Freunden.

Am Tag verliert Rio seine Unheimlichkeit, die Sonne leuchtet die Stadt aus wie ein gut gesetztes Licht während eines Fotoshootings. Makel verschwinden im gleißenden Licht. Kolonialhäuser reihen sich an hässliche Neubauten aus den Siebzigern, Palmen säumen die Straßen und tatsächlich laufen hier Männer mit Speedo-Badehosen auf dem Bürgersteig. Von der angekündigten Gewalt und Kriminalität merkt man nichts, es beruhigt mich. Auch, dass Laurits fließend Portugiesisch spricht. Denn in Rio ist es nicht anders als in Buenos Aires. Niemand spricht Englisch, aber während man aus dem Spanischen häufig noch Wörter als minimale Verständnisgrundlage herausfiltern kann, ist das beim Portugiesischen unmöglich.

Diese Sprache klingt wie Russisch ohne die Härte der ratternden Zisch- und R-Laute. Jedes Wort klingt für mich wie das feuchte Gesabbel eines Betrunkenen.

Die Straßen sind sauber, wirken portugiesisch, die Stadt hat ein schönes Gesicht, solange man sich in ihr bewegt. Nichts Besonderes, eigentlich, denke ich, als ich das Ticket für die Zahnradbahn auf den Zuckerhut kaufe. Aber schon als wir zu viert in dem Wagen stehen und die ersten hundert Meter hochfahren, fällt uns das besondere an Rio auf. Fällt es mir auf.

Zwischen den Hügeln liegt eine riesige Stadt. Erst jetzt erkenne ich die Dimensionen von Rio. Wenn man schwitzend durch die Straßen läuft, erscheint einem alles etwas kleiner. Aber hier oben, mit komplettem Überblick, ist es atemberaubend. Die Armenviertel an den Berghängen, die Reichenviertel in den schattigen Tälern. Es ist wunderschön, ich erkenne im Gesicht des schwitzenden Tobis die gleiche Faszination. Laurits kennt das schon, freut sich aber sichtlich, uns das Beeindruckendste gezeigt zu haben. Selbst der arrogante Johannes blickt begeistert hinunter, nach Rio.

»Fett«, sage ich.

»Auf jeden Fall«, sagen die anderen drei. Im Hintergrund erkenne ich die berühmte Christusstatue. Sie steht auf der anderen Seite, am anderen Ende von Rio. Winkt mir zu. Ich winke zurück, bestelle die teuerste Cola meiner Reise in einem Café, das sie dort oben, auf dem Zuckerhut, eröffnet haben, und setze mich hin.

Ich fühle mich sicher. Obwohl Rio zu den gefährlichsten Städten der Welt gehört.

Als wir zu viert wieder in die Stadt gehen, machen wir Pläne für die Nacht.

»Wo wollen wir heute Abend hin?«, fragt Laurits.

»Lapa?«

»Warum nicht?«

»Was ist das?«, fragt Tobi.

»Das ist das Feierzentrum von Rio, eine Straße mit vielen Clubs, Restaurants und Cafés.«

»Klingt gut«, sage ich. Weil ich weiß, dass ich nicht mehr in Clubs gehen muss, um jemanden kennenzulernen. Weil ich weiß, es ist mein letzter Abend auf dieser Reise. Es ist ein besonderer Abend. Eigentlich. Ich bin glücklich. Es wartet jemand auf mich, in einer anderen Stadt. Wir treffen uns. Bald. Gleich.

Feiern funktioniert in Rio anders als bei uns. Die Menschen sind auf der Straße. Vielleicht liegt es auch an der hohen Temperatur, die auch nachts herrscht. Die Straße ist gefüllt mit Menschen. Tausende essen, trinken, lachen und prügeln sich. Ich habe noch nie gesehen, dass Menschen sich so gerne prügeln wie in Rio. Mit einem Caipirinha, dem Erkennungsgetränk vergnügungssüchtiger Touristen, schlendere ich mit den drei Jungs an unzähligen Verkaufsständen und Clubs vorbei. Aus jedem Club andere Musik. Gute Musik, mal zur Abwechslung. Favelamusik, erklärt mir Laurits.

Unter die Stimmen mischt sich ein seltsames dumpfes Geräusch. Plopp, macht es, öfter. Und wenn ich mit meinen Augen den Ursprung des Tons suche, sehe ich meistens Fäuste auf Gesichter niederregnen. Einfach so. Niemand reagiert. Während sich bei einer Schlägerei in Berlin sofort Polizei und beschwichtigende Menschen einfinden, läuft man hier einfach vorbei.

Dünne, dunkle Menschen, die auf sich einschlagen, daneben betrunkene Frauen, die jubeln, dazwischen wir. Mit Würstchen und Cocktail. Seltsame Kombination. Erstaunlicherweise fühlt sich Rio hier, an einem heiteren Ort, an, als wäre ich wieder im Dritte-Welt-Land Fidschi. Da ist sie wieder, die Furcht, dass mir etwas geschieht. Ich weiß, würde mich eine Faust im Gesicht treffen, würde ich sofort zu Boden gehen und vermutlich ein bisschen weinen und Nasenbluten haben. Ich könnte mich nicht wehren.

»Lasst uns in einen Club gehen«, sage ich unsicher. Und sehe in Tobis Gesicht die Angst, die ich spüre.

»Okay, ist vielleicht besser so«, sagt Laurits und führt uns durch die Menschenmassen.

Wir bezahlen Eintritt, bekommen ein Kärtchen in die Hand gedrückt, auf dem unsere Getränke verzeichnet werden, die wir, wenn wir den Club verlassen, gesammelt bezahlen müssen.

Der Club ist ein ausgehöhltes koloniales Reihenhaus. Keine Etagen, nur ein riesiger Raum. Treibende Musik, viel Schweiß und tanzende Menschen. Es ist noch früh, eine angenehme Zeit, im Gegensatz zu Buenos Aires, wo man erst um drei tanzen geht. Die Menschen bewegen sich zur Musik, als wären sie die Musik. Jeder trinkt Alkohol, alle freuen sich, alle sind friedlich, die Gewalt der Straße findet hier keinen Platz. Was vielleicht an der Musik liegt, die sofort von einem Besitz ergreift. Oder aber an den zahlreichen Securitymännern, die wachsam die Tanzfläche beobachten.

Ich verliere im Getümmel sofort die drei Psychologen. Ab und zu sehe ich ihre blonden, deutschen Köpfe, mal unsicher, mal betrunken lachend durch die Menge blicken. Ich stehe am Rand und trinke Wasser. Es ist einfach zu warm für mehr Alkohol, ich schwitze wie der dicke Tobi. Wische mir mit dem T-Shirt den Schweiß von der Oberlippe. Ich habe das Gefühl, ich sehe nicht glücklich aus.

Eine Frau stellt sich vor mich. Sie ist vielleicht siebzehn. Ein Mädchen also eher. Sie sagt etwas auf Portugiesisch.

»Muschg Gaschomp Muschg«, oder so ähnlich. Ich zucke mit den Schultern, sie nimmt meine Hand und zieht mich auf die Tanzfläche.

»Häh?«, denke ich noch, bevor sie sich umdreht und mit mir zu tanzen beginnt. Einfach so. Sie dreht sich um, ich sehe, dass sie ebenso schwitzt wie ich.

»Gloschb maschonbi schonbmoschg«, sagt sie.

»Hä?«, frage ich schon wieder.

Wir tanzen weiter. Sie ist klein, hat krauses Haar und eine schwierige Haut. Vielleicht, weil sie noch in der Pubertät ist. Ich habe keine Ahnung, ich tanze einfach mit ihr. Obwohl ich nicht betrunken bin. Ich kann mit ihr tanzen, weil ich weiß, dass es ein Morgen gibt.

Ich kann das plötzlich, lege deswegen ohne Scham, aber mit gutem Gewissen, meine Hand auf ihre winzige Hüfte, bewege mich zur Musik, als wäre Reggaeton die am häufigsten gehörte Playlist in meinem iPod.

Wir tanzen, stundenlang. Ich gehe zur Bar, kaufe Wasser, gehe zurück, tanze.

Mehr nicht. Unschuldiges Tanzen. Aus dem Augenwinkel beobachte ich die drei Jungs.

Laurits, der keine Freundin hat, aber gern eine hätte, versucht sein Bestes als Deutscher, der Portugiesisch spricht. Und er hat Erfolg. Tobi würde auch gern eine Freundin haben, spricht aber kein Portugiesisch und fühlt sich zu schwitzig. Johannes hat eine Freundin und guckt deswegen grimmig. Er versucht es nicht mal, was mir imponiert. Als die drei sehen, dass ich sie beobachte, heben sie ihre Daumen und gratulieren mir wortlos zu meiner Tanzpartnerin.

»Schomguschg?«, oder so ähnlich, sagt sie.

»Häh?«, sage ich.

Sie dreht sich um, würde sie sich auf Zehenspitzen stellen, könnte sie mein Kinn erreichen, so klein ist sie. Sie zieht mich zu sich herunter, küsst mich auf den Mund, einfach so. Es schmeckt nach Caipirinha und Zigaretten. Seltsam, denke ich, drücke sie von meinem Gesicht weg. Sie blickt mich entgeistert an. Und macht diese Kopf-Hand-Bewegung, die Frauen in Hip-Hop-Musikvideos immer machen. Der Kopf wackelt, dabei einen Arm in der Hüfte, der andere wie bei einem Ägypter vom Körper weg.

Ich zucke wieder mit den Schultern, während sie irgendetwas auf Portugiesisch sagt. Ich wollte tanzen, nicht küssen.

Ich mache es wie Michi aus Tokio, drehe sie wieder um und tanze weiter mit ihr. Ich bin ihr nicht böse. Sie lacht und reibt ihren Hintern an meiner Hose.

»Es ist so warm«, denke ich. Und finde den Abend schön, aber befremdlich.

Ich rufe Laurits zu mir.

»Ich gehe kurz mal frische Luft schnappen, okay?«

»Klar, du musst aber deine Getränke bezahlen. Sonst hauen sie dir eins in die Fresse.«

»Sag mal, weißt du, was das gerade mit der Frau war?«

»Na ja, in Brasilien küsst man sich beim Tanzen«, erklärt er mir.

»In Deutschland auch«, sage ich.

»Nein, hier ist das anders, man küsst sich einfach. Es ist ein bisschen wie mit Pokemon. Die Frauen, die hier nachts ausgehen, sammeln Telefonnummern und Küsse. Und am nächsten Tag wird darüber diskutiert.«

»Also nichts Besonderes?«, frage ich.

»Nichts Besonderes«, beruhigt mich Laurits. Ich weiß, ich habe keine Lust auf noch mehr Gespräche mit Frauen. Ich bin es etwas satt, mir die Geschichten anzuhören.

Als ich die Straße betrete, ist es leerer, die Menschen sind verschwunden, nur vor den Clubs bilden sich noch immer große Trauben. Ich will Mais, denke ich. Während wir nachts in Berlin Döner essen oder zu McDonald's gehen, essen die Menschen hier Würstchen am Stock oder Mais.

Als ich die Straße überquere, um die Verkehrsinsel zu erreichen, auf der die Verkaufsstände sind, höre ich wieder das Plopp von Fäusten, die auf Haut treffen. Ich habe mich daran gewöhnt. Es ist normal geworden, so schnell.

Ich bezahle ein Würstchen am Stiel und ein Wasser, spaziere zurück. Wieder Plopp, plopp. Nun werde ich doch stutzig, folge dem Geräusch, während ich zufrieden an meiner Wurst kaue. Ich sehe eine Gruppe Menschen, plopp, plöp, klonk. Immer wieder. Ich höre Knochen brechen. Und mir wird schlecht. Stelle mich dazu, zu einer Gruppe Menschen, die irgendetwas beobachten. Stehe im Halbkreis, sehe die lüsternen Gesichter der anderen und gucke auf den Boden.

Dort liegt ein Mensch, er blutet, aus dem Gesicht, aus den Armen, aus dem Brustkorb. Er liegt einfach da und blutet. Ich höre wieder viel Portugiesisch. Im Hintergrund rennt jemand davon, die Menschen lösen sich um mich auf. Nur noch ich und der Mann, der auf dem Boden liegt und blutet. Wir beide sind allein.

Ich knie mich hin, lasse mein Würstchen in eine Blutlache fallen und will helfen.

Blut, überall. Keine Handschuhe, Aids, ich kann ihm nicht helfen. Er atmet nicht mehr. Ich weiß nicht, was ich tun soll. Ich drehe mich um, an mir vorbei laufen mehr Menschen, Arm in Arm, Hand in Hand. An mir vorbei, und an ihm. Wie heißt er, was macht er? Ich renne zu einem Taxi.

»Krankenwagen, schnell«, sage ich.

»Muschg«, antwortet der Taxifahrer und kurbelt das Fenster hoch. Ich bin entsetzt. Ich renne zur Polizei, die zahlreich tatenlos herumsteht. Sage etwas auf Englisch, sie reagieren nicht. Ich renne zurück zu dem Mann, sehe, dass gerade jemand neben ihm hockt und weint. Ich bin zutiefst entsetzt. Meine Beine zittern, meine Hände wackeln, mein Gehirn schlottert.

Ich stelle mich neben die weinende Person und den blutenden Mann. Es ist eine Frau, die da hockt. Sie fleht und klagt. Sie schubst mich weg, mit roten Händen. Ich stolpere davon, drehe mich nicht mehr um.

Ich sehe nicht mehr, wie sie ein Laken über den Mann legen. Aber ich weiß, dass er tot war.

Mein erster Toter.

Als ich zurück in den Club gehe, um Laurits und die anderen abzuholen, friere ich.

»Kommt mit«, sage ich entsetzt.

»Was ist passiert?«, wollen sie wissen.

»Das erzähle ich euch im Taxi«, sage ich und will weiter. Schnell. Weg. Nach Island. Dort fühle ich mich sicher.

Ich schreibe Leah eine SMS. Meine erste SMS an sie.

»Ich habe einen Menschen sterben sehen«, schreibe ich.

»Ich checke gerade ein«, antwortet sie.

ISLAND

Als das Flugzeug abhebt, sehe ich ein letztes Mal diese Stadt. Ich habe Angst vor ihr. Es ist Nacht, von oben sieht Rio aus wie ein schwarzes Gebäck mit bunten Streuseln, aber ich weiß, nach nur zwei Tagen, es ist eine im Kern verschimmelte Stadt. Lebensfreude hin oder her. Copacabana und Ipanema, alles egal. Diese Stadt hat mir Angst gemacht, mich vielleicht sogar traumatisiert.

Die mittelatlantischen Turbulenzen lassen das Flugzeug wackeln, währenddessen esse ich die letzten winzigen Portionen meiner Reise. Ich nehme eine Schlaftablette, damit ich das dumpfe Rumpeln nicht mehr bemerke, und dämmere vor mich hin. Neben mir Amerikaner, die in ihren weichen Stoffhosen schon längst schlafen, niemand spricht mit mir. Ich fühle mich, als wäre ich ein Geschäftsreisender, allerdings sitze ich nicht mit einem Zweireiher in der Businessclass, sondern mit kurzen Hosen, Flipflops und einer betörenden Bräune in der Economy. Ich verkaufe nichts, bekomme aber viel. Ich werde sie bekommen, denke ich hoffnungsvoll.

Keine SMS von ihr, kein Zeichen. Das bedeutet, sie ist schon in Island. Der Eyjafjallajökull soll mir keinen Strich durch die Rechnung machen. Die Nachrichten aus dem Internet haben mir einen Schrecken eingejagt, der gesamte Flugverkehr der Nordhalbkugel liegt still. Aber sie ist schon da, sie hätte mir geschrieben, denke ich nervös.

Ich gehe auf die Toilette, es ist Nacht, es ist still, obwohl ich nie so richtig weiß, ob es wirklich Nacht ist, wenn es außerhalb des Flugzeugs dunkel ist. Im Flugzeug steht die Zeit still. Irgendwie.

Das Anschnallzeichen läutet, ich setze mich wieder und falte meine Hände auf dem Bauch. Ich schlafe ein.

Meine Reise ist fast vorüber, bald treffe ich mich mit ihr, in weniger als zwanzig Stunden sehe ich sie wieder. Ich habe Fantasien, wie sie nackt am Flughafen auf mich wartet und sagt: »Bevor wir losreisen, schlafen wir erst miteinander, ja?« Obwohl ich weiß, dass es Blödsinn ist, mag ich diesen Gedanken.

Es rumpelt, das Flugzeug wackelt sich durch die Kumulonimbus-Wolken des schlafenden Atlantiks. Ich kenne Wolkenformationen, neige dazu, die Stewardessen darauf hinzuweisen und sie höflich zu fragen, ob sie den Piloten bitten könnten, diese oder jene Wolken zu umfliegen. Jetzt habe ich keine Angst. Um mich herum die ruhige Aufregung, wie vor einem Geburtstag. Ich nehme eine zweite Schlaftablette. Meine Lider werden schwer, ich bin angekommen, denke ich zufrieden.

Die ganze Reise, die Rolle mit den Nummern, die Wette, alles, egal. Ich fühle mich, als würde ich irgendetwas erreicht haben. Ich kann es nur nicht benennen.

Alles wird grau, selbst der Tote von gestern Nacht, der Tsunami, alles. Die Frauen, der Sex, das Essen, sehnsüchtige Gesichter, Münder, die ich nicht kenne. Geschichten, die ich schon längst vergessen habe. Alles. In diesem Moment. Meine Reise endet, und ich glaube sie geht erst jetzt los. Das klingt selbst für mich sehr esoterisch, denke ich und drehe mich in meinem kleinen Sitz.

Wenn ich Island erreichen werde, dann ist es so, als würde ich einen umständlichen Weg genommen haben, um dieses Land zu bereisen. Ich glaube, ich bin gereist, um in Island anzukommen. Um mit ihr anzukommen.

Ich erinnere mich an ihren kleinen Busen, an ihre Haut, an ihren strengen Blick, und ich vermisse es, als hätte ich all die Sehenswürdigkeiten vergessen.

Ich male mir aus, was passiert, wenn Jirka, Adri, Stein, meine Eltern mich fragen werden, was das Schönste war, was ich gesehen habe. Ich werde sagen: Fidschi. Und werde sie meinen. Es erscheint mir zu kitschig, wenn ich nur ihren Namen sagen würde.

Bald der winzige Zwischenstopp in New York, dann sie.

Leah war in dieser Stadt, sie wird mir erzählen, wie diese vernarbte Halbinsel aussieht. Jetzt, heute.

Wenn ich dort gewesen wäre, hätte ich nur fremde Münder geküsst, nur hohle Gesichter berührt, schwere Brüste, auf meinem Bauch. Das will ich nicht mehr. Es schüttelt mich müde, als ich mir vorstelle, wie mich diese neuen Frauen geschwächt hätten. Wie eine Krankheit, immer mehr Frauen, die mich immer müder werden lassen, immer unaufmerksamer. Eine Krankheit, die meine Sehnsucht mildern würde. Ich würde Leah vergessen, ich müsste nur mit genug Frauen schlafen, dann wäre sie irgendwann verschwunden. Ich weiß, dass es funktioniert, irgendwann wäre sie ein Schleier. Wie Morphium würden sich all die Frauen auf mein Gemüt legen und mich vergessen lassen, was mir Schmerzen bereitet. Die schönen Schmerzen der ehrlichen Zuneigung. Ich spüre, ich bin zu feige, von Liebe zu sprechen. Selbst in meinen Gedanken. Doch das will ich nicht mehr.

Ich habe düstere Gedanken, bin leidenschaftlich benebelt durch die Schlaftabletten, als ich auf der Höhe von Kuba endlich wegnicke.

Ein wenig traurig bin ich schon, als ich New York wieder verlasse, nach vier Stunden Aufenthalt. Ich habe mir bei Starbucks einen Apfel gekauft, wunderliche Blicke geerntet und war bei Burger King, für das kleine USA-Gefühl. Mehr nicht. Durch die großen Panoramafenster konnte ich New York nicht erkennen, erst als ich wieder starte, mit dem nächsten Flugzeug, kann ich die mächtige Landzunge sehen, bis auf den letzten Quadratzentimeter bebaut. Egal, denke ich, noch sechs Stunden. Dann bin ich in Reykjavik. Der Eyjafjallajökull ist friedlich. Spuckt Asche, aber lässt mich trotzdem einreisen. Ich habe ihr eine SMS geschrieben. Um sieben Uhr in der Früh bin ich da, habe ich geschrieben. Sie hat nicht geantwortet. Das finde ich nicht schlimm. Ich vertraue ihr. Ich schlafe wieder ein. Ich habe ungewaschene Achseln, seit Rio. Ich hoffe, sie will nicht meine Achsel küssen. Das fände ich zwar schön, aber ich glaube, es wäre unangenehm, ist das Letzte, was ich denke.

»Bitte blicken sie links aus dem Fenster, um den Eyjafjallajökull zu sehen.« Mit diesem Satz weckt mich der Pilot. Ich blicke links aus dem Fenster und sehe eine riesige Wolke, die größte Wolke, die ich je gesehen habe. Ich bin fasziniert. »Wir bereiten uns auf den Landeanflug vor, in Reykjavik beträgt die Temperatur 9 Grad, und es weht ein kräftiger Wind aus Südost.«

Ich sehe meine kurze Hose und meine Flipflops.

Scheiße, denke ich. Das wird kalt.

Ich bereite mich auf den Landeanflug vor, bin aufgeregt. So aufgeregt war ich noch nie, ich höre mein Herz klopfen. Steht sie dort? Bitte lass sie dort stehen. Bitte.

Als ich auf meinen Rucksack warte, zieht meine Reise an meinem inneren Auge vorbei. Ich sehe für Sekunden all die Stationen, ich sehe mich, gehetzt, unruhig, verschwitzt um die Welt hasten. Und jetzt stehe ich hier, in Island. Und ich traue mich nicht, mich umzudrehen. Das Gepäckband befindet sich in einem großen Raum, hinter meinem Rücken die Tür, die nach draußen führt. Sie könnte dort stehen. Ich habe Angst, sie zu sehen, wenn sich die Tür öffnet. Ich würde nur mein Gesicht verziehen, weil ich nicht sofort zu ihr kann. Weil ich ja noch auf mein Gepäck warten muss, also bleibe ich mit dem Rücken zur Tür stehen.

Das Band bewegt sich. Mein Gepäck lässt auf sich warten. Ich laufe nervös auf und ab.

»Kann ich Ihnen helfen?«, sagt eine ältere Isländerin. Ich bin von ihrer Hilfsbereitschaft überrascht. Hilfsbereite Isländer, das gibt es eigentlich nicht. Isländer sind grob wie die Berliner und angenehm hochnäsig wie die Hamburger.

»Nein, nein, alles gut«, sage ich mit vibrierender Stimme. Hoffentlich war sie nicht von der Drogenbehörde. Sie denkt bestimmt, ich wäre ein Drogendealer und in meinem Bauch befinden sich vierhundert kleine Pillen. Vielleicht glaubt sie, ich verhalte mich so, weil ein paar Pillen bereits zu wirken beginnen.

Schwachsinn, denke ich. Und warte weiter, ohne mich umzudrehen.

Ich nehme meinen Rucksack vom Gepäckband, betrete die Vorhalle des hübschen kleinen Flughafens. Ein stahlgrauer Himmel, der nicht erdrückend, aber trotzdem grau ist, hängt über der Insel. Ich friere, und niemand ist da. Ich wusste es, stelle ich enttäuscht fest. Doch ich werde noch warten, vielleicht hat sie ja den Bus verpasst. Ich schlendere gespielt mutig zu einem Kaffeestand, kaufe mir Kaffee und rauche meine erste Zigarette nach zwanzig Stunden. Mein Gehirn kringelt sich unter dem Nikotineinfluss wie ein Regenwurm im Sommerregen. Es blitzt, überall kleine Sternchen. Zigaretten und Kaffee, für einen kurzen Moment befürchte ich, das Gleichgewicht zu verlieren. Sie ist nicht da. Meine Enttäuschung riecht nach altem Mund, nach altem alles. Ich versuche, mir nichts anmerken zu lassen. In Island, mit Flipflops und kurzen Hosen.

Jeder Idiot sieht, dass ich überstürzt eingereist bin. Jeder. Nur ich nicht.

Sie ist da.

Sie lächelt, als sie mich mit fettigem Haar und glänzendem Gesicht aus dem Ankunftsterminal heraustreten sieht. Ihre Haare, ihr dichtes dunkles Haar. Vom Wind zerzaust steht sie dort. Mein Herz rast, meine Hände schwitzen, obwohl ich in meiner kurzen Hose und meinen Flipflops friere. Eine Welle der Erregung mischt sich mit einer erschütternden Gänsehaut auf Armen und Beinen.

Ich würde gerne dramatisch meine Tasche fallen lassen und auf sie zurennen. Aber ich kann nicht dramatisch meine Tasche fallen lassen. Ich habe einen Rucksack, auf meinem Rücken.

»Hallo, Thilo.«

»Hallo, Leah.«

Sie nimmt ihre Hand, streichelt meine Wange.

»Ich habe uns einfach mal ein Auto gemietet«, sagt sie.

»Aber ich kann nicht Auto fahren.«

»Aber ich.«

Wir fahren in einem uralten Polo die Straße vom Reykjaviker Flughafen in die Innenstadt. 40 Kilometer, ich stütze meinen Arm auf und blicke erschöpft aus dem Fenster. Eine karge Landschaft, schroff und holprig, im Hintergrund grüne Hügel und dahinter hohe Berge mit hellen Schneekuppen. Die Klimaanlagenluft des Autos und die Wärme machen mich schläfrig. Ich lege mich auf die Seite, beobachte ihr Profil, sie spürt es, dreht sich kurz zu mir und lächelt. Friedlich.

Ich spüre, dass all ihre Sorgen, von denen sie mir auf Fidschi erzählt hat, in den Hintergrund getreten sind. Als hätte sie, wie ich, vor Island all ihre Sorgen abgeworfen.

Und während wir der Hauptstadt Islands immer näher kommen, merken wir beide, wie unverschämt verrückt das ist. Das, was wir gemacht haben.

In der Vergangenheit habe ich mich mit Frauen am Alexanderplatz getroffen, an der Weltzeituhr, wenn es eine Zugezogene war. Und jetzt verabrede ich mich mit einer Frau in Island. Ich finde das betörend welterfahren.

»Was wollen wir machen?«, fragt sie in meine Gedanken hinein.

»Hm, ich weiß nicht, wie lange haben wir das Auto?«

»So lange wir wollen.«

Wunderbar.

Ich schüttle mich kurz, weil ich merke, wie kitschig diese Situation ist. Trotzdem genieße ich sie.

Wir erreichen Reykjavik. Eine hutzelige Stadt, die nur aus flachen Häusern zu bestehen scheint. Die Wohnhäuser am Rande des Zentrums erinnern mich an Postkarten aus Finnland. Die Menschen, die mit hochgestellten Kragen durch die eisige Luft spazieren, haben eine angenehm überhebliche Aura. Ich mag arrogante Gesichter. Mit verächtlichen Blicken mustern sie mich. Vielleicht liegt es an meinen braunen Beinen. Vielleicht auch daran, dass ich unpassende, nichtisländische Kleidung trage.

»Mir ist kalt«, sage ich und will damit wissen, wo wir schlafen werden.

»Ich habe dir ein Bett im selben Schlafsaal gebucht.«

Ich nicke enttäuscht, weil ich dachte, wir schlafen in einem wunderbaren Riesenbett, zusammen, unter einer Bettdecke. Ich hatte gehofft, das Fenster dieses Hotelzimmers zu öffnen, um mit ihr gemeinsam zu frieren.

»Ein Hotelzimmer kostet hier 100 Euro«, erklärt sie ihre Entscheidung.

Ich bin froh, dass sie mir ein Bett in einem Hostel gebucht hat. Obwohl ich jetzt nicht mehr auf der Suche nach Kontakten bin.

Ich dusche mich. Sie steht hinter mir, das Hostel ist leer. »Außerhalb der Saison«, sagte der verschlafene Isländer und meinte, ich könne mir irgendein Bett aussuchen.

Ich spüre ihre Hand auf meinem Rücken. Ich sehe sie wieder nackt, als sie in die dampfende Dusche tritt.

»Du bist so schön«, flüstere ich in ihr Schlüsselbein.

»Und du hast eine hässliche Nase«, sagt sie lächelnd. Und küsst den Hubbel, der aus meiner Nase eine Hakennase macht. Ihre Beine stehen in der warmen Pfütze unter uns. Ihre Hände streicheln meinen Körper, ich lehne mich gegen die kalten Fliesen. Sie küsst meine Brust. Meinen Hals.

»Ich habe dich vermisst«, sage ich.

»Ich dich auch.«

»Warum bist du in Fidschi gegangen?«, will ich wissen.

»Ich hatte solche Angst.«

»Ich auch«, gebe ich zu. Sie nimmt etwas Shampoo in ihre Hände, beginnt meine Haare zu waschen.

»Mach die Augen zu, damit es nicht brennt.« Ich lächle.

Ziehe sie zu mir, noch mit schaumigem Haar. Wir küssen uns wieder. Ich spüre, wie sehr ich ihren wunderschönen Mund vermisst habe. Ihre weichen Lippen, die meine perfekt versiegeln. Ich erinnere mich an den Kuss auf Fidschi und spüre, dass dieser hier, dieser kleine Kuss unter der Dusche, um ein Vielfaches schöner ist. Ich bin das erste Mal zufrieden. Ich will hier in dieser Dusche bleiben, nicht weiterfahren.

Ihre Haare werden nass, ihr Gesicht verändert sich. Wir nehmen uns in den Arm. Einfach so. Ich habe nicht mal einen Steifen.

»Lass uns kurz schlafen«, sage ich zu ihr, unterbreche die Ruhe. »Ich bin müde vom vielen Fliegen.« Ich versuche den Satz so natürlich wie möglich klingen zu lassen. Ich will nicht, dass sie denkt, ich hätte kein Interesse mehr an ihr.

»Na gut« Sie lächelt, küsst noch mal meinen Hubbel, und ich sehe, wie sie die Dusche verlässt. Ihre langen, dunklen Beine, noch braun von der Sonne Fidschis. Ihren wunderschönen Po, ihren durchgedrückten Rücken. Ihre majestätische Schönheit. Sie dreht sich kurz um, blickt mir direkt ins Gesicht. Sie weiß, was ich denke, und ich sehe diesen arroganten Blick, den nur sehr wenige Frauen beherrschen, den man nicht lernen kann. Ein erhabener Blick, der trotzdem liebevoll ist.

Sie trocknet sich ohne Scham vor mir ab. Als würden wir uns seit hundert Jahren kennen, dabei kennen wir uns erst seit 20 000 Meilen. Ich will sie jetzt. Sofort.

Wir hören einen isländischen Radiosender und verstehen beide nichts, fahren ewig lange Straßen entlang. Halten in kleinen Dörfern mit langen Namen und trinken Kaffee. Weil wir nicht mehr

Björk und Sigur Rós hören können, entscheiden wir uns, einen Kassettenadapter für das Radio zu kaufen. Sie schließt ihren iPod an, und ich bin erstaunt, dass sie Arvo Pärt hört. Den berühmten Musiker, den kein Schwein kennt.

Sie hört seltsame Musik.

Es gibt nicht viel zu sehen. Steine, Geröll, ab und zu ein Baum, eine Pfütze. Keine Tiere, nichts. Es ist das stillste Land der Welt. Das einzige Geräusch, das wir hören, wenn wir den Wagen ausgeschaltet haben, ist das Rauschen von Wind.

Und so sitzen wir oft minutenlang an urzeitlichen Binnenseen, zusammen mit toten Muscheln, und starren ins Nichts. Die Leere, die Einsamkeit tut uns gut, und wir haben beide, ohne dass wir es erklären, das erste Mal in unserem Leben das Gefühl, dass die Leere und Einsamkeit gut ist. Weil wir sie zusammen erleben.

»Sind wir einsam, weil unser Umfeld einsam ist?«, frage ich sie, als wir von einem unendlich langen Strand wieder zurück zum Auto spazieren. Unter ihren Füßen knirscht der Sand.

»Nein«, sagt sie. »Aber wir sind angekommen.«

»Was bedeutet das?« Sie antwortet nicht, bleibt kurz stehen. Tritt auf mich zu, beugt ihren Kopf ein wenig zu mir herunter und küsst mich. Ich spüre ihre kalten Lippen auf meinen. Sie wärmt mein Gesicht mit ihren Händen, deckt mich vollständig zu, sie schiebt vorsichtig ihre Zunge in meinen Mund, und ich reagiere. Lege meine Hände, meine kalten, unter ihre Jacke. Spüre ihre Haut. Sie drückt mich gegen die Tür des alten Polo, während wir uns küssen. Sie stöhnt so wie auf Fidschi. Als sie absetzen will, damit wir weiterfahren, sage ich: »Moment.« Und dann küsse ich sie. Ich lege ihren ganzen Körper auf meinen Arm, küsse sie, weil ich bestimme. Sie lässt sich küssen. Mein Kopf, meine Gedanken an ihr. Muschelkalk an unseren Schuhen, es knarzt und knackt, als wir uns küssen. Ich will nie wieder andere Lippen küssen, denke ich kurz. Aber ich bin schon zu alt, wirklich daran glauben zu können. Für diesen kurzen Moment allerdings habe ich das Gefühl, ich werde nie wieder einen anderen Mund küssen. Der Wind heult um uns herum, im Auto höre ich Klaviertasten. Ich weiß nicht, ob es romantisch ist, ich weiß nicht, ob es schön ist. Weil wir frieren, ich nach kaltem Rauch rieche, sie aber wieder nach Marzipanbrot. Sie ist alle Nummern, ich habe die Rolle noch, aber schon lange keine Nummer mehr verteilt. Ich setze meine Lippen ab, sie zieht ihre Unterlippe ein, weil sie feucht ist und der kalte Wind sie frieren lässt. Ich bin nah an ihrem Gesicht, sehe ihre schwarzen, dichten Augenbrauen, ihre dunklen, braunen Augen. Den Leberfleck an ihrer Wange. Alles erscheint mir so vertraut, aber ich entdecke es zum ersten Mal. Ich entdecke ihre trockenen Lippen, die sich im eisigen Winter Berlins vermutlich küssen wie eine verschrumpelte Mandarine. Wenn sie denn in Berlin sein würde. Ich weiß immer noch nicht, wo sie herkommt. Ich habe Angst zu fragen, weil ich befürchte, sie sagt einen Ort, der unmöglich weit von Deutschland entfernt ist. Und wir uns nicht sehen könnten, in Zukunft, weil keiner es sich leisten kann.

Wir steigen wieder in das Auto.

»Wo fahren wir eigentlich hin?«, frage ich sie.

»Zum Snæfellsjökull.«

»Wohin?«

Während sie souverän das Auto lenkt, greift sie mit der rechten Hand auf die Hinterbank, in ihren Rucksack, holt ein englisches Buch aus der Tasche.

»*Die Reise zum Mittelpunkt der Erde*«, sagt sie, »von Jules Verne. Ich liebe dieses Buch, habe es mir eigentlich nur als Reiselektüre gekauft und nun wollte ich den Berg sehen. Mit dir.«

»Das ist kein Berg«, sage ich.

»Sondern?«

»Ein Gletscher.«

»Du kleiner Klugscheißer«, sagt sie und lacht, während sie an ihrem iPod von Arvo Pärt zu hässlichem R'n'B wechselt.

Der Zufall, dass sie dieses Buch liebt und dass meine Wette ihren Ursprung in einem anderen Buch von Jules Verne findet, ist bezaubernd. Vielleicht auch ein bisschen beängstigend, denke ich, als ich durch das Buch blättere.

Endlose Straßen. Nur Geröll, stundenlang. Ihr Gesicht, das sich nicht bewegt. Hoch konzentriert fährt sie mich und sich durch das Land, das ich schon kenne. Aber jetzt neu entdecke. Die Musik läuft lange. Die Landschaft besteht aus Geräuschen. Nichts zu sehen. Wenn die Gummireifen des ächzenden Polo die Fahrbahnmarkierung treffen, ein dumpfes Rattern. Wenn der Wind gegen das Auto schlägt, ein dumpfer Knall. Alles ist dumpf außerhalb des Wagens, doch innen drin ist alles zart. Weich. Manchmal denke ich, wenn wir wieder eine endlose Kurve durchfahren haben, ob ich sie fragen kann, dass sie rechts ran fährt. Ich würde ihren Sitz herunterdrehen, ich würde meinen Sitz nach unten schrauben. Über dem Schalthebel würde ich ihre Hand nehmen. Und wir würden gegen den Himmel des Autos gucken. Wir würden hören, wie Vögel aufs Autodach kacken, es würde uns reichen.

Aber ich lasse sie fahren. Sie bringt mich irgendwohin. Sie will etwas sehen. Soll sie es mir doch zeigen.

Es regnet. Es ist Nacht, sie schläft hinter mir, nackt. In einem Hostel. Wir sind nach Stykkishólmur gefahren. »Fahren wir nach Schtükki?«, hatte ich sie kurz gefragt, weil ich nicht wusste, wie man dieses Dörfchen ausspricht.

»Ja. Wir machen dort Rast«, sagte sie.

Sie ist erschöpft vom vielen Fahren, für einen kurzen Moment komme ich mir minderwertig vor, weil ich es mit 29 immer noch nicht geschafft habe, meinen Führerschein zu machen.

Sie hat sich kurz hingelegt. Ich habe das Rollo des Zimmers heruntergezogen, weil es zu hell ist, nachts. Ich höre sie leise atmen.

Ich rauche am Fenster heimlich eine Zigarette. Sich anzuziehen, heraustreten, in die helle Nacht, ist viel zu anstrengend. Ein eisiger Wind weht vom Meer. Daher rauche ich im Zimmer und puste den Rauch durch einen Fensterspalt.

Das Hostel ist ein altes Fischerhaus. Eine junge Frau kam mit roten Wangen aus dem örtlichen Freibad angerannt, niemand hatte uns geöffnet, als wir geklingelt haben. Wir riefen sie an. In perfektem Englisch sagte sie, sie sei schwimmen, würde uns aber in fünf Minuten die Tür öffnen. In Stykkishólmur leben nicht viele Menschen, ein paar Häuser in die windgeschützten grünen, baumlosen Seiten der Berge gebaut, ein paar Straßen. In dem kleinen Hafen, in dem früher Wale geschlachtet wurden, wurde eine Bar eröffnet. Sie ist mit maritimen Dingen ausgestattet, und man kann fürchterlich teure Schnäpse kaufen.

Weil keine Saison ist, ist das Dörfchen leer. Nur Leah und ich und ein paar Angestellte, sie arbeiten für Island. Und für diese unverwechselbare Stimmung. Für diese Einsamkeit, die wir genießen können. Ich liebe es. Auf dem Kliff steht ein sonderbares Haus. Es ist Bauhausarchitektur, wie in Israel. Es erinnert mich an den Anfang meiner Reise. »Dort wohnen Künstler«, erklärte uns die junge Mitarbeiterin. »Rachel Weisz war hier. Mit ihrem Ehemann Darren Aronofsky, dem Regisseur.« Ich mag seine Filme. Besonders *The Fountain*, dachte ich.

Ich ziehe den Vorhang wieder zurück, lasse wieder Nacht ins Zimmer.

»Leah«, flüstere ich. Sie reagiert nicht. »Leah?«

»Leg dich zu mir«, sagt sie verschlafen, hebt ihre Decke. Ich will mit ihr schlafen. Aber es ist nicht fehlender Mut, der dazu führt, dass ich sie nur harmlos berühre.

Es ist, weil sie mir Ruhe gibt. Ich stelle mir vor, wie ich mit heraustretenden Augäpfeln hinter ihr stehe und animalisch stöhne. Das passt nicht, irgendwie. Das passt nicht zu Island, zu ihr und dazu, wie ich mich fühle.

Ganz schön luschig, denke ich, als ich ihr Bein über meinen Bauch ziehe. Ich spüre ihr Schamhaar an meinem rechten Oberschenkel. Es kratzt. Ich lege meine Hand in ihre Pofalte. Sie hat keine Angst, zuckt nicht, kein bisschen. Sie schiebt ihren Kopf in meine Achsel, auf meine Schulter. Sie pustet mir warme Luft an den Hals. Es riecht etwas muffig, aber ich mag es trotzdem. Drehe ihren Kopf zu mir, küsse sie.

»Schlaf gut«, sagt sie zu mir.

»Werde ich mit Sicherheit«, sage ich.

Wir fahren weiter, dieselbe Landschaft. Unverändert. Aber trotzdem nicht langweilig. Die Pausen, um Fotos zu machen, sind kürzer geworden, weil wir das Gefühl haben, wir haben alles fotografiert. Nur ich fotografiere sie heimlich. Heimlich, weil ich das Gefühl habe, sie würde es nicht mögen. Ich banne sie auf Bilder, weil ich Angst habe, dass ich sie nie mehr sehen kann. Wenn sie vielleicht geht, irgendwann.

Wir hören keine Musik mehr, 120 Kilometer lang liegt meine Hand auf ihrem schlanken Oberschenkel. Wir fahren die größte Kurve, die ich je gefahren bin.

»Da«, sagt sie schlicht. Sie fährt auf einen Parkplatz nahe einem Leuchtturm. »Da ist der Snæfellsjökull.»Sie hebt ihren Arm, ihre zarten Finger tippen in den Horizont. Ich erkenne einen mächtigen Gletscher.

»Wie schön«, sage ich.

»Wir sind die Einzigen, die jetzt gerade hierhin gucken«, sagt sie.

Es ist ein spitzer, hoher Gletscher, der aber so breit ist, dass seine Größe nicht weiter auffällt. Dabei nimmt er fast den gesamten Zipfel der Halbinsel im Westen von Island ein. Ich versuche einen Aufstieg auszumachen. Finde einen schmalen Weg, der durch ein endloses Sandfeld führt.

»Wollen wir?«, will ich wissen. Sie blickt sorgenvoll Richtung Gletscher.

»Nein«, sagt sie streng.

»Warum?«

»Ich habe Angst.«

»Echt?«, frage ich.

»Ich will kein zweites Mal mit dir Gefahren ausstehen. Ich glaube, wir würden erfrieren. Wir sind nicht vorbereitet.«

Ich erinnere mich an Fidschi, an die Eidechse, an meinen verbrannten Rücken und ihr ungeduldiges Gesicht.

»Warum bist du jetzt so anders als auf Fidschi?«, will ich wissen.

»Weil ich dir vertraue«, sagt sie einfach.

»So schnell?«

»Ja, so schnell.«

»Kann ich noch eine rauchen, bevor wir weiterfahren?«, will ich wissen.

»Mach ruhig, aber du stinkst dann immer so, ich küsse dich dann nicht mehr.«

»Echt?«

»Ja.«

»Streng.«

»Ich weiß.«

Wir fahren weiter, ich will nach Vík. Die südlichste Stadt in Island. Die schrumpeligen Felsen an der Küste sollen Trolle sein, erzählt man sich hier.

Wir haben immer noch nicht miteinander geschlafen. Ich traue mich nicht, irgendwelche Signale zu geben.

Auf dem Weg nach Vík passieren wir den Vulkan, der Europa ins Chaos gestürzt hat.

Es passiert einfach nichts. Keine Ereignisse. Nichts. Nur unendlich lange Straßen, das Geräusch des Motors. Diese Ruhe erfasst uns, wir blicken lange ins Leere, wir müssen uns versichern, dass es nicht schlimm ist, dass wir uns nicht unterhalten.

»Diese Landschaft macht mein Gehirn still«, sage ich, als wir kurz vor dem Vulkan sind.

»Du machst mein Gehirn still«, sagt sie.

Der Vulkan ist im Nebel. Wir sehen nichts, nur Nebel. Wir haben noch zwei gemeinsame Nächte. Die Tage mit ihr sind lang. Sie hören nicht auf, wir haben zwanzig Stunden Sonne, und ich habe jeden Zweifel verloren. Jeden Kilometer, den wir uns gemeinsam bewegen, bewege ich mich mehr auf sie zu. Und sie sich auf mich. Es ist eine unschuldige, reine Beziehung. Voller Begehren, das unausgesprochen zwischen den schweren Wolken Islands schwebt.

Vík ist windig. Die Straßen feucht und die Luft salzig vom Meer.

Wir spazieren. Wie ein altes Paar. Unsere Köpfe sind eingesteckt, wie bei schlafenden Enten. Der schwarze Strand von Vík nimmt uns in Beschlag.

»Ich habe Angst hier«, sagt sie plötzlich, als wir die Übersicht verloren haben. Um uns nur schwarze Steine, ausgespuckt aus den Tiefen der Erde.

»Musst du nicht.«

Sie nimmt meine Hand. Sie macht eine Faust, legt sie in meine Hand. Ich halte sie fest und schiebe meine Finger zwischen ihre. Streichle ihren Daumen.

Zum ersten Mal.

Ich halte sie fest.

Einfach so.

Es ist Nacht in Vík. Wir haben ein Zimmer, kein Hostel. »Ich bezahle!«, habe ich großspurig getönt. Dabei habe ich kein Geld mehr. Es ist aufgebraucht. Ich nutze meinen Dispo, damit ich die letzten zwei Tage finanzieren kann. Dabei möchte ich männlich wirken und sie auf alles einladen. Ihr ist es unangenehm. Mir nicht.

Wir leihen uns einen Film aus der Videothek. Vík hat nichts, dafür aber eine Videothek. Ich wusste bereits, dass Isländer große

Filmgucker sind und es lieben zu lesen. Ist ja logisch, was soll man auch machen bei acht Monaten Winter. Die Menschen haben Sex, essen, sehen Filme und lesen. Ein einfaches Leben, vielleicht auch langweilig, aber es fühlt sich trotzdem geborgen an. Es ist immer noch bitterkalt und nass. Wir wollen wirklich nicht mehr spazieren, einfach nur in einem Bett liegen und uns einen lärmenden Film ansehen, als Kontrastprogramm. Island hat uns vielleicht zu wenig erschöpft.

»Es ist der erste Ort auf dieser Reise, der mich in Ruhe lässt«, sage ich zu ihr, als sie nur mit Socken bekleidet ins Bett steigt. Ihre Nacktheit ist betörend, ich ziehe sie zu mir, küsse sie auf den Mund, sie setzt sich auf mich.

»Schlaf mit mir«, sagt sie neblig. Ich ziehe sie noch näher zu mir. Endlich, denke ich. Hole ein Kondom aus dem Bad, sie liegt jetzt auf dem Rücken. Ihre langen Beine, ihr flacher Bauch, die Brust, sie hat die Hände hinter dem Kopf verschränkt.

»Du bist die schönste Frau, die ich je gesehen habe«, sage ich in ihren Bauchnabel.

»Schönheit vergeht«, sagt sie mädchenhaft.

»Ich mag auch, wie du redest, wie du riechst, wie du dich bewegst, als würdest du es üben.«

»Manchmal übe ich das auch.« Ich lächle sie an. »Jetzt schlaf doch endlich mit mir«, sagt sie mit wildem Blick. Ihr warmer Hals, ihre Hände, meine Hände, meine Lippen. Unsere perfekten Küsse, die uns wie Siegelwachs zusammenkleben. Ich schmecke ihren Schweiß. Ich schmecke alles. Sie auch. Wir nehmen keine Rücksicht auf Regeln, auf Vorsicht.

Sie hebt ihr Becken, ich spüre alles. Jeden Knochen. Ihr Becken drückt sich in meine Hüfte, ich lege meine Hand auf ihren Bauch, stoße sie nach unten.

Feine dunkle Haare, die sich jetzt kräuseln, haften an ihrer Stirn. Sie schließt die Augen, ich lasse meine geöffnet, weil ich sie sehen will. Was sie macht, wie sie sich bewegt.

»Fick mich«, sagt sie ohne Härte.

Ich drehe sie auf den Bauch, sie schiebt sich unter mich, als würden wir genau wissen, wie es geht. Halte mich an ihrer Hüfte fest.

»Fester.«

Meine Hände in ihrem Nacken. Ich ziehe an ihrem dichten Haar, sie legt ihren Kopf zurück. Ich schlinge meine Hand um ihren Hals, ziehe ihre Lippen zu meinem Mund. Es ist so warm, so tief, ihr großer Körper, ihre feinen Arme bohren tiefe Löcher in die Bettwäsche. Vorsichtig bewegt sie ihren Po.

Vorsichtig bewege ich mich über ihr, fasse zwischen ihre Beine. Ich kann uns in diesem Moment beide anfassen, sie mag es. Ich spüre den Sex zwischen meinen Händen. Ich spüre es, es ist nicht mechanisch. Es fühlt sich richtig an.

Ich richte mich wieder auf, einen Schweißtropfen an der Nase, auf ihrem Rücken, zwischen ihren Pobacken.

Ich weiß nicht, ob sie kommt. Ich habe keine Geduld, es herauszubekommen.

Ich komme.

Sie schmiegt sich in mich, neben mir, schläft in meiner Achsel.

Minuten später.

»Als du vorhin über die Straße gingst, zur Videothek, hatte ich das sichere Gefühl, dass du die schönste Frau bist, die je in meiner Armbeuge schlafen wird«, sage ich atemlos. »Du bist unbeschreiblich begehrenswert«, erkläre ich weiter. »Also doch, man kann dich beschreiben, ich will dich beschreiben. Aber vielleicht hast du Angst davor«, sage ich. Schließe die Augen. Ziehe sie zu mir, ihre Füße hängen aus dem Bett, ich sehe wieder ihre schrumpeligen Zehennägel.

»Lass es uns versuchen, beschreib mich.«

Wir haben noch oft miteinander geschlafen, immer wieder anders. Immer näher sind wir uns gekommen, haben uns irgendwann vertraut.

»Nimmst du die Pille?«

»Ja«, sagte sie.

Vielleicht ist es dumm, mit ihr ohne Kondom zu schlafen, dachte ich. Aber ich wollte so sehr.

Wir schliefen ohne Kondom miteinander. Zum zweiten Mal auf meiner Reise, mit einer Frau. In Zeiten von Aids und anderen Fürchterlichkeiten ist das wohl der größte Vertrauensbeweis. Eigentlich traurig, denke ich.

Wir schlafen nicht mehrere Male miteinander, die letzten vierundzwanzig Stunden Island sind ein großer Sex. Nur Nacktheit, keine Scham.

Wir reisen gemeinsam ab. Sie fliegt nach Hause. Ich nach Berlin. Wir sitzen in der großen Eingangshalle des Flughafens. Waren vorher noch in der *Blauen Lagune*, die nichts gemein hat mit dem Inselparadies des Achtziger-Jahre-Films. Inmitten von scharfkantigen Steinen brodelt ein Swimmingpool voller Algen, die weißen Schnodder absondern. Der sämige Matsch ist besonders gut gegen trockene Haut. Wir haben uns durch das heiße Wasser treiben lassen. Haben uns mit weißem Schlamm beworfen. Die Rentner mit den bunten Badekappen, die um uns herum im Wasser trieben wie olles Laub, haben uns böse angesehen. Weil wir Spaß hatten, weil wir jung sind.

Das Wasser war so warm und trübe, ich habe heimlich in ihre Bikinihose gegriffen.

Später haben wir uns gebeichtet, dass wir beide ins Schwimmbecken gepinkelt haben, weil doch das Wasser so warm war.

Wir haben uns nicht geschämt.

»Macht bestimmt jeder«, sage ich.

»Pfui, ist ja eklig«, sagt sie grinsend.

Und jetzt sitzen wir hier, trinken unseren letzten Kaffee, sie hat ihren Arm um meinen geschlungen. Ihr Bein liegt über meinem, ich streichle ihren Nacken. Sie küsst mich beiläufig, aber es fühlt sich aufmerksam an. Sie liest eine Frauenzeitschrift. Kein schweres Abschiedsgebaren.

»Sehen wir uns wieder?«, frage ich hoffnungsvoll.

»Was denkst du denn?«, antwortet sie gemein.

»Ja, wir sehen uns wieder.«

»Wo?«, will sie wissen.

»Bei mir? Also, bei mir in Berlin«, sage ich.

»Soll ich dich besuchen kommen?«

Ich spüre, dass die Zigaretten und der Kaffee zusammen keinen guten Atem für wichtige Gespräche ergeben. Ich krame nach einem Kaugummi. Ich habe feuchte Hände.

»Ich habe keine Lust auf eine Fernbeziehung«, sagt sie.

»Ich auch nicht«, sage ich kleinlaut.

Sie überlegt, ich beobachte die Uhr, in zwanzig Minuten betritt sie ihr Flugzeug, fliegt nach Hause. In ihre Wohnung, ihre Reise ist heute zu Ende. Wie meine. Ich spüre, wie meine Eltern, meine Freunde sich auf mich vorbereiten.

Sie trinkt keinen Kaffee und raucht nicht, sie riecht immer frisch, denke ich, als sie den Rest ihres Apfelsafts austrinkt. Ihre Lippen glänzen satt und feucht. Sie gibt mir einen Kuss auf meinen Mund. Mitten ins Gesicht, lächelt, setzt ab und sagt: »Kann ich dann erst mal bei dir wohnen?«

BERLIN

Als wir Berlin-Tegel verlassen, sitze ich im Auto von Jirka. Ich darf rauchen. Er hat es mir erlaubt. Ich musste nicht mal laut »Shotgun!« rufen, um vorne sitzen zu dürfen. Adri und Stein sitzen auf der Rückbank, sie haben mein Gepäck getragen. Wir haben uns zu viert umarmt. Und sogar ein bisschen geweint.

»Dünn bist du geworden«, sagt Jirka, der heute kein rosa Hemd trägt, aber Erdbeersaft aus einer kleinen Glasflasche trinkt. Ich lächle ihn erschöpft an.

»Hattest du oft Durchfall?«, ist Steins erste Frage, als gäbe es nichts Wichtigeres.

»Nicht ein Mal«, antworte ich.

»Voll cool.«

»Wo wollen wir hin?«, will Adri wissen.

»Es ist ein bisschen kitschig, aber was haltet ihr davon, wenn wir dort hinfahren, wo wir die Wette abgeschlossen haben?«, sage ich.

»Okay, können wir machen.«

Es ist schon dunkel in Berlin, als wir das Café erreichen. Die grantige Kellnerin blickt mich erstaunt an. »Gut siehst du aus, erholt!«, sagt sie freudig. Stellt mir einen Milchkaffee hin.

»Und?«, fragt Adri. »Wo war es am tollsten?«, will er wissen.

»Hm«, sage ich. »Es war überall toll.« Ich erkenne Steins nervöses Gesicht, er wird mich gleich fragen. Nach der Nummernrolle.

»Los, zeig die Nummernrolle«, sagt er aufgeregt. Ich öffne langsam meine Tasche, dramatisch langsam. Ich hatte die Rolle nicht vergessen, mir war sie einfach nur egal. Ich habe vergessen, ab wann die Wette unwichtig wurde.

»Hier!«, sage ich laut und knalle die immer noch ziemlich dicke Zahlenfolge auf den Tisch.

»Häh?«, sagt Adri.

»Hm«, sagt Stein.

»Ich würde ja gerne einen Pfirsichsaft trinken«, sagt Jirka, der immer noch aufmerksam die gewohnte Karte studiert.

»Habt ihr wirklich geglaubt, ich schaffe es, mit achtzig Frauen zu schlafen?«

»Ja«, sagt Stein enttäuscht, weil er glaubt, jetzt keine Geschichten mehr hören zu können.

»Nein«, sagt Adri.

»Ich würde ja auch einen Pflaumensaft trinken«, sagt Jirka, während er von der Karte aufblickt. »Huch, da ist ja die Rolle.« Offensichtlich hat das Aussuchen von Säften eine magische, ablenkende Wirkung. »Hm, nicht geschafft. Ich würde sagen, du hast die Wette verloren.«

»Nein«, sage ich, und zeige meinen Freunden eins der heimlichen Fotos, die ich gemacht habe. Von Leah. Ich habe wenig Scham, zeige ein Bild, auf dem sie gerade aus der Dusche kommt. Mit nassen Haaren und nackt. Ich zeige sie schlafend im Hostel, wie sie am Gletscher steht. Ich zeige sie mit mir.

»Krass«, sagen Stein und Adri.

»Die hat voll komische Hände«, sagt Jirka.

»Wisst ihr was?«, sage ich. »Lasst uns ins Magnet gehen.«

LETZTE WORTE

»Seht, nun fangen wir an. Wenn wir am Ende der Geschichte sind, wissen wir mehr als jetzt, denn es war ein böser Kobold! Es war einer der allerärgsten, es war der Teufel!«

Aus *Die Schneekönigin* von Hans Christian Andersen

Das glaubt dir eh kein Schwein«, sagten meine Freunde, als sie meine Geschichten hörten. »Ist mir doch egal. Ich erzähle es trotzdem«, antwortete ich.

Diese Reise hat stattgefunden, ich muss mich nicht rechtfertigen. Aber vielleicht erklären. Viele Namen wurden geändert und Ereignisse verdichtet, aber das musste auch sein, sonst gäbe es noch viel mehr zu erzählen.

Ich möchte nur kurz danken: allen voran meinen vier besten Freunden, die mir seit Jahren beistehen und sich meine Geschichten anhören. Auch den Frauen, die ich auf meiner Reise getroffen habe, ihnen muss ich ehrlich und aufrichtig danken. Ohne sie gäbe es dieses Buch nicht.

Besonderer Dank gilt meinem Lektor Matthias Teiting.

CONSTANZE BEHRENDS

KIFFER-BARBIE

Das Beste aus meinem Leben

Constanze kann sich noch so sehr bemühen, ihr Leben droht ständig im Chaos zu versinken: Ihre Familie nennt sie Miss Ungeschicklichkeit, weil Multitasking bei ihr einfach nicht funktioniert. Sie tappt immer wieder in die Blondinenfalle und lernt vom Dauerkiffer über Waldorfschüler bis zum Prenzlwichser die unglaublichsten Typen kennen. Sie probiert Absinth, weil sie so cool sein will wie van Gogh, kämpft gegen die Friseur-Mafia und glaubt an magische Wochentagssocken. Mit einer gehörigen Portion Selbstironie kämpft sich Constanze durch ihren Alltag und findet die absurdesten Lösungen.

Knaur Taschenbuch Verlag

CLEMENS BEÖTHY

SCHNACKSEL NIE MIT EINEM AXEL

Das Liebeslexikon der Vornamen

Auf den Vornamen sollte man achten, wenn man den Partner fürs Leben sucht! Wer eignet sich besser für eine harmonische Beziehung? Jan oder Lukas, Tina oder Laura?
Beziehungscoach Clemens Beöthy hat 100 neue männliche und weibliche Namen analysiert und verrät, wen man sich angeln und von wem man lieber die Finger lassen sollte.

Der Nachfolger des Erfolgsbuchs *Heirate niemals einen Udo.*

Knaur Taschenbuch Verlag